La construction européenne face à la décolonisation et à la guerre froid

Analyses centrées sur la Quatrième République frança

ヨーロッパ統合と脱植民地化、冷戦

第四共和制後期フランスを中心に

黒田友哉［著］

吉田書店

はしがき

今日、欧州連合（European Union 以下、EU）は未だに幾重の危機に見舞われている。難民危機、テロの危機、イギリスのEU離脱（Brexit）などである。このような時代観は、EU研究者のコンセンサスに近いものであるが、その典型例が二〇一六年に刊行された、北海道大学教授の遠藤乾による『欧州複合危機』であろう。今後、いかにEUは危機を乗り越えていくのか、これは決して短期的な問いではない。十年単位の危機かもしれない。そのような焦眉の問題を検討する際の一つのアプローチが、欧州自身の歴史に教訓を得ることであろう。

本書が扱う一九五〇年代後半は、一九五〇年に始動したヨーロッパ統合が初めての危機を迎えた時期であった。六〇年が経過した今日振り返ってみれば、一九五七年三月二五日に欧州経済共同体（EEC）、欧州原子力共同体（ユーラトム）を設立するローマ条約が調印され、今日のEUの土台が築かれた。つまり、この危機を、EUの前身である欧州共同体（EC）は乗り越えていったといえる。いわば、この危機時の対応は、成功例なのである。

しかし、あらゆる出来事は、正の面と負の面をもつ。本書が焦点を当てるように、多国間交渉の結果、ローマ条約は植民地の連合という形で、植民地主義の延長という負の側面ももつに至る。そのようなネガティヴな要素をなぜ基本的には善なる統合欧州に含まなければならなかったのか。それを検討することは、危機の際の解決策を模索する過程で、重要な教訓となるだろう。

また、地域統合は何もEUの独占物ではない。アジアにおいては、ASEAN（東南アジア諸国連合）、南米の共同市場であるＭＥＲＣＯＳＵＲ、ＥＵをモデルとしたといわれ、政治統合を進めるアフリカ連合（ＡＵ）などがその例である。特にアジアの地域統合の将来にとって、参照すべきは、地域統合の先駆者で豊富な経験をもつＥＣ／ＥＵの歴史なのである。ビスマルクがいうように、「愚者は自らの経験に学び、賢者は他人の経験（歴史）に学ぶ」のである。

このように危機にあるＥＵだけでなく、不透明な現代の社会を展望する手がかりとしても、本書は価値をもつのである。そのような視点でも本書は描かれており、読者諸兄がその意識をもって手にとってもらえるなら、それは望外の喜びである。

ヨーロッパ統合と脱植民地化、冷戦

【目次】

略語表（アルファベット順）

AEF	Afrique Equatriale française（フランス領赤道アフリカ）
AOF	Afrique Occidentale française（フランス領西アフリカ）
AN	Archives nationales（国立公文書館〔フランス〕）
CAEUE	Comité d'Action pour les États-Unis d'Europe（欧州合衆国のための行動委員会）
CCTA	Commission for Technical Co-operation in Africa South of the Sahara（サハラ以南アフリカ技術協力委員会）
CDU	Christlich-Demokratische Union（キリスト教民主同盟〔ドイツ〕）
CFLN	Comité français de Libération nationale（国民解放フランス委員会）
DE-CE	Département des affaires économiques, et financières, Coopération économique（経済財政問題局、経済協力課）
DOM	Département d'Outre-Mer（海外県）
EC	European Community（欧州共同体）
ECA	Economic Cooperation Administration（経済協力局〔アメリカ〕）
ECSC	European Coal and Steel Community（欧州石炭鉄鋼共同体）
EDC	European Defense Community（欧州防衛共同体）
EDF	European Development Fund（欧州開発基金）
EEC	European Economic Community（欧州経済共同体）
EFTA	European Free Trade Association（欧州自由貿易連合）
EPC	European Political Community（欧州政治共同体）
EU	European Union（欧州連合）
EURATOM	European Atomic Energy Community（欧州原子力共同体）
FIDES	Fonds d'Investissement de développement économiques et sociales（海外経済社会開発投資基金）
FLN	Front de libération nationale（国民解放戦線）
HAEU	Historical Archives of the European Union（欧州連合歴史文書館）
MAE	Ministère des affaires étrangères（外務省〔フランス〕）
MRP	Mouvement Républicain Populaire（人民共和運動〔フランス〕）
NATO	North Atlantic Treaty Organization（北大西洋条約機構）
OCRS	Organisation commune des régions sahariennes（サハラ地域共同機構）
OECD	The Organization for the Economic Co-operation and Development（経済協力開発機構）
OEEC	Organization for the European Economic Cooperation（欧州経済協力機構）
OTC	Overseas Territories Committee（海外領土委員会）
PTOM	Pays et Territoires d'Outre-Mer（海外領土・国）
SFIO	Section Française de l'Internationale Ouvrière（労働者インターナショナルフランス支部）
SGCI	Secrétariat Général du Comité Intergouvernemental（省間委員会事務総局）
SPD	Sozialdemokratische Partei Deutschlands（社会民主党〔ドイツ〕）
TOM	Territoire d'Outre-Mer（海外領土）
UDSR	L'Union démocratique et socialiste de la Résistance（レジスタンス・民主・社会連合）
WEU	Western European Union（西欧同盟）

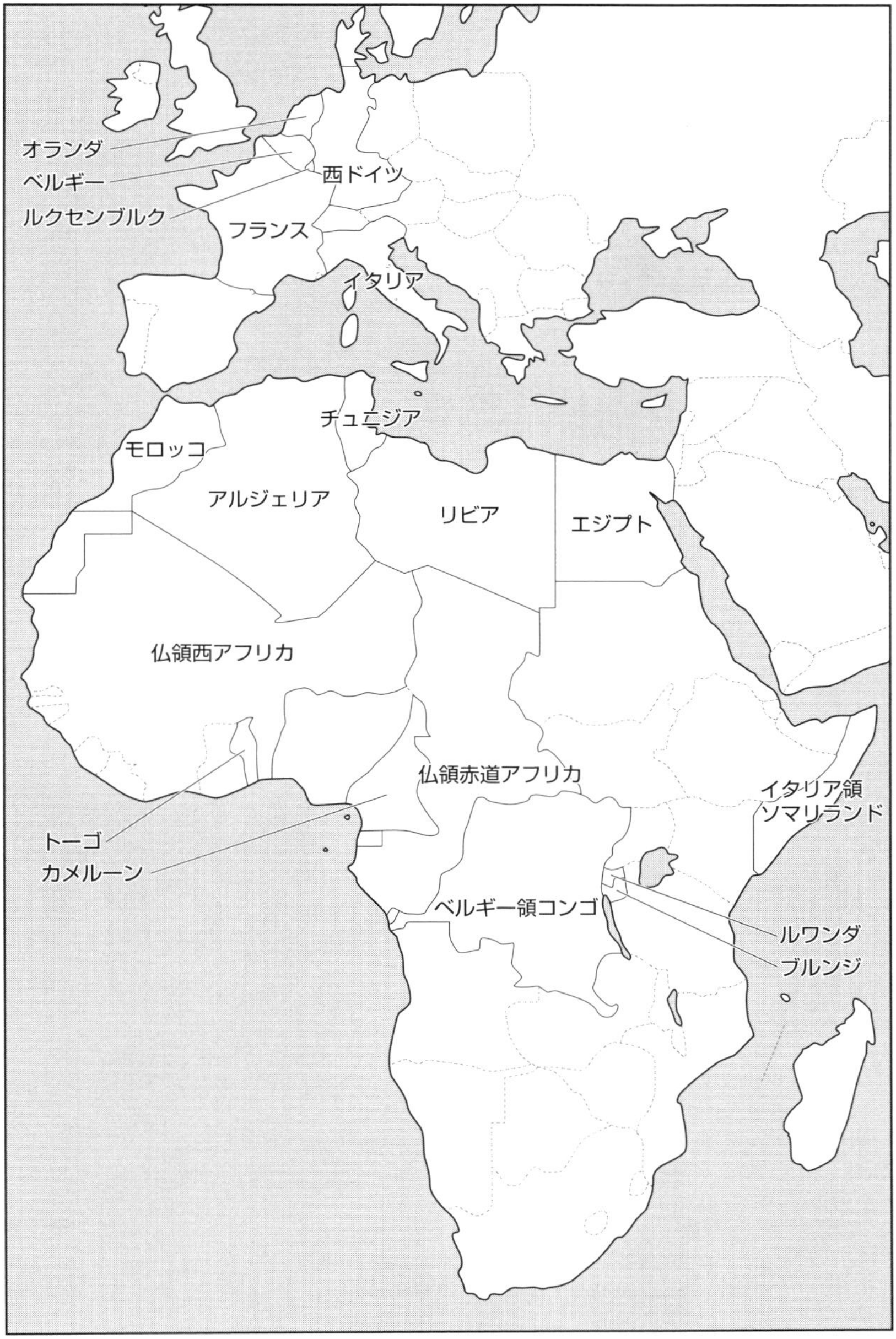

1950 年頃のヨーロッパとアフリカ

写真出典一覧

45頁（ドゴール）　共同通信社

49頁（モネ）　Gérard Bossuat et Andreas Wilkens (dir.), *Jean Monnet, l'Europe et les chemins de la Paix*, Paris: Publications de la Sorbonne, 1999.

50頁（アデナウアー）　ＤＰＡ／共同通信イメージズ

53頁（サンゴール）　Janet G. Vaillant, *Black, French, African: A life of Léopold Sédar Senghor*, Cambridge: Harvard University Press, 1990.

65頁（モレ）　Bernard Ménager et al (dir.) *Guy Mollet: un camarade en république*, Lille: Presses Universitaires de Lille, 1987.

66頁（マンデス＝フランス）　Éric Roussel, *Pierre Mendès France*, Paris: Gallimard, 2007.

67頁（ピノー）　Alya Aglan et Denis Lefebvre (dir.), *Chirisitian Pineau, de Buchenwald aux traités de Rome*, Paris: Éditions Bruno Leprince, 2004.

72頁（ドゥフェール）　Gérard Ungar, *Gaston Defferre*, Paris: Fayard, 2011.

74頁（スパーク）　Michel Dumoulin, *Spaak*, deuxième édition revue, Bruxelles: Éditions Racine, 1999.

79頁（ジュネーヴ会議）　ＵＰＩ＝共同

80頁（フルシチョフ）　Vladislav M. Zubok, *A Failed Empire: The Soviet Union in the Cold War from Stalin to Gorbachev*, Chapel Hill: The University of North Carolina Press, 2007

179頁（ダレス）　共同通信社

序章

第一節　問題の設定

ヨーロッパ統合史における「再出発」期の重要性

一九五五年半ばに始まる最初の「再出発期（relance européenne）」は、ヨーロッパ統合史上、詳細な考察に値する重要な時期である。一九五四年八月三〇日、欧州防衛共同体条約は、推進派の中心的主体であったフランスの下院・国民議会（Assemblée nationale）において否決された[1]。欧州防衛共同体（European Defense Community 以下、EDC）は、一九五〇年六月に勃発した朝鮮戦争が呼び起こした西側への共産圏の侵攻の危機を契機に、五〇年秋より議論され、六カ国が各国ごとの師団からなる多国籍混成部隊を設置することを定めた軍事面でのヨーロッパ統合構想であった[2]。フランス、西ドイツ、イタリア、ベネルクスという加盟全六カ国の批准を必要とした欧州防衛共同体のプロジェクトは、ここに葬り去られることとなった。また、EDC条約により定められた欧州政治共同体（European Political Community 以下、EPC）というもう一つの超国家的ヨーロッパのヴィジョンも同時に破綻を迎えることになった。このようなヨーロッパ統合の頓挫は、シューマン・プランを皮切りに、石炭・鉄鋼という限定された分野での共同管理から漸進的に進展しつつあった六カ国による統合ヨーロッパに対し、大きなダメージを与えることとなった。「統合の父」ジャン・モネ（Jean Monnet）の側近でありヨーロッパ統合の専門家でもあったフランソワ・デュシェーヌ（François Duchêne）が正しく指摘するように、連邦という言葉、ひいては連邦をオブラートに包む言葉としての「超国家（supranational）」は、ほかに言葉がない時にやむを得ず使われる言葉でしかなくなった。[3] 連邦の創設を最終目的とする連邦主義はたとえ一時的にであれ、大きく後退したのである。またフランスにおいては、これを機に、超国家的統合への反対が多数派となった。統合史家ビッチの言葉を借りれば、この時期のヨーロッパ統合は、「一九五〇年よりもさらに苦しい状況」にあったのである。[4]

当事者たちは、このプロジェクトの挫折を傍観していたわけではない。ＥＤＣ条約は対ソ封じ込めというアメリカの冷戦戦略に合致していた。また、再軍備にコンセンサスのあった西ドイツに対する安全保障を確保する一手段として追求された一面があり、その代替案への行動は、条約否決後、すぐに英外相アンソニー・イーデン（Anthony Eden）によってとられることとなった。この代替プロジェクトは、一九五五年五月六日に発効したパリ条約として結実する。しかし、英仏ベネルクス五カ国間で経済、文化、安全保障分野での協調を定めたブリュッセル条約を第二次世界大戦の敗戦国、西ドイツ、イタリアに拡大し、成立したこの西欧同盟（Western European Union 以下、ＷＥＵ）自体はヨーロッパの一機構であった一方で、北大西洋条約機構（North Atlantic Treaty Organization 以下、ＮＡＴＯ）の枠内に組織されることになった。その意味で、ヨーロッパ統合は軍事分野においては、ＮＡＴＯに完全に主要な機能を譲ることとなった。[5]

このようなヨーロッパ統合の停滞の状況を打開するために西欧諸国のエリートらが主導権をとって立ち上げた運動が、「再出発」である。再出発という当時の呼び名が示すように、「出発」にあたる時期も存在する。ただし、出発は研究者の間でほぼ暗黙知になっており、この言葉自体は、あまり明示的に使われないことは理解していただきたい。ともあれ、今日のＥＵ（欧州連合）につながる超国家的統合の政策的起源は、それ以前の一九五〇年五月九日にフランス外務省の「時計の間」において発表されたシューマン・プランと考えられる。ここに至る第二次世界大戦後直後の時期が出発期なのである。独仏間で石炭・鉄鋼分野での部門統合を提案したシューマン・プランを契機に、今日のＥＵの制度的起源となる欧州石炭鉄鋼共同体（European Coal and Steel Community 以下、ＥＣＳＣ）が誕生したのである。これは、石炭・鉄鋼分野での共同市場創設を目指すもので、主権を国家より上の機関に一部委譲する意味で、西欧での超国家的統合のはじめであった。また多くの研究で指摘されてきたように、「仏独和解」の象徴であった。[6] ナポレオン戦争は除いても、一八七〇年の普仏戦争以来、三度戦火を交え、第二次世界大戦期には占領に至った、仏独の激しい対立を平和的な関係へと転換する分水嶺だったのである。シューマン・プランは、ドイツの首相アデナウアー（Konrad Adenauer）やアメリカの国務長官アチソンには、事前に知らされており、ドイツの参加のみ確約されていた。しかし、参加を望む国にはオープンとされ、その後のパリでの交渉を経て、一九五一年四月には、パリ条約が調印され、ＥＣＳＣが創設されたのである。同時期には朝鮮戦争を受け、ドイツによる貢献を取り込むため、ドイツ再軍備をヨーロッパの枠組みで行う、プレヴァン・プランも発表された。パリ条約は発効し、ＥＣＳＣは、一九五二年七月二三日に発足した。一方、欧州軍の創設は、一九五二年に条約調印にこぎつけたものの、加盟国での批准作業は難航した。ともあれ、一九五〇年代前半に、統合ヨーロッパは出発したのである。

　このシューマン・プランには、外交戦略的動機、政治的動機、経済的動機が入り交じっていた。その起源は、第一章でも検討するように一九四七年六月にアメリカにより提唱されたマーシャル・プランにある。アメリカがソ連率いる東側を封じ込めるため、冷戦戦略に基づき、戦争で疲弊した西欧諸国の復興を図り、援助計画を発表したのである。そしてその中でもドイツが中心的な位置を占めていた。そのようなアメリカの支援と圧力の中、フランスは対独政策を変更する必要に迫られたのである。フランスは東西冷戦下でアメリカのジュニア・パートナーとなり、その要求にこたえる必要があったのである。二点目の政治的動機は、ヨーロッパレベルでのフランスの外交戦略である。新たなドイツの支配の可能性に対して、仏独協力は有効な選択肢となった。それにより、ドイツを封じ込めるだけでなく、ドイツの資源とエネルギーの利用は、ヨーロッパの自己主張（Selbstbehauptung）実現に貢献するからである。そして、経済的動機は、近代化の実現の手段としてである。鉄鋼危機のリスクをルールからの鉄鋼供給で乗り越え、フランスの鉄鋼産業を救う。それはより広い意味でのフランスの近代化計画を救うことになる。最後に、実現可能性という理由である。連邦や関税同盟ではなく、より限定的な目標は、成功の見込みが高かったのである。[7]

しかしながら、出発のみならず、この再出発もＥＵの一起源として同様に重要である。実際、欧州経済共同体（European Economic Community 以下、ＥＥＣ）、欧州原子力共同体（European Atomic Energy Community 通称、ユーラトム。以下、ユーラトム）という両機構の設立を目的としたローマ条約は、一九五七年三月には調印され、今日のＥＵにとって以下の二つの意味で起源となった。

第一に、ローマ条約は、今日のＥＵの制度的一起源ともなっている。ローマ条約で設立されたＥＥＣ、ユーラトム、一九五一年に調印されたＥＣＳＣ、各々の超国家機構が一九六七年七月には合併され、今日のＥＵにつながるＥＣ（欧州共同体）を形成したのである。ドイツの統合史の大家ヴィルフリート・ロート（Wilfried Loth）の集大成的通史によれば、それは「組織的な中核」を獲得したのであった。[8]すでに述べたように、ローマ条約にさかのぼるシューマン・プランが欧州統合の政策的な起源と考えられるが、ＥＤＣ条約の否決は、統合の停滞を招いており、一九五五年の段階ではヨーロッパ統合プロセスの先行きが不透明な状況であった。このような状況で、ローマ条約は、その後のヨーロッパ統合プロセスに弾みをつけたのである。その点で、ローマ条約のもったヨーロッパ統合プロセス上の一起源としての意味は大きいであろう。

第二に、この時期は、統合ヨーロッパと第三世界の制度的な関係の起源と考えられるからである。[9]確かに、統合ヨーロッパによる第三世界との関係構築の試みは、第二次世界大戦直後の米による欧州復興計画たるマーシャル・プランにまでさかのぼることができる。しかし、ヨーロッパの戦後復興を一目的としたマーシャル・プランは、援助受入国の海外領土（植民地）への開発援助を実施したが、それはあくまで一時的な性質のものであった。そして一九五〇年五月九日にフランス外務省での記者会見にて発表されたシューマン宣言において、「ヨーロッパは、アフリカ大陸の開発という一つの本質的課題の実現を、増大した手段によって追求できるでしょう」と示された。[10] しかし、このシューマン宣言を起点としたＥＣＳＣにおいても、アフリカ開発に関する具体的措置に関してはきわめて限定的であった。また、ヨーロッパとして第三世界との関係を構築するにあたり、ヨーロッパの機構でありヨーロッパ統合のヴィジョンに関する議論が広く行われた欧州審議会や、ＥＤＣ条約に規定されたＥＰＣの枠組みで海外領土の地位は検討されていた。しかし制度的関係が構築されるのには、一九五七年にローマ条約が調印され、その第四編において海外領土・国（Pays et Territoires d'Outre-Mer 以下、ＰＴＯＭ）の市場が、西独、仏伊ベネルクスの六カ国からなる欧州共同市場へ連合されるのを待たなければならなかった。[11] そして、このローマ条約の規定が土台となって、その大半の植民地が独立した後の連合関係を規定したヤウンデ協定（第一次は一九六三年調印、一九六四年発効、第二次は一九六九年調印、一九七〇年発効）、一九七五年に始まり、イギリスの旧植民地を包含し、カリブ海、太平洋諸国へと関係を拡張するパートナーシップを確立したロメ協定（第一次は一九七六年発効、第二次は一九八一年発効、第三次は一九八五年発効、第四次は一九九〇年発効）、二〇〇〇年にロメ協定を更新した現行のコトヌー協定へとつながっていくのである。したがって、現在の統合ヨーロッパと第三世界との関係を理解する上で、その歴史の萌芽期にあたるローマ条約成立期を検討することには意味があると思われる。

説明が前後するが、ここで、当時のフランスには、海外領土など、植民地に類する法的枠組みが複数存在したことは重要である。本書のキーワードである海外領土を中心に、整理しておこう。海外領土、海外県は、第四共和制に定められた植民地統治機構である。ここには、フランス本国とともに、海外県、海外領土、連合国家（les États associés）が含まれていた。海外県は、文字通り、「県」の地位を得て、フランス共和国に参入済みだが、海外領土は、「県」の地位に昇格させるほどまだ発展していない領土とみなされた。[12] 海外県となったのは、カリブ海に浮かぶグアドループ・マルティニーク、インド洋に浮かぶマイヨット・レユニオンという最古の植民地であった。

話を戻して、以上のようなローマ条約の「二つの起源」としての意義を考えるなら、再出発からローマ条約に至るプロセスはヨーロッパ統合史上、重要な時期となるであろう。なお、ヨーロッパ統合に関しては、この時期が重要であることを象徴するものとして、ヨーロッパ統合史（統合論）の代表作の双璧ともいえる、イギリスの統合史家アラン・ミルワードの『国民国家のヨーロッパ的救済（*The European Rescue of the Nation-State*）』[13] とアメリカの統合論の専門家アンドリュー・モラヴチックの『ヨーロッパの選択（*The Choice for Europe*）』[14] が、どちらもローマ条約締結に至る再出発期を扱っている。やはり統合史上、再出発期は分析対象とするのに十分な理由を備えているのであろう。以上のような理由から、本書は、一九五五年から始まる再出発期を対象時期として扱うに至った。ちなみに、再出発期は、一九五〇年代に限られているものではない。一九六九年一二月に開催されたハーグ首脳会議以降のプロセスも同様に再出発期と呼ばれることがあり、停滞を克服しようとする時期をさす、統合史上における一般的な名称なのである。

一方、この時期のヨーロッパ統合を扱うにあたり、ヨーロッパを取り囲んだ二つの国際環境との交錯を考慮せずにはいられないであろう。第一の国際環境は、米ソがそれぞれ率いた東西両陣営がヨーロッパをほぼ二分した冷戦である。[15] 冷戦は、この時期、「五四年システム」と呼ばれるような、潜在的脅威と考えられたドイツを北大西洋条約機構の中に取り込むシステムを形成し西側諸国の安定を図る時期にあった。[16] それに対抗するかのように、東側陣営でも軍事機構としてのワルシャワ条約機構（Warsaw Treaty Organization: WTO）が成立し、冷戦史家の石井修が名付けたように「五五年体制」とも呼ばれる、冷戦の一定の「制度化」・「安定化」が達成された。[17] しかし、ヨーロッパ冷戦史の大家マーク・トラクテンバーグ（Marc Trachtenberg）が喝破したように、この一九五四年のNATO—WEU体制の安定性はアメリカの西欧における軍事的プレゼンスに依拠しており、西側諸国にとっての平和の鍵を握っていたのは、アメリカであった。[18] 翌年にはすでに、アメリカの在欧軍事プレゼンスをめぐって、西側諸国間に動揺が見られていた。五六年夏に頂点に達した在欧米軍の撤退をめぐる西独の懸念、スエズ危機の高まりにおける米ソ共同管理の状況がもたらした米欧間の亀裂は、西側同盟の結束を脅かしたのである。

その一つの反動として現れたのが、一九五六年一一月六日にフランス首相モレ（Guy Mollet）と首脳会談を行った西独首相アデナウアーによる妥協であり、それによってローマ条約交渉の停滞状況が打開された。スエズ危機・戦争の進展という冷戦下での出来事に促進されたアデナウアーの政治的意志により、翌五七年三月のローマ条約調印が促進されることとなった。この点で、ヨーロッパにおける冷戦はヨーロッパ統合と密接な関連をもっていたのである。つまり、スターリンの死亡（一九五三年）により冷戦の緊張が一定程度緩和し米ソが接近する状況が、米国のジュニア・パートナーである仏独の関係強化をもたらしたのである。これは、相手側陣営の脅威に対抗するための戦略というような狭義での冷戦戦略ではないが、広い意味での冷戦要因といえよう。

第二の国際環境は、脱植民地化であった。[19] 植民地の独立はウィルソン（Woodrow Wilson）の民族自決により政治的正当性を獲得していたのであるが、[20] 第二次世界大戦後の動きのほうが顕著であった。第三世界で独立運動が本格的に開始された第二次世界大戦後、特に一九五〇年代半ばは転機となった。実をいえば一九五五年頃は、アフリカでの脱植民地化を加速化させる出来事が次々と起こった時期であった。前年の一九五四年一一月には、アルジェリアで独立武装勢力・国民解放戦線（Front de libération nationale 以下、FLN）が蜂起し、その後八年間に及んで泥沼化していく「アルジェリア戦争」が始まっていた。フランス領だけにとどまらず、独立への動きは世界的な規模へと高まっていた。一九五五年四月にインドネシアのバンドンで開かれたアジア＝アフリカ会議は、インドシナからフランスが撤退し、アフリカ諸国が独立へと向かっているタイミングで、反植民地主義闘争における希望と期待を生んだのである。(21) フランス領においては五六年のモロッコ、チュニジアの保護領からの独立、英領においては、五六年のスーダン独立、五七年三月のガーナ（旧ゴールドコースト）独立といったように、バンドン会議やアルジェリア独立運動は、広くアフリカにおける独立運動をも加速化させていた。

このような脱植民地化の動きは、ヨーロッパの宗主国に対し、それぞれの植民地、旧植民地に対する単独行動をとらせる力学をもっただけでなく、多国間協調の模索も導いた。一九五六年春には、フランスは脱植民地化の波の中、新たな連携を構築することによって、将来独立するであろう植民地（海外領土）に対し影響力を維持することを模索していた。一九五六年五月末から、フランスとベルギーの協調により開始された加盟国ＰＴＯＭの欧州共同市場への参入がローマ条約交渉締結の「必要不可欠な」（*sine qua non*）条件となり、五七年三月の条約調印、五八年の条約発効、五九年一月の関税同盟始動に至って、ＰＴＯＭ市場の連合および開発援助基金の創設という多国間の枠組みを創出するに至ったのである。この点で、ヨーロッパ諸国の植民地政策とヨーロッパ統合政策の間には、密接な政策的連関が見られたのである。海外領土の欧州共同市場編入については、特に共同市場交渉の絶対条件の一つとして提示されたことから、海外領土の位置付けの検討なしには、ローマ条約成立過程は理解され得ない。結論を先取りすることになるが、フランス、ベルギーなど宗主国にとってのヨーロッパ統合における海外領土問題は、脱植民地化の中での植民地再編の問題であった。その意味で、海外領土問題を切り離しては、再出発期のヨーロッパ統合プロセスに対する理解は不十分なものになると思われる。

以上、概観した冷戦とヨーロッパ統合、脱植民地化とヨーロッパ統合の連関を意識し、冷戦・脱植民地化という交錯する国際環境がもたらした影響について十分に注意を払いつつ、再出発期のヨーロッパ統合を考察するのが本書の目的である。このような視角は、従来、非ヨーロッパ世界との関係を切り離し、六カ国の本国間関係の枠内でヨーロッパ統合の力学を捉えてきたヨーロッパ統合史に新たな視座をもたらすと思われる(22)。その点で、本書の分析は時間的にも空間的にも確かに限定されているが、新たな視点を従来の研究に付け加え、学術的に貢献する可能性をもつものと考えられる。

話が前後するが、本書で多く取り上げることになるローマ(二)条約とは何かということについて触れておきたい。ローマ条約を英語で書くと複数形になるように、それは一九五七年三月二五日にローマの高台にあるコンセルヴァトーリ宮のオラーツィとクリアーツィの間で調印され、翌五八年一月に発効した二つの条約からなる。第一のローマ条約は、欧州経済共同体設立条約である。ヒト・モノ・カネ・サーヴィスの自由移動が実現された共同市場を目指したものであった。実際は、漸進的に統合がすすめられ、一九六八年の段階では、域内関税の撤廃と共通域外関税(域外に対する関税を統一化するもの)の設置に限定した関税同盟にとどまるものであった。もう一つのローマ条約とは、欧州原子力共同体条約(通称ユーラトム条約)である。イニシアティヴをとったモネは、軍事利用を排した原子力の平和利用のための機関の設立を目指したが、条約調印の時点では、フランスの軍事利用許容路線の影響で、軍事利用と民生(平和)利用双方が志向されることになった。各国の核開発は許容されたのである。また欧州原子力共同体設立条約第二条に述べられたように、核分裂性物質の超国家的管理、共同開発などが目指された。ただし、条約調印の時点で、その後目玉となる濃縮ウラン生産施設については具体的には決められていなかったように、具体的な内容は密度の薄いものであったといえる。

フランス中心アプローチによる再出発期の検討の妥当性

以上のような研究上の目的を実現するには、本来、六カ国政府の動きに加え、各国の市民でありながら、加盟国政府から自立的に行動した統合運動の指導者、参加者、産業界、労働組合など、諸々のアクター（行為主体）の役割をそれぞれ検討した上で包括的な考察を加えなければならないであろう。(23) しかし、本書がとる（未公刊）一次史料に依拠する外交史・国際政治史アプローチがもつ制約上、対象を限定せざるを得なかった。そのため、本書ではフランス外交を中心としたアプローチを選択することにした。そして分析対象としてもヨーロッパ統合における海外領土問題について限定する立場をとった。

なぜ、フランスを中心的アクターとして選ぶ意義があるのであろうか。それは、まず第一に、ローマ条約の第一段階が始動する一九五九年一月一日までの時期において、フランスが、海外領土の加入をめぐっては、ヨーロッパ統合の主導権を握っていたからである。(24) 植民地パワー（puissance coloniale）でもあったフランスを中心に据えることで、本書の視角であるヨーロッパ統合と加盟国の植民地問題との連関性が相対的に顕著に描き出されると考えられる。第四共和制期後期において、アフリカにベルギー領コンゴ、ルワンダ・ブルンジを植民地としてもつベルギーと比べても、フランスは、アフリカにおける影響力のある植民地パワーであった。当時のアフリカにおいて、フランスはイギリスに次ぐ第二の植民地パワーといえた。フランスは、一億人の総人口の約半分を本国外に抱え、領有面積が巨大な植民地パワーであり、後に詳しく検討するように、既得権益をヨーロッパの枠組みで補完しようと試みる存在であった。

海外領土の加入問題を分析対象として選択した理由は、端的には、脱植民地化、冷戦という国際環境の影響が海外領土の位置付けをめぐる交渉にも色濃く現れているからである。ヨーロッパ統合政策と植民地政策としてのアフリカ政策の連関を包括的に検討した研究は少ないが、特に先行研究においては、国際環境による制約あるいは後押しといった意味で、国際環境がフランスの決定または決定の欠如にもたらした外因的影響が軽視されている。確かに、ヨーロッパ統合史とヨーロッパ冷戦史の総合を目指した研究は進展を見せてきており、フランスの対ヨーロッパ外交の政策決定過程、役割を論じた研究も現れている。[25]また一方で、冷戦と脱植民地化の交錯の中で、フランス外交あるいは植民地政策を論じる研究も現れている。[26]とはいうものの、フランスの対ヨーロッパ統合外交とフランスのアフリカにおける対植民地、旧植民地政策の連関を考慮するにあたり重要な外因的影響を与えたと思われる冷戦、脱植民地化、そしてヨーロッパ統合そのものの変容の連関性を同時に考察した研究は現在のところほとんど存在していない。[27]しかしながら、ヨーロッパ統合に対するフランス外交とその大部分が内政として遂行されたフランスのアフリカ政策との連関を考察するにあたり、フランス外交が西側陣営のリーダーとしてＮＡＴＯという枠組みを通して西欧の安全保障を担保するアメリカの行動に影響を受けざるを得ない以上、フランス外交を規定する冷戦の外因的影響は見逃すことができない。また、フランスは植民地パワーとして、植民地独立の流れを次第に不可避にしていく脱植民地化の影響を強く受け、植民地に対し、いかなる方策をとっていくのかという問題に答えを出す必要に迫られていた。このような観点から、本書は、脱植民地化、冷戦という国際環境下での、フランスの対ヨーロッパ政策と対アフリカ政策の連関を捉えることを試みたい。

実は、この戦後ヨーロッパ統合史におけるフランスのヨーロッパ統合政策とフランスによる植民地政策としてのアフリカ政策との連関性を捉えるにあたり、一九五五年から五八年までの時期が以下の三点から適当だと思われる。まず第一に、フランスを取り巻く、ヨーロッパ統合、冷戦、脱植民地化という三つの国際環境が、緊密に相互作用し、フランスの当該政策を規定する状況がこの時期に見られるからである。冷戦、脱植民地化はフランスの対アフリカ政策において、大きな制約要因となったのである。この脱植民地化という第三世界からの流れに対し、西側のリーダーであり、冷戦構造の形成と維持に大きな役割を果したアメリカは、反植民地主義を掲げるアイゼンハワー（Dwight D. Eisenhower）政権下で、フランス外交を脱植民地化へと向かわせる圧力をかけた。この時期、アメリカは、北アフリカ、地中海において、ほぼ一貫してフランスに敵対的な政策を打ち出したのである。アルジェリア戦争、スエズ危機・戦争など脱植民地化が表面化する危機において、帝国としての既得権益を維持しようとするフランスに対抗することになった。その一方、西側の大陸諸国から構成されるヨーロッパ統合は、冷戦下でのバードンシェアリング（責任分担）やドイツを西側ブロックに取り込んだ上でさらにソ連を封じ込めるといういわゆる「二重の封じ込め」の観点からも支持された。米国務長官ダレス（John Foster Dulles）の熱烈な支持にもかかわらず、一九五四年八月末にフランス国民議会により、ヨーロッパ諸国での防衛協力を目指したＥＤＣ条約が否決された後も、ヨーロッパ統合の父の一人とされるジャン・モネを中心にした、再出発プロセスのイニシアティヴをダレス率いる米国務省は依然として支持していた。[28]そのようなプロセス開始を公式に告げた一九五五年のメッシーナ六カ国外相会談以降、アメリカの継続的支持のもと、ヨーロッパ統合が共同市場、エネルギー協力などの分野で進展していくことになった。冷戦の緊張緩和、とりわけ、米ソの接近は、フランスにおける同盟国アメリカへの不信を生む一方で、アメリカ政府の継続的な支持があるヨーロッパ統合は、フランスの外交戦略上の一つの重要な選択肢ともなったのである。[29]

そのような中、フランス政府は、植民地アフリカ政策とヨーロッパ統合政策のリンケージに活路を見出すことになった。一九五六年春頃から、フランス政府は、海外領土を管轄する海外フランス相ドゥフェール（Gaston Defferre）（社会党）を中心に、ヨーロッパ統合へアフリカを制度的に参加させるユーラフリック構想を、具体的なプロジェクトとして打ち出していくことになるのである。アフリカへと部分的に拡大するこのヨーロッパ統合ヴィジョンに関しては、反植民地主義にもかかわらず、アメリカ政府は全体として支持した。経済的利益を重視する通商関係部局では、特恵圏がアフリカに拡大することを嫌悪する見解も見られたが、ダレス国務長官などは、ヨーロッパとアフリカをある種のひとまとまりとする「ユーラフリック」の創設を支持していたのである。脱植民地化の論理あるいは反植民地主義とヨーロッパ統合の論理が重なり合った結果、アメリカの戦略的決定においては、ヨーロッパ統合が優先されたのであった。第三世界の指導者から、経済的手段による植民地主義の継続という意味での「新植民地主義」という批判はあったものの、フランス政府による「ユーラフリック」の追求は、脱植民地化、冷戦という国際環境を形成するのに大きな役割を果たした米国政府の全般的支持のもと、展開されたのであった。

第二に、前述のように統合ヨーロッパと第三世界との制度的関係を構築した点で、ローマ条約は、ＥＵと第三世界との協力関係の起源といえるが、一九五五年から五八年というこの時期にこそ、フランスの積極的役割が顕著に見られたからである。それ以前の時期の流れをまとめると、アフリカ開発を統合ヨーロッパ全体の課題として掲げたシューマン・プラン、ＥＤＣ条約に定められたＥＰＣ交渉において、フランスは海外領土の加入を積極的に推進した一方で、最終的には自身の手によって海外領土の制度的参加を拒否する決定を行うことになった。フランスはシューマン・プランをＥＣＳＣ条約として成立させる際には、イタリアが望んだ北アフリカの加入を拒否する態度をとった。また、ＥＤＣに関しては、条約を議会で否決することによって、海外領土の議員の議席数を増大させる提案を含むプロジェクト全体を葬り去ったのである。一方で、再出発期においては、海外領土の制度的参入において、フランスが果たした役割は大きかった。再出発自体は、フランス政府から自律性を確保したフランス人モネや、ベネルクスのイニシアティヴによって行われたが、当初は受動的に反応したフランス政府は、植民地政策においては徐々にイニシアティヴを発揮していった。その一つは、モレ政権下（一九五六―五七年）で推進された加盟六カ国のＰＴＯＭの参入問題である。ＰＴＯＭ（英語では、Overseas Countries and Territories の略称でＯＣＴと呼ばれる）とは、植民地を示す憲法上の名称である「海外領土（Territoire d'Outre-Mer）」と旧植民地にあたる「海外国（Pays d'Outre-Mer）」の双方を含む呼称である（なお、独立した国は検討対象とされたが、ＥＥＣと連合関係をほとんどもたなかった）。フランス政府がＥＣＳＣ六カ国間の交渉により、海外領土の参加を共同市場成立の必要条件（*conditio sine qua non*）として提示したことが一因となり、一九五七年三月二五日のローマ条約調印において、この海外領土・国は欧州共同市場に連合され、海外領土はユーラトムに統合されることになった。このようにして、加盟国の植民地、旧植民地は、貿易、投資、開発分野において、欧州共同体へと組み込まれていくのである。このようなフランスの果たした役割の長期的帰結として、今日もコトヌー協定として、EUとアフリカ諸国のパートナーシップ協定が結ばれている。

もちろん、ヤウンデ協定、ロメ協定なども、フランスのヨーロッパ統合政策とアフリカ政策の連関を考察するにあたって興味深い対象となることは間違いない。しかし、本書が対象としたいのは、脱植民地化の中で従来の植民地政策としてのアフリカ政策に変更が強いられ、それをフランスがヨーロッパ統合という地域的枠組みへと再編していく、転換期である。その点で、ローマ条約の後に続く二次にわたるヤウンデ協定（それぞれ一九六三年、六九年）、四次にわたり調印されたロメ協定（それぞれ一九七五年、七九年、八四年、八九年）よりも、出発点となったローマ条約調印がより重要であると思われる[30]。

第三に、この問題の背後にあるアルジェリア問題の重要性である。アルジェリア独立問題がフランスにとって避けられない問題として浮上するのは、武装独立勢力のFLNが武装蜂起する一九五四年一一月一日である。その後、フランス政府によって、外交、内政、軍事など様々な領域での対応策がとられた。五六年二月にモレ政権が誕生すると、アルジェリアに対するリベラルな「休戦、交渉、自由選挙」の三部作（Triptique）が対アルジェリア政策の基本方針となるが、同時にアルジェリア派兵を総勢四〇万人へと倍増するなど軍事介入も強めた。また外交においては、特にヨーロッパ政策の枠組みで、アルジェリア問題への対応を図ったのである。フランスは二者間援助の枠組みで、アルジェリア、海外領土、チュニジア・モロッコへと援助を行っていたが、アルジェリア戦争の戦費で財政が逼迫する中、一国で援助額の水準を維持するのは容易ではなかった。一九五五年に再出発した欧州共同市場交渉において、アルジェリアへの開発援助をその中に含むという姿勢をフランスはローマ条約調印一カ月前に提案し、条文上可能であるとする合意をパートナー五カ国に承認させたのである。

もちろん、このようなフランスの植民地政策とヨーロッパ統合政策の連関は、再出発期以前にも見られた。植民地問題とヨーロッパ統合の連関は、例えばストゥー（Georges-Henri Soutou）やルーアン、テルトレ、アイマックなど多くの歴史家が指摘するように、インドシナ戦争とEDCの時期にも見られていた。(31) フランスは、EDCの成立をめぐってヨーロッパ防衛に割くことができる兵員がドイツに劣る状況を危惧し、インドシナからの撤退を共同体成立のための条件としていたのである。いわば、フランス連合に連合国家として参加していたインドシナ三国への対応が、ヨーロッパ統合より優先されたのである。その意味で、ヨーロッパ統合と植民地問題は二者択一的にリンケージ、つまりむしろディスリンケージしていた。その結果、EDCとインドシナ戦争への対応策はリンケージされないまま、EDC自体の崩壊に至った。

しかし、アルジェリアの事例とフランスのヨーロッパ統合政策のリンケージは二者択一的なものではなく、植民地政策とヨーロッパ統合政策との結合を生んだのである。この点は、注目されて然るべきである。アルジェリア戦争が、植民地に対する戦略を含めた広い意味でのフランスの外交戦略に与えた影響がここに見出される。フランスにとって最も重要な経済的パートナーであり、過激な軍事介入が行われ、独立への合意が他植民地に対し比較的遅かった植民地であるこのアルジェリアとヨーロッパ統合との連関は、管見の限りでは、従来の研究において再出発期に至るまでほとんど指摘されていない。(32) 一九五四年一一月のアルジェリア独立運動の本格化に従って、アルジェリア問題とそれがチュニジア、モロッコなど隣国へと拡大した形でのアルジェリア戦争への対応が、フランスのヨーロッパ統合政策と密接な連関をもった。その結果、ヨーロッパ統合のパートナー国との連合関係を形成する形で、アルジェリア政策の「ヨーロッパ化」を生んだと考えられるのである。再出発期には、フランスにとって最も死活的であると考えられたアルジェリアの地位が問われ、ヨーロッパ統合政策の一部を形成したのであり、その意味で、フランスのヨーロッパ統合政策と植民地政策の連関が最も色濃く現れた時期の一つと考えてよいのではないだろうか。

以上の三点から、ヨーロッパ統合の再出発期を考察するにあたり、フランス中心的アプローチをとり、特にＰＴＯＭ問題の位置付けを議論することの重要性が明らかになったと思う。

なお、ローマ条約成立に関しては、実際に関税同盟が始動する一九五九年一月一日までを対象とする。というのは、実際に始動する前段階にあるローマ条約は、域内での関税、数量制限の削減に加えて、域外共通関税を設定する関税同盟設置のみならず、ヒト、カネ、モノ、サービスの自由移動を定める共同市場設立まで謳い、さらには加盟国の海外領土への開発援助案、共通農業政策の実施という野心的な内容をもっていたが、実現可能性がとぼしい張子の虎として捉えられるからである。条文上の規定は一九五七年三月の調印以降、一九五九年一月に実際に関税同盟が始動する段階に至るまで変更を見せていないが、ローマ条約が実際に始動するまでには、様々な障害が存在していた。イギリスによる攪乱と認識されることも多かった欧州経済協力機構（The Organization for the European Economic Cooperation 以下、ＯＥＥＣ）加盟一七カ国間での自由貿易圏交渉が同時並行して進展し、欧州共同市場の性質を変化させる可能性をもっていた。またフランスが実際に欧州六カ国間での関税同盟起動の衝撃に耐え切れるだけの経済的基盤があるかどうかも、五八年末の段階でまったく定かではなかったのである。そのような中でのフランスの関与を跡付けることで、フランスにとってのＰＴＯＭの重要性とＰＴＯＭの欧州機構への参加を促進した要因がより明確になるであろう。

第二節　本研究の背景
――フランス外交史における第四共和制後期の研究の現状と歩みの総括――

以上、ヨーロッパ統合史としての本研究の問題意識と時期設定について述べてきた。本研究はヨーロッパ統合史の一側面を検討するヨーロッパ統合史を志す一方で、フランスから見たヨーロッパ統合という意味でフランス外交史でもある。ここでは、第四共和制後期のフランス外交史研究における先行研究の整理とそれを取り巻く状況について述べたい。

この時期の研究は、三〇年ルールに基づく一次史料の開示に従って、進展を見せてきており、多くの研究が公表されてきている[33]。研究は、今や飽和状態に近い段階に達していると言ってもよい。その一方で、同様に史料が開示されてきている一九六〇年代、第五共和制下のドゴール期の外交と比べると、その取り上げられ方は、相対的に小さいと思われる。しかしながら、結論を先取りすれば、第四共和制後期のフランス外交は、戦後フランス外交史上の位置付けにおいて、近年、注目を集めつつあるテーマである。

実際、米仏関係の専門家フィリップ・ゴードンや、フランスの外交史研究者のフレデリク・ボゾは、ドゴール将軍以降の第五共和制期の外交をドゴール的外交の継続として議論している[34]。対照的に、第四共和制期の外交がフランス外交の類型化の指標となることは極めてまれである。一方で、公開された一次史料を根拠として、九〇年代前後から、フランス外交史の大家たち、ヴァイス（Maurice Vaïsse）、ストゥー、ボスア（Gérard Bossuat）らが、第四共和制期のフランス外交と第五共和制期フランス外交の連続性と断続性に注意を払ってきたことも確かである。

この時期のフランス外交の重要性は、まず第一に、スエズ危機以降、ドゴール的（ゴーリスト）外交の萌芽がすでに見られるとするモーリス・ヴァイスの研究によって指摘されている。第四共和制期と第五共和制期の外交政策を貫く共通項を考察する上できわめて示唆的であるが、一方で、対米関係に焦点を当てた分析であるように思われる[35]。この研究は、必ずしも第四共和制期と第五共和制期の外交像全体を比較したものではない。

次に、仏独関係の大家ジョルジュ＝アンリ・ストゥーの研究が挙げられる。ストゥーの著作『不確かな同盟

（*L'alliance incertaine*）』の中で、一九五四年以降の独仏間の政治・戦略関係が扱われている。[36] ストゥーによれば、戦後独仏関係史においては、第四共和制期と第五共和制期の間の断絶よりも、それ以前の第四共和制期後期の変化、特に転換点としての一九五四年が重要である。一九五四年には、二つの大きな変化があった。まず、欧州軍の中にドイツ軍を統合するEDC案が否決され、再軍備がNATOの枠組みで実施された。この超国家的統合の挫折は、フランスをより穏健な欧州統合へと向かわせることになったという。第二に、独仏二カ国が、ヨーロッパ、米国という媒介を通じることなしに、政治、経済、軍事面において、直接、発言権をもてるようになったということである。このようにストゥーの著作は、第四共和制後期とその後のドゴール外交、そしてEU設立を定めたマーストリヒト条約に至るまでの継続性を主張している。しかし、このようなストゥーの分析対象は、独仏関係、あるいはフランスのヨーロッパ政策の特に、政治・軍事的側面に限定されている。フランスのヨーロッパ政策でも、ローマ条約などヨーロッパ統合政策はもちろん、フランスのヨーロッパ統合政策とアフリカ政策はその論考外なのである。

最後に、フランスの欧州統合史家ジェラール・ボスアは、欧米、日本などで評価の高い著書、『フランス人のヨーロッパ（*L'Europe des Français*）』において特に第四共和制期のフランスのヨーロッパ統合外交の特質を分析している。[37] ボスアによれば、フランスがヨーロッパ統合を追求した動機は次の三語に集約される。それは、「安全保障、地位、理想（La sécurité, le rang, l'idéal）」である。端的には、それぞれ、第一に、西独に対する軍事的・経済的手段による安全保障の確保、第二に、フランスがヨーロッパ統合の中で主導的な役割を果たし、そのフランス主導のヨーロッパが世界的な役割を果たすという目標である。そして第三に、ヨーロッパ統合という数世紀来の理想の実現自体がその目標であった。[38] この研究は、本研究の対象とする第四共和制後期のみならず、レジスタンス期から第四共和制末期までのフランスのヨーロッパ統合政策を包括的に分析している。そして、この三つの動機が、ドゴール外交を含めて、今日のフランスのヨーロッパ統合外交に通ずると結論付けている。また、この論考の中でボスアはヨーロッパ統合政策とアフリカ政策の両方にまたがったユーラフリック政策も取り上げており、その点でも本書と重なる部分が多い。しかしながら、フランスの帝国主義的なアルジェリア政策をリベラルなフランスの海外領土政策と分離している点で、ユーラフリック構想の追求という形で両政策の間に共通点があったという側面を見逃していることには、若干の問題点があるように思われる。

また日本においても、一次史料を駆使した優れた研究が次々に現れている。第四共和制期、特に前期のフランスの中道左派の社会党、および中道のキリスト教民主主義政党である人民共和運動（ＭＲＰ）のヨーロッパ統合への態度を分析した上原良子の研究などが挙げられる。[39] しかし、第四共和制後期フランス外交に限っていえば、日本での先行研究は、フランス外交の構図を示す段階に至らず、未だモノグラフに終わっていると言える。

以上のように、第二次世界大戦後のフランス外交史上における第四共和制後期の外交の位置付けを検討する試みは、すでに一九八〇年代から外交史の大家らによって行われてきた。その点で、第四共和制後期のフランス外交の位置付けを検討する試みの意義は、すでに広く認識されてきているといえる。本書もそのような研究の蓄積に依拠するものである。翻って、第四共和制後期フランス外交におけるヨーロッパ、アフリカという二つの力の源泉に注目し、その外交の構図をより体系的に説明する作業は、未だに残されている。本書は、第四共和制期フランス外交の位置付けをより明確にする作業に貢献したいと思う。

第三節　本研究の意義

さて、すでにいくつか述べてきたが、改めて本研究の意義について整理したい。ヨーロッパ統合史上の意義とフランス外交史上の意義の二つを順に説明していきたい。

一点目のヨーロッパ統合史上の意義であるが、本研究は従来のヨーロッパ統合史に対し、新たな視座を提供すると思われる。第一に、ヨーロッパ統合史は従来、非ヨーロッパ世界との関係に関する検討を軽視してきた。しかしながら、本研究が示していくように、加盟国海外領土との関係を抜きにしては、この時期のヨーロッパ統合史に対する十分な理解は得られない。同時期のヨーロッパ統合プロジェクトは、共同市場、ユーラトム、欧州自由貿易圏どれをとっても、海外領土の位置付けがそれらの重要な争点となっていたからである。大幅に規模を縮小したものの、共同市場への海外領土市場の特恵的連合、開発援助基金の創設、ユーラトム条約の海外領土への適用といった点において、ローマ条約で創設されることが目指された共同市場への海外領土参入を試みる構想は一定の結実を見たのである。

第二に、従来、経済史アプローチからの研究を中心にして、同時期に、フランスの重心は帝国からヨーロッパへとシフトしていったという解釈がなされてきた[40]。一方、このような二者択一的理解に対しては反論も行われ、いくつかの研究では、フランスは帝国、ヨーロッパのどちらかを選択する段階になかったという解釈もある[41]。このように、フランスを中心としてヨーロッパと帝国の関係を議論する研究は、依然として論争的であり、議論が収束していない分野である。以上のような状況で、フランスのヨーロッパ統合政策とアフリカ政策の連関に注目し、それを欧州共同市場設立にとどまらず、より包括的に検討する本研究は、この議論の進展に影響を与える可能性をもつ。

次に、フランス外交史上の意義について触れたい。前述のように第四共和制期フランス外交は、史料公開三〇年を基本とする一次史料の開示に伴い、個々の政策分野においてかなりの蓄積を重ねているとはいえ、残念ながら、第四共和制期後期のフランス外交の構図を確立するには至っていないと思われる。このような状況で、本研究は、ヨーロッパとアフリカという当時のフランスが対外的影響力の基盤としてもった二つの重要な地域における政策を検討することで、外交の構図の構築への材料を部分的にではあれ提供するものである。

このような検討の結果もたらされるであろう第四共和制理解は、この時期の外交の理解を深めるという目的に資するのみでなく、より長期の戦後フランス外交史に対する複眼的理解という目標に貢献する。第四共和制期外交の包括的理解により、これまで「ドゴール的（Gaullien, Gaulliste）外交」とされフランス外交のモデルとされることが多かった第五共和制期の外交との比較が可能になるのである。(42) それにより、改めて第五共和制期フランス外交の特徴も問い直されるであろうし、それによって戦後フランス外交史自体の理解もより深まると思われる。

そして最後に付随的であるが、本研究が現代フランス外交、ＥＵの現状理解に対しもたらすであろう含意について述べたい。サルコジ（Nicolas Sarkozy）仏大統領により提唱された地中海連合構想は、二〇〇八年三月一四日の欧州理事会での合意により、地中海諸国からなるブロックからＥＵレベルの政策へと変化している。そして、二〇〇八年七月には地中海連合創設首脳会合が開催された。ＥＵ加盟二八カ国に地中海諸国を加えるこの壮大なプロジェクトの本質を理解するのに、歴史的先例は参照事例となるであろう。実は、本研究が対象とする時期に、二つの歴史的先例が見られる。まず、一九五八年に当時のガイヤール（Félix Gaillard）仏首相により提唱された地中海連合協定構想である。そして第二の先例となり得るのは、ローマ条約交渉において政策レベルで議論がなされたユーラフリック構想である。なぜなら、サルコジ大統領によって、地中海連合構想は、「ユーラフリック」の「要(pivot)」(43)と呼ばれることもあり、そこに共通性が見出されるからである。地中海連合協定構想については扱いがわずかではあるが、本書では、これら二つの歴史的事例を跡付けることで、最近の現象への理解を深めるための貢献を図る。

第四節　本研究の独自性

――「ユーラフリック」研究の登場と問題点――

本書で中心となる研究対象は、フランスのヨーロッパ統合政策と加盟国植民地に限定したアフリカ政策の連関である。その中で鍵となるのが、ヨーロッパとアフリカと一つのまとまりに包含するユーラフリック（ユーラフリカEurafrique）構想である。このユーラフリック構想は、一九世紀フランスにさかのぼり、両大戦間期のクーデンホーフ＝カレルギー（Richard Coudenhove-Kalergie）伯爵により連邦構想として提唱されたとされ、一九五六年春より植民地たる海外領土を管轄するドゥフェールによって再度、提唱された構想である。(44)

本研究が「ユーラフリック」に焦点を当てるのは、ローマ条約交渉期になり具体的な外交イッシューとなるまでは、海外領土の位置付けをめぐっては、ユーラフリック構想を軸にして議論がなされたからである。そして、外交交渉の主題となった時期においてもしばしばこの構想は引き合いに出された。もちろん、海外領土の位置付けを考察するにあたり、海外領土をヨーロッパ諸機構から排除するという考え方は、「ユーラフリック」の対極に位置するものである。その点で、「ユーラフリック」のみに焦点を当てることは、海外領土の位置付けの全体を見逃すことになろう。このような分析上の問題を回避するため、本研究では、「ユーラフリック」のみならず、海外領土が排除された統合ヨーロッパを含めて、統合ヨーロッパと海外領土の関係について検討する。

三〇年ルールに従って、一次史料に基づいた優れた歴史研究も最近一五年間に現れている。(45)しかしながら、解明されるべき問題が残されていることもまた確かである。核となる先行研究を紹介した後に、本研究の独自性を提示したいと思う。

まず同分野の先駆的研究としては、フランスの国際関係史の大家ルネ・ジローやその弟子ジェラール・ボスアの研究が挙げられる。[46]ボスアによって同様の立場がとられることになるジローの研究は、ＰＴＯＭの欧州共同市場への連合を脱植民地化政策の「重要な標柱（un jalon important）」と位置付け、植民地という第四共和制下フランスにとっての力の源泉から、海外領土の連合、特に開発援助によって、ヨーロッパへの重心の移動を実現していったと解釈している。このようにヨーロッパ統合政策とアフリカ政策の連関をフランスの外交戦略の観点から一次史料によって裏付けているが、本書はあまり使用されていない海外フランス（海外領土）省、海外フランス大臣の史料の使用により、これらの研究を補完する可能性が残されている。本研究は、そのような視座に立ち、ユーラフリック構想をより包括的に検討しようとするものである。

一方、このようなフランスの植民地帝国からの離脱というテーゼに真っ向から反対し、フランスの植民地帝国を救済する手段として、欧州共同市場へのＰＴＯＭの連合を捉える研究も現れた。フランスの外交史家ギレン（Pierre Guillen）やイギリスの植民地史・帝国史家ケントの研究がその例である。[47]しかし、これらは、残念ながら詳細な一次史料による裏付けを欠いている。史料の開示に依拠したモンタルソロの研究は、このギレン、ケントによるテーゼを実証し、補完するものである。[48]しかしながら、これらの研究は、後に述べるように植民地政策の維持でありながら脱植民地化政策を進めるというユーラフリックのもつ両義性を十分に捕捉できていない点で問題を抱えている。

このような、フランスの国際的影響力の源泉は「植民地か、ヨーロッパか」という論争に対し、一石投じたのが、スイスの歴史家トーマス・モーザーの研究である。[49]広汎な一次史料に依拠し、スイスのベルン大学に提出した博士論文をもとにした著書は、「ユーラフリック」を主題とする最も詳細な研究の一つだと思われる。この論考において、モーザーは、ローマ条約でなく、六三年に締結されたヤウンデ協定まで、植民地主義の発展と脱植民地化の進展とが同時かつ循環的に継続したとみなしている。そして、そのプロセスの後、ＥＥＣとほぼ同時に誕生したのが

「ユーラフリック共同体（Eurafrikanische Gemeinschaft）」であるという解釈をとっている。この見方は、ローマ条約成立期には、「植民地か、ヨーロッパか」という選択はなされず、かといって積極的に植民地の維持がとられなかったという立場をとり、ジロー、ボスアによるテーゼと、ギレン、ケントによるアンチテーゼの折衷的立場となっている。このような見方は、フランス国内の「ユーラフリック」に対する立場を財界、政党まで幅広く観察した場合、一定の説得力をもつバランスのとれた見方であるかもしれない。本書もこの点ではかなり近い見方を提示している。しかしながら、モーザーの研究は政策決定において重要であった政治家らの認識を深く検討するものではない。政策決定上より直接的に関係した、モレ首相、ドゥフェール海外フランス相、ピノー（Christian Pineau）外相の個人文書を検討する本書のほうが、この点に関してはモーザーの著作よりも、優位をもっている。また、付言すれば、EECと同時に成立したのが、ユーラフリック共同体であるといった見方は、若干バランスを欠いているように思われる。PTOMの欧州共同市場への連合を「ユーラフリック」の第一段階とみなす立場は当時の政治家、メディアに広く見られたが、ユーラフリック共同体が実際に成立したと見るかは別問題である。実際、アフリカのPTOMが、独立前およびその独立後にEECの正式なメンバーとなったことはなかった。そのような法的、制度的枠組みから検討した場合、モーザーのように、「ユーラフリック共同体」の成立を主張する立場は、誇張であると解釈せざるを得ない。この研究が広汎な一次史料の渉猟に基づいた詳細な歴史研究として貴重であることは間違いないと思われるが、以上の二点から、この研究を補完的に検討する必要がある。

次に、二〇〇八年に出版された、イタリアの統合史家グイーア・ミガーニの研究「フランスとサブサハラのアフリカ（一九五七―六三年）」では、従来の先行研究と異なる、よりバランスのとれた見方が提示されている。(50) この博士論文を土台にした研究の中で、本研究の扱うローマ条約への海外領土市場の連合が、広汎な一次史料に基づき論じられている。(51) それによれば、フランスの海外領土への開発援助への負担がもはや一国単位で維持できず、アフリカ側の要求に応えるべく、欧州五カ国の援助に頼るため、「ユーラフリック」という概念で、ヨーロッパにおける役割とアフリカにおける役割をフランス政府が調和させたとしている。ＰＴＯＭの欧州共同市場への連合を脱植民地化政策と捉えるミガーニの基本的な立場は、ジロー、ボスアのテーゼに属するが、新たにアルジェリア問題の重要性が取り上げられ、特にアルジェリア問題の国際化を防止する手段として、ユーラフリック共同市場連合案が推進されたと指摘している。[52] もちろんアルジェリア戦争の国際化の危機はすでに一九五四年一一月には認識されていたし、アルジェリア問題がリベラルなブラックアフリカ政策と連関していたという指摘は、きわめて重要である。しかし、この指摘は、史料の裏付けによって必ずしも実証されていない。また、アルジェリア戦争の国際化の危機は、五八年二月のチュニジアのサキエト村で起きた空爆事件を契機に本格的に進んだといえるため、そのような仮説に対し疑問も生まれる。本研究は、アルジェリア戦争と「ユーラフリック」との連関をより深く考察することで、「ユーラフリック」を論じたいと思う。

経済史家の藤田憲は、ＥＥＣ設立条約交渉におけるユーラフリック構想の分析を多く発表している。[53] 特にローマ条約交渉において重要なスパーク報告の起草と海外領土の連合交渉に関与したピエール・ユリ（Pierre Uri）の役割を詳細に跡付けた点で重要である。しかし、経済史的アプローチに基づいたこの研究では、従来のそのほかの研究同様、「ユーラフリック」のほかのプロジェクトであったユーラトムや、海外領土の連合が議論された自由貿易圏交渉については検討がなされていない。その点で、本研究は、「ユーラフリック」に関わるプロジェクトをより包括的に議論し、その特質を明らかにするためにも、中心となるＥＥＣへの海外領土市場の参加交渉のみならず、ユーラトムにおける海外領土問題、自由貿易圏交渉における海外領土の連合交渉をも同時に分析する。また、フランス植民地主義研究の日本における第一人者である平野千果子は、ユーラフリックをフランコフォニーとの関連で取り上げ、思想的側面から検討している。[54]

さらに、ヴェロニク・ディミエの研究は、フランス、アフリカ、超国家機構たるEEC委員会をアクター（主体）として、「ユーラフリック」を立体的に論じている。(55) そのほか、一九五〇年からローマ条約調印に至る五七年までのヨーロッパ統合における「ユーラフリック」の位置付けを検討したデジレ・アヴィの研究がある。(56) しかし、これらの研究は一次史料に依拠するものの、ユーラトムや自由貿易圏について検討していないばかりか、同時期のフランスにおける政策決定過程に関する詳細な検討に基づくものではない。(57)

そして、最後に二〇一四年に出版されたスウェーデンの政治学者、ペオ・ハンセンとステファン・ジョンソンによるユーラフリックを主題とした研究について触れておきたい。(58) この研究は、世界的な影響力獲得というヨーロッパの地政学的利益に基づいてユーラフリックがその手段として追求されたことを、一次史料に基づきながら、戦間期から一九六〇年代まで分析している。この指摘は国際政治における（古典的）リアリズムの主張するパワーの追求の事例となっており、興味深い。しかし、この詳細な研究も、ユーラトムや自由貿易圏構想において、どのようにユーラフリック構想が展開されたのか、という全体像を描いた説明になっていないのである。

以上のような先行研究の状況をふまえて、本書ではユーラフリック構想の共同市場案、原子力統合案、自由貿易圏構想案というその複数のプロジェクトにまたがる検討と、またそれらを冷戦、脱植民地化、そしてヨーロッパ統合プロセスそのものという国際環境の中での検討とを行う。そのことによって、(59) 第四共和制後期フランスにおけるヨーロッパ統合とアフリカ政策の連関をより包括的に考察したい。なお、結論を先取りすれば、欧州共同市場へのPTOMの連合に関しては、フランスの植民地帝国の総体であるフランス連合を維持するという目的と脱植民地化を促進するという矛盾した二つの目的のもと、ユーラフリックが追求されたという立場をとる。その意味では、結論として近いモーザーの研究に依拠しながら、それを改良することを本書は意図している。

そして最後に、第二次世界大戦以前からのより長いスパンで考えた視座も付け加えておきたい。それは国際秩序の観点である。ヨーロッパ中心の国際秩序は、脱植民化を前に、植民地とのより垂直的な構造をそこに包含せざるを得なくなった。今日コトヌー協定のもと、欧州とアフリカ諸国の対等性は多分に確保されているが、そこに至るまでは、加盟国間の対等な水平的関係と加盟国と（旧）植民地間の垂直的な構造が同時に存在する二重構造になっていたのである。それが成立したのが、このユーラフリックをめぐる交渉であり、その経緯をさぐり、なぜ二重構造が成立したのかを問うことは、国際政治の長期的視点からの理解を助けるのではないだろうか。

第五節　本書の構成と論点

さて、本書は歴史研究を志すものではあるが、ヨーロッパ統合政策とアフリカ政策の連関をより明確に浮かび上がらせるため、完全な時系列ではなく、時系列を尊重した上でのテーマ別の構成とする。

各章の構成を紹介する前に、本書全体の論点を二点ほど整理しておこう。一点目は、「連合（association）」を中心としたユーラフリック構想には、二つの側面があったということである。一つは、フランスの植民地および旧植民地への影響力の維持である。もう一つは、ＥＥＣ委員会による、途上国向けの開発援助の設置という点である。フランスが主導して追求していったユーラフリック構想にもかかわらず、フランスとＥＥＣ委員会は競合相手となっていくのである。この矛盾こそが、この本のテーマの一つである。その理由は、次のように考えることができる。フランスが、ヨーロッパ統合を進めつつ、植民地という勢力圏を維持したいと望む一方、ＥＥＣ委員会は、植民地の自立を促進するような開発政策を重視する。その方向性がずれており、フランスは、ユーラフリックを当初は推進しながら、その推進を諦め、バイラテラルな援助をより重視するようになっていくのである。このずれが、ＥＥＣ委員会が設立された一九五八年にすでに見られるのであり、ここを本書の一次史料に基づく分析の終点とするのである。

二点目は、「サブサハラ＋仏領北アフリカ（マグレブ）」という視点の重要性である。なお、広義のマグレブは、リビアや西サハラ、モーリタニアを含むこともあるが、本書では狭義でのマグレブを採用し、アルジェリア、チュニジア、モロッコを指す。先述のように、従来、ユーラフリック構想は、「連合」に焦点が当てられてきた。そこでは、サブサハラのブラックアフリカ（黒人が主に居住する地域）が対象であった。しかし、このような視点は十分ではない。というのも、歴史的にユーラフリックのアフリカは北アフリカの包含を検討してきていたし、ユーラフリック共同市場構想や原子力版ユーラフリックを進めたドゥフェール海外フランス相の考えでは、ユーラフリックに、アルジェリア、チュニジア、モロッコといった仏領北アフリカも含まれていたのである。最終的に「連合」の対象地域にはならなかったが、「サブサハラ＋マグレブ」という視座は単なる分析枠組みではなく、その当時の政策決定者の認識を示す枠組みなのである。そのため、本書は、サブサハラだけに焦点を当てるのではなく、サブサハラとマグレブ諸国の関係にも注意を向けながら、分析していく。

次に各章の概観に入る。第一章では、前史として、第二次世界大戦後のヨーロッパ統合における海外領土の位置付けを総括する。この作業によって、ローマ条約調印に至るまでヨーロッパ統合において海外領土が排除されてきたことを確認する。その中で注目するのは、第一に一九世紀にさかのぼるユーラフリック構想の起源と変遷であり、第二に、マーシャル・プランにおける海外領土の位置付けであり、第三に、一九四八年頃にイギリス政府により採択された第三勢力構想の興亡、第四にシューマン・プラン交渉、第五にＥＤＣ条約に定められたＥＰＣの中での海外領土の位置付けをめぐる交渉である。そして、海外領土がいかなる要因で排除されてきたかについても検討する。このような作業は、なぜ、一九五五年六月のメッシーナ会議より公的に開始された再出発期になり初めて海外領土が制度的に参入されることになったのかという問いへの一つの答えを提供するであろう。

第二章では、欧州共同市場交渉における海外領土の参入を取り上げる。主唱者の海外フランス相ガストン・ドゥフェール、ドゥフェールらによる提案を承諾した首相モレ、外相ピノー、そして米国務長官ダレスによっても実際に「ユーラフリック」と呼ばれた欧州共同市場への海外領土国の加入は、従来の研究同様に本書の中心課題となる。この章では特に、脱植民地化の中にあって、欧州共同市場への海外領土市場の連合が、アフリカに対するフランスの影響力保持政策と一体になっていたことを指摘する。フランスの影響力保持政策は、欧州共同市場に制度的に含まれることになったブラックアフリカの仏植民地のみならず、制度的には欧州共同市場に連合されなかったものの、ローマ条約で設置が決定した海外領土に対する開発援助の恩恵を供与できる権利を獲得したアルジェリア、チュニジア、モロッコという北アフリカにも向けられたものであった。このような検討によって、フランスのヨーロッパ統合政策とアフリカ政策の連関の一つが示される。

第三章では、ユーラトム交渉における海外領土問題を取り上げる。メッシーナ会議直後から、共同市場案と同様に独仏伊ベネルクス六カ国による原子力分野での部門統合を目標とするユーラトム交渉において、海外領土の問題は加盟国間の代表からなる専門家委員会で検討されてきた。当初は、ベルギー領コンゴのもつ世界的な原料供給地、特にウラン供給地としての地位がその主な原因であった。そして、モレ政権が発足すると、海外フランス省を中心に原子力版ユーラフリックが構想され、五六年四月に提出された専門家委員会による報告、スパーク報告で海外領土が軽視される中、海外フランス省は、海外領土の位置付けを明確化するよう首相に圧力をかけていく。その結果、首相モレは、五六年七月の国民議会での演説に見られるように、ドゥフェール案に同意を示し、六カ国の交渉議題とするよう呼びかけていく。しかし、結局、一般公衆に利用可能な史料に依拠する限り、ユーラトム交渉は具体的措置についての交渉が進まず、同問題についての六カ国間の交渉は、条約調印直前に原則合意を決定したほかは、行われなかった。このような過程の中で垣間見えるフランス政府の意図について検討し、フランスのヨーロッパ統合政策とアフリカ政策のもう一つの連関について検討する。結論を先取りすれば、最終的にウランの確保よりも、フランスの威信を満足させる心理的・象徴的効果がフランス政府によって海外領土のユーラトムへの統合に望まれた。

第四章では、自由貿易圏創設交渉における海外領土の連合交渉とフランスの対応を取り上げる。自由貿易圏創設をめぐる交渉は一九五七年二月のOEEC閣僚理事会以来、加盟一七カ国で行われた。そしてローマ条約が調印され、PTOMの欧州共同市場への連合が定められるや、加盟国の海外領土市場の連合の問題が交渉の一つの重要な争点とされる。結局、自由貿易圏と欧州共同市場の連合案は、一九五八年一一月をもって一旦放棄されることになるが、域外共通関税を設けず原理的には大きく異なる欧州共同市場の性質、そして海外領土市場の欧州共同市場の連合の性質を大きく変える可能性をはらんでいた。その点で、イギリスにより提案され主導されたこの提案に対するフランスの反応を検討することで、フランスのヨーロッパ統合政策とアフリカ政策の三つ目の連関を検討することが可能となるであろう。

第五章では、一九五七年に調印されてから、一九五九年一月一日の関税同盟第一段階の始動までの時期を扱い、フランス政府におけるヨーロッパ統合政策とアフリカ政策の第四の連関を検討する。一九五八年一月に発効したローマ条約では、EEC委員会の設置など機構面の整備は開始されていたが、肝心の関税同盟に関しては、この段階ではまだ始動していなかった。またフランスでは、アルジェリア戦争のもたらす財政逼迫などが原因で、フランスが関税同盟始動のショックに耐え切れるかは必ずしも定かではなかった。その意味で、調印はされても、ローマ条約調印から関税同盟第一段階が実際に始動するまでは、ローマ条約の実施は保証されていなかったのである。この時期、GATT（関税と貿易に関する一般協定）の枠組みで、海外領土の連合問題は議論されている。このGATTでの交渉に焦点を当てることで、フランスのヨーロッパ統合政策とアフリカ政策の連関がいかなるものであったのかについて、それまでの議論の補足を行いたい。また最後に、フランスのアフリカ政策の文脈でヨーロッパレベルでの共通の政策がいかなる位置を占めたのかを長期的に検討したい。

そして終章において、本論のまとめと展望を示したい。結論を先取りするが、フランスが主導してきたユーラフリック構想であったが、ＥＥＣ委員会という新たな主体との競合関係が生まれ、ユーラフリックのヨーロッパ的解決としての矛盾がすでに表れていたのである。

最後に、依拠する一次史料について説明する。本書は、従来利用されてきた史料のみならず、近年公開となったばかりの新史料にも依拠する。分析において中心となるのは、フランス政府であるため、ヨーロッパ統合問題に関して「閣議」の役割を果たしたヨーロッパ経済協力のための省間委員会事務総局（Secrétariat Général pour le Comité interministériel）の史料を用いる。そのほか、外交政策立案にあたった外務省史料、海外フランス省史料、経済財政省史料および首相、外相、海外フランス相、経済財政相など主要閣僚の個人文書などフランス政府の未公刊史料に依拠する。

またフランス政府の史料のみならず、ＥＥＣ委員会の正式発足までのいわゆる暫定委員会（Comité intérimaire）、ＥＥＣ・ユーラトム両委員会という共同体諸機構の一次史料に依拠する。また特にユーラトム交渉に関しては、ジャン・モネ財団の史料、特にモネ率いる欧州合衆国のための行動委員会（Comité d'Action pour les États-Unis d'Europe: CAEUE）の史料を用いる。もちろん、本研究は、すでに多くの研究蓄積があるジャン・モネ研究では決してない。しかし、モネ財団の史料に依拠することは、フランス政府のヨーロッパ統合に対する立場を立体的に検討する上で重要である。モネはユーラトムに関し、フランス政府からはかなりの自立性を確保した立場で、アメリカとの交渉にあたった。アメリカは冷戦戦略に基づいてヨーロッパ統合推進にあたっており、この史料を見ることで、冷戦戦略に基づいたアメリカ政府のユーラトム交渉に対する反応を知ることができる。ユーラトムにおける海外領土の位置付けをめぐる交渉を取り巻いた冷戦という国際環境を分析する上で有用なのである。

第一章　第二次世界大戦後ヨーロッパ統合におけるフランス

——海外領土の位置付けを中心に——

第一節　「ユーラフリック」の起源
――連邦としての「ユーラフリック」か、独仏協調による植民地開発か――

ローマ条約は、今日のEUの法的起源であるとされることが多いが[1]、序章で述べたように、ヨーロッパ統合の一起源は、さらにさかのぼってシューマン・プランに求められるともいえる。今日多くのヨーロッパ統合史研究、EU研究は、石炭・鉄鋼部門に限定して国家主権の委譲が行われたシューマン・プランの発表を一起源としているし[2]、EU自身も、シューマン・プランが発表された日を「ヨーロッパ・デー（Europe day）」と指定し、加盟国および加盟候補国のトルコなどが毎年それを記念した行事を行っている。

しかし、第二次世界大戦後の戦後秩序形成期において、シューマン・プラン以前から、ヨーロッパ統合の動きは始まっていた。アメリカからの戦後復興を目的とした援助計画としてのマーシャル・プラン、アーネスト・ベヴィン（Ernest Bevin）英外相により主導された英仏を枢軸とする西欧同盟、ハーグ会議などに見られたヨーロッパ統合運動などである。これらの統合構想の中で、海外領土の位置付けも少なからず議論されていた。

本書の主題となるヨーロッパにおける海外領土の位置付け、その概念的枠組みとなった「ユーラフリック」とは何か、それは歴史的に見てどのような概念だったのだろうか。このような広範囲にわたる問題は、一九五〇年代中盤のフランスにおけるユーラフリック構想を中心に時期と空間を限定する本書の手中に収まらない広がりをもつ。しかし、このような歴史的文脈を無視して、一九五〇年代中盤の「ユーラフリック」について語れないこともまた確かである。

そこで、第一章では、一九世紀後半にすでに見られるユーラフリック構想の起源から、ローマ条約での海外領土の編入以前に至るまでの、「ユーラフリック」の多様性と共通性を概観したい。(3)第一節では時間的にさらにさかのぼるが、制度的統合が結実しなかったとはいえ、その後の思想的形成に影響を与えた一九世紀後半のユーラフリック構想草創期についても概観したい。

ヨーロッパとアフリカをある一つのまとまりとする「ユーラフリック」の起源は、一九世紀後半にさかのぼる。それから第二次世界大戦に至るまでのユーラフリック構想の変遷も顕著である。戦間期のパン・ヨーロッパ運動のフランスを代表する人物であったルシュール（Louis Loucheur）らにより部門統合の萌芽が見られたものの、(4)「ユーラフリック」構想は基本的にはヨーロッパ連邦を前提としたものであった。まずは、このような連邦主義者のユーラフリック構想を、起源として概観したい。

「ユーラフリック」の最初の提唱者は、一九世紀半ばのフランス人であった。フランスの思想家サン＝シモンの影響を受け政治的、倫理的な根本改革を目指す、サン＝シモン主義者であった提唱者アンフォンタン（Barthélemy Prosper Enfantin）である。彼は、大規模な建設によって、アルジェリア、サハラ全体を開発するという提案を行ったのである。(5)一八七五年から八五年までの一〇年間において、地理学者、ジャーナリストの間でも、ブラックアフリカをヨーロッパとしての植民地とするユーラフリックの一構想がたびたび提起されていた。しかし、このような領域にとどまらず、知識人の間でも、サハラ砂漠以南の黒人が多く居住するブラックアフリカをヨーロッパ諸国による共同管理下に置く構想は提起されていた。その代表が、欧州合衆国の信奉者として知られる文豪ヴィクトル・ユゴー（Victor Hugo）による、来る二〇世紀のヨーロッパ像としての「ユーラフリック」の提唱である。(6)

ユゴーは、「ヨーロッパは、その側にアフリカがあることに気付かなければならない時が来ました。このヨーロッパ諸国のグループに対して、次のように言わなければならないような時期が来ました。「団結しなさい、そして、南へとお行きなさい」と。一九世紀には白人は黒人を人間にしました。二〇世紀にヨーロッパは、アフリカを世界にします。アフリカを新しくし、古いアフリカを文明に対し従順なものへとしましょう。それは、ヨーロッパが解決すべき問題なのです」と述べたのである。ユゴーは、文明化の使命（mission civilisatrice）に駆られて、ヨーロッパ諸国の協力を呼びかけたのであった。

ユゴーなど知識人の表明にとどまらず、さらに具体的なプロジェクトとしての萌芽もこの時期に見られた。一八八四年に行われた西アフリカの地位を議論したベルリン会議である。会談においてビスマルク（Otto von Bismarck）ドイツ帝国宰相がコンゴにおける通商の自由、コンゴ川、ニジェール川の通行の自由を求めたが、これらは、ビスマルクによる列強排除であると参加国に理解された。このコンゴにおける国際協定案はアフリカに対する政治的プロジェクトであったことから、フランスの文脈においては、連邦主義者の思想に限定されず、地政学的に一体性をもつフランスとアフリカが、フランスの偉大さを象徴しているという思想であった「フランサフリック（Françafrique）」の代替案あるいは補完的考えとしても理解される。当時、「グレーターフランス（une plus grande de la France; a greater France）」という標語がフランスの威信を鼓舞する、「フランサフリック」のプロパガンダであった一方、[7]「フランサフリック」や「ユーラフリック」は、本土において顕著に支持はされなかったものの、アフリカの指導者らにさえ支持されることがあり、その意味で政治的意義をもっていた。[8]

ビスマルクによる提案は、フランス代表ジュール・フェリー（Jules Ferry）首相兼外相が、ガボン、ギニア、セネガルにおける自由貿易原則の適用を拒否するなど、各国の主権には踏み込まない形で合意が形成された。結局、この会談の結果は、コンゴにおける植民地列強の経済的権限を保障したものであった。翌年にはベルリン一般協定が成立し、コンゴ盆地にベルギー国王レオポルド二世の私領として、特定の国家に特恵を設けない自由貿易の原理に合致したコンゴ自由国が設立された。ベルリン会談には、ヨーロッパ諸国以外にも、アメリカ、ロシア、トルコなどが参加したが、[9]この協定は、それまでの早いもの勝ちの原則に基づく「障害物競走（Steeple-chase; Course au clocher)」と揶揄された無秩序な植民地獲得競争に対し、ヨーロッパの帝国主義者の視点からすれば、ヨーロッパ諸国間で一定の秩序をもたらそうと試みた協力だったといえる。国際問題を専門とするイギリス労働党系のシンクタンク・国際戦略研究所（IISS）所長のチップマンによれば、この会議は、「アフリカでのヨーロッパの共通の行動が、すべてのヨーロッパ人にとっての利益となることを示した」といえる。(10)

しかし、これらのヨーロッパ連邦主義者と、植民地拡張の圧力団体の総称である「植民地党（parti colonial）」とによるユーラフリック構想は、列強による世界分割が進行していく中で、その後に続く両者間の協力体制を築けないまま、第一次世界大戦に突入していく。植民地競争の激化のもと、独仏間の亀裂が深まるという逆境の中、対等な立場での独仏協調を軸とした統合ヨーロッパによるアフリカ協力を、植民地党の中心にあったジュール・フェリー、ガブリエル・アノトー（Gabriel Hanotaux）らは無謀にも支持していた。このような非現実的な動きは、ヨーロッパ諸国との協力に基づく「ユーラフリック」の諸構想が生まれない要因となった。

ヨーロッパを二分した総力戦、第一次世界大戦の後、「ユーラフリック」は、再び、ヨーロッパ連邦構想の中で大きな位置を占めることになる。世界におけるヨーロッパの力の没落を前に、ヨーロッパ諸国の団結が唱えられたのである。第一次世界大戦による荒廃の後、一九一八年に初めて出版されたドイツの哲学者オズヴァルト・シュペングラー（Oswald Spengler）の『西洋の没落（*Der Untergang des Abendlandes*）』は、循環史観に基づき、ヨーロッパが西洋文化の段階を終え、文明という衰退期にあると悲観したもので、思想的に決して真新しいものではなかったが、(11)ベストセラーとなったのであった。

このようなヨーロッパ衰退論と連邦主義に立脚し、ユーラフリック構想を提唱したのが、オーストリア＝ハンガリー帝国の外交官を父に、日本人の骨董商の娘青山光子を母にもつリヒャルト・クーデンホーフ＝カレルギー（Richard Nikolaus Coudenhove-Kalergi）伯爵である。クーデンホーフ＝カレルギー伯爵は、大戦期にウィルソンの国際連盟を支持していたものの、ウィルソンのヴィジョンに失望し、ヨーロッパ連邦に注意を向けるようになる。(12)彼は、一九二三年に発表したマニフェスト「パンオイローパ（Paneuropa）」の成功でヨーロッパ文壇の寵児となったが、(13)その構想は将来的に世界を五大グループに分けるというものであった。五大グループとは、「英連邦帝国」、フランス、ベルギー、イタリアらの植民地を含めた「パン・ヨーロッパ」、カナダを除いて北中南米を含めた「パン・アメリカ」、「ロシア連邦帝国」、そして、日本、中国などからなる「極東」であった。つまり、クーデンホーフ＝カレルギー伯爵のパン・ヨーロッパ構想は、植民地帝国をその中に含めた連邦構想だったのである。(14)

実際、このような統合の必要性は、諸国家が統合しなければ、ヨーロッパは、「最大限拡張している世界大国に」貪り食われてしまう、(15)というヨーロッパ衰退がもたらす恐怖から生まれていた。そのような統合がもたらす効果、特にアフリカのヨーロッパ外領土を含んだ効果は、すべての原料とすべての食糧を生産することによる、経済的自立であった。(16)クーデンホーフ＝カレルギー伯爵には、アフリカにおける植民地は、原料へのアクセスという点で、統合ヨーロッパにとって、恩恵を供与するものであるとされたのである。それに加えて、クーデンホーフ＝カレルギー伯爵は、ヴェルサイユ条約により海外植民地をすべて失ったドイツ、そのほか、ポーランド、チェコスロヴァキア、バルカン・スカンディナヴィア諸国といったヨーロッパ外の領土に恵まれない中東欧、北欧諸国に対し、サハラ砂漠を部分的に耕地にすることを含めた、幅広い活動を恩恵として提供した。一方で、アフリカの開発という宗主国一国ごとでは不可能なほど膨大なプロジェクトに直面し、全ヨーロッパ諸国の協力を彼はコストとして望んだのである。

このようなクーデンホーフ＝カレルギー伯爵の植民地帝国を含めたヨーロッパ連邦構想は、一方でナショナリズムを超えたリベラルなものであった。(17)つまり、アフリカを開発することで、オーストリアなど各国個別ではなく、ヨーロッパ全体に経済的利益、世界的影響力の維持がもたらされるとの考えであった。しかし、クーデンホーフ＝

カレルギー伯爵の構想はジャーナリスト、植民地相、企業家の間で反響を得たものの、欧州連邦を支持する政治家たちの支持を得られなかった[18]。

オーストリアだけでなく、フランスでも両大戦間期にユーラフリック構想が見られた。左派の急進社会党で主流であった考え方を代表して、短期間ではあるが二度首相を務めたサロー（Albert Sarraut）は、一九三〇年代に初めてユーラフリック構想を表明した。第一次世界大戦後の対独講和条約であったヴェルサイユ条約で植民地を奪われたドイツを、何らかの法的枠組みにより植民地開発において連合させるというものであった。それは、懲罰的性格をもつヴェルサイユ条約に反対し[19]、ドイツをアフリカ開発へと参画させることにより、ドイツの力をヨーロッパ再生に利用しようとするものであった[20]。この当時、すべての植民地を喪失したドイツは、熱帯食糧、非鉄金属、木材、ゴムといった原料供給において、他国の海外領土に依存しており[21]、独仏協調によるアフリカ共同開発プロジェクトは、この点でドイツの経済的利益に一致するものであった。エリオ（Édouart Herriot）政権で植民地相となったサローは、三三年七月、インタビューに対し、共通の資本、労働力をもってアフリカの植民地開発を行うよう提案した。しかし、この提案はドイツにとっては、受け入れられるものではなかった。ドイツメディアは反対し、植民地省からも、ドイツ人がフランスの植民地で奴隷として働くようなものだと抗議を招いた[22]。

サローは二度目に政権を組織した時、再び、対独協調による植民地協力を打ち出す。それは、ドイツをフランスの植民地開発プロジェクトに呼び込み、「生産と建設（travail）に関する普遍的な憲章」の起草[23]により、それを実現する計画であった。

この計画には、フランス国内で賛否両論があった。ヒトラー（Adolf Hitler）の思うつぼである、原料への平等なアクセスをドイツに保障するために植民地の地位を変更する、「平和を犠牲にする」などを理由とした反対で国内の支持を十分に集め切れない一方、左派の間では支持もあった。左派系新聞『ルーヴル（*L'Oeuvre*）』の行った世論調査では、「ヒトラーに植民地を与えるべきか」という問いに対して、四四%もの賛成が見られたのである。[24]

ドイツとの植民地協力は、英外相イーデンとの関係に基礎を置く英仏協力により高い優先順位をもうけるブルム(Léon Blum)政権によっても、「アプリオリ(先験的)には拒否されなかった」[25]。そして、ギニアの首都コナクリでの独仏、そして、ベルギー、アメリカ、イギリスの産業家にも開かれた鉱山共同開発プロジェクトの交渉へと至る。しかし、三九年九月のナチスの電撃的なポーランド侵攻により、このプロジェクトも無期限延長となった。フランスによる提案は、「植民地の新たな再分割は、南北アメリカのような利益共同体にヨーロッパとアフリカが参加するようなものになるに違いない」という根拠で[26]、ヒトラーによって受け入れられなかった。このある種の「ユーラフリック」は、第二次世界大戦中にサハラ横断鉄道(Transsaharienne)というプロジェクトによっても追求される。この鉄道の構想は、一九世紀後半にすでに提起されており、アフリカ開発を促進することによってヨーロッパとアフリカの関係を強化することを意図したものだった。歴史家のシャンタル・メスジェールによれば、ヒトラーのユーラフリック構想は、資源と過剰人口のはけ口となるドイツ帝国の存亡が賭けられた中東欧の生存圏(Lebensraum)の代替となるものではなかった。しかし、それは経済的必要性と資源政策の正当化の理由として追求されたのである。産業家、帝国主義者に支えられたこのヒトラーの野望も、一九四二年末に英米軍がアフリカ大陸へと上陸してから、実現可能性は失われ、潰えることとなった[27]。

このように、ヨーロッパ諸国による植民地協力は、ヨーロッパの連邦主義者、あるいは、植民地党により、それぞれ構想された。しかし、クーデンホーフ＝カレルギー伯爵の構想も連邦主義の支持を得られず、サローを代表とする対独宥和の構想も実現しなかった。第二次世界大戦の深まりとともに生じた独仏関係の亀裂、対独協力政権が成立して後は英米によるヒトラーの野望の阻止のため、技術的なレベルを超えたプロジェクトとして結実することはなかった。フランスの経済史家ジャック・マルセイユ(Jacques Marseille)のいうように、開発(mise en valeur)

は死文化していたのである。さらにフランス産業の観点からすれば、植民地開発は、そもそも利益よりむしろ問題を引き起こすものであり、ユーラフリックが推進される経済的合理性が欠如していた。海外領土で生産される農業産品の七七%は国内でも生産されていたし、実際に三〇年代には、本土から海外領土への輸出を減少させていたのである。一方、特恵制度のために、海外領土の原料は、外国市場より本土において大幅に高く売られる状況になっており、「白人の責務（white man's burden）」という道義的理由によってしか開発が推進されない状況であった(28)。

第二節　マーシャル・プランと海外領土の位置付け
——例外的「ユーラフリック」？——

第二次世界大戦による疲弊と一九四六年から四七年にかけての冬の飢饉は、ヨーロッパ経済の自立を困難にすることになった。そのような状況で、アメリカの国務長官マーシャル（George Marshall）は、ヨーロッパの戦後復興を目的として四七年六月、ハーヴァード大学での卒業生向けの演説で、ヨーロッパ諸国への大規模援助計画（総額約一二〇億ドル）、通称マーシャル・プランを発表する(29)。

このプランの目的は、プランの提案がソ連に対する復興プログラムを呼びかけていたり、チェコスロヴァキアなど東欧諸国にも門戸を開いていたものの、実は冷戦戦略に基づいていたと考えられる。ジョージ・ケナン（George F. Kennan）、ウィリアム・クレイトン（William L. Clayton）などプランの策定にあたった国務省高級官僚は、ドイツを西側へと呼び込み、ソ連の浸透に対して均衡する力としてマーシャル・プランを梃子とするヨーロッパのまとまりを捉えていた。それに加え、マーシャル・プランは国務省若手官僚の抱くヨーロッパの統合と復興を目的として総合したヴィジョンであった(30)。アメリカ側のマーシャル・プラン提案の背後には、冷戦、統合、復興の論理が組み合わされていたのである。

この目的の一つである「復興」を実現するため、マーシャル・プランの援助受け入れをヨーロッパ側で実施する機関として設立されたＯＥＥＣの協定において、海外領土の資源の動員が含まれた[31]。その後、一九四八年一二月には、理事会の決定により、海外領土問題を研究する専門委員会「海外領土委員会（Overseas Territories Committee 以下、ＯＴＣ）」が設置され、ＯＥＥＣの枠内でのアフリカ開発のスキームが議論される。フランスの海外領土に対しては、約三億ドル以上が供与され、フランスに与えられたマーシャル援助全体の一〇分の一以上を占めた。

金額の面からはマーシャル・プランの海外領土開発にもつ効果は決して少なくないと思われる。しかし、ＯＴＣは一九六一年に開発援助グループ（Development Assistance Group; DAG）と統合され、開発援助委員会（Development Assistance Committee; DAC）となり、ＯＥＥＣを改組したＯＥＣＤにおける開発援助の中核的存在を担ったものの、その後、ローマ条約調印に至る時期において、注目を集めることはなかった。当時欧州統合の方向性を議論していた欧州審議会の枠内での援助プログラムであるストラスブール・プランやローマ条約において「アフリカのためのマーシャル・プラン」という表現がたびたび用いられたが、実際にマーシャル・プランの枠組みでの開発計画についての言及は決してなされなかったのである[32]。本節では、なぜ、この欧州地域機構への海外領土の参加が注目を集めなかったのか、その過程でのフランスの役割を中心に考察する。

このＯＴＣが発足する前身の作業部会では、フランスの海外フランス省経済局のジョルジュ・ペテル（Georges Peter）が議長となり、ヨーロッパ側が自分たちの要求を満たすような搾取が行われているという印象を与えないように、植民地側の利害に配慮したＯＥＥＣの枠内での開発が提案され、イギリス植民地省の同意を得る。

しかし、ＯＥＥＣ内での開発協力スキームの前進にとって、大きく流れを変える動きが現れた。一九四九年一月、ハリー・トルーマン（Harry S. Truman）米大統領が一般教書演説の際に、四番目のポイントとして提案した、アジア、アフリカ、アジアに及ぶ大規模援助プログラム、ポイント・フォア計画（Point Four Program）である。このプログラムは、国連技術援助拡大プログラム（United Nations Expanded Programme for Technical Assistance）として結実するが、これは、アフリカにアメリカの影響力が浸透する英仏の恐れを喚起したのである。[33] 海外フランス省政治局は、国連やその他地域機構内に、フランス、イギリス、ベルギー、南アフリカを代表する公式な機関を創設する提案を行い、これに対してフランス外務省、アメリカ主導の計画策定に疑問を抱くイギリス植民地省も同意するのである。実際、このOTCにはマーシャル・プランのアメリカ側の実施機関である経済協力局（Economic Cooperation Administration: ECA）が参加しており、植民地行政との関係に配慮したむしろボトムアップ型のアプローチをとり、アメリカの影響力浸透による威信の低下を危惧する英植民地省の思惑に、このフランス提案は合致したのである。

この提案自体は、OEEC枠内での開発援助協力を強行に推進し、ほかの競合する機関の設置を認めないペテルの反対により、挫折した。この計画は、サハラ以南アフリカ技術協力（Commission for Technical Co-operation in Africa South of the Sahara 以下、CCTA）に結実する。[34] ポイント・フォア計画に示されたアメリカや国際機関のアフリカ介入の可能性を排除したいというアフリカ政策上の観点から、英仏は、CCTAというアメリカを除いたヨーロッパ・アフリカ諸国からなる機構に、よりその重点を傾けることになるのである。

第三節　英仏協調とユーラフリック構想
――ブロックとしての「ユーラフリック」――

独仏協調を母体とした植民地における開発協力は、第二次世界大戦の中で死文化し、大戦直後にはドイツとア

ドゴール

フリカの関係自体が、政治、経済、通商において断絶されるに至ったが、[35] アフリカ政策における英仏協調の起源は、すでに独仏協調が崩壊に向かっていく第二次世界大戦中に見られる。もともと一九三九年の段階で、アフリカをめぐる英仏関係は、競合の歴史を引き継ぎ、お互いに知らぬふりをしたままであった。[36] しかし、一九四二年頃から、スターリングラードの攻防戦での長期化、バーナード・モントゴメリー（Bernard Law Montgomery）英将軍率いる連合軍によるエル・アラメインの戦いでのエルヴィン・ロンメル（Erwin Rommel）率いる枢軸軍の打破に見られるように第二次世界大戦の戦局が変化すると、イギリスではアフリカにおける開発政策の取り組みも開始される。地域ごとに植民地協力を行う地域委員会（Regional Commissions）を設立する構想が徐々に見られていく。

しかし、このような動きに対して、フランスが即座に賛意を示したわけではなかった。イギリスは、植民地省が南アフリカの影響力増大を嫌い、アフリカにおける開発協力を特定の問題に限定しようとしたのに対し、南アフリカのヤン・スマッツ（Jan Christiaan Smuts）を中心に、「植民地を地域グループに構成したシステム」の形成を支持した上で、中央アフリカ、南アフリカによって全アフリカにおける開発立案、協力を行うプランが提示されていた。フランスは、後者により近い立場を示していたのである。

このような植民地協力をめぐる英仏間の温度差の中で、イーデン外相および英外務省は、ドゴール（Charles de Gaulle）と米国の関係に理解を示した上で、アフリカにおける英仏植民地協力を支持するようになる。ドイツの占領下にあるフランスでは、パリ陥落以後、四三年七月の国民解放フランス委員会（Comité français de libération nationale 以下、ＣＦＬＮ）発足まで、ヴィシー政府、亡命政府が並立し、フランスを代表する主体が一元化されない状態が続いた。しかも、ＣＦＬＮの発足後も、英国政府が承認したのに対し、米国政府は、自由フランスを受諾したのみであった。(37) イーデンは自由フランスとの安定を望み、英仏協力をその手段としようと試みたのであるが、この構想を実現するためには、対米関係にも配慮する必要があった。そのため、協力地域としてアフリカを選んだのである。ローズヴェルト（Franklin D. Roosevelt）大統領を刺激しないアフリカ開発を、ローズヴェルトによって独立が支持されたインドシナよりも、重要と位置付けてのことであった。このような土台のもとに、戦後の英仏協調が築かれる。(38)

第二次世界大戦後、国家レベルで英仏を中心としたアフリカ開発協力が打ち出されたのは、ベヴィン外相の「西欧同盟（Western Union）」構想の中でである。一九四五年夏の外相就任以来、ベヴィンがたびたびフランス側に提案してきた構想であったが、それは四七年九月二二日のラマディエ（Paul Ramadier）首相との会談で表明された第三勢力構想としての「西欧同盟」構想であった。それは、それぞれの植民地を合わせたヨーロッパ諸国が協力することで、米ソどちらに対しても同等に強力な第三勢力となるという構想であった。(39)

この構想は、フランス外務省において好意的に受け止められた。ジョルジュ・ビドー（Georges Bidault）外相は、一九四〇年にチャーチルの提案した英仏連合案を賞賛する記事を支持していたし、(40) 外務省内では、駐英大使マシグリ（René Massigli）は真剣な検討を行うよう要請、事務総長ショーヴェル（Jean Chauvel）は、フランス、イギリス、イタリア、ベネルクス間の同盟（Union）が可能であると考えたのである。(41)

このラマディエ・ベヴィン会談は、植民地あるいはコモンウェルスとの関税同盟案の検討を閣議で承認するなど、(42)

イギリス政府内の検討を進めた。しかし、短期的にははかばかしい成果を生まなかった。四八年二月中旬に英仏間で会合が行われたが、通信、マーケティングなどの技術的な問題にとどまった。さらに、このような技術的問題においてさえ、英仏間での開発、価格政策をめぐる相違は埋まらなかったのである。特に問題となったのは、フランス側が中央集権的な性格をもち、トップダウンによる画一的な計画を支持するのに対し、イギリス側は、西アフリカの植民地で作成されたボトムアップ型のプランを提示するというように、両者の間には植民地観の隔たりが大きかったことであった(43)。

しかし、三月一七日に英仏ベネルクスの五カ国間で調印された西側安全保障体制を定めたブリュッセル条約は、英仏を中心とした西側諸国による植民地協力の可能性を完全に失わせたわけではなかった。第一条において署名国の経済復興が目的として挙げられ、「経済政策上の紛争の消滅、生産協力、通商の発展」により最大限可能な結果を生むという目標が挙げられていた(44)。経済的な便益は、植民地、特にアフリカを含んで初めて予期されるものであった(45)。また、ブリュッセル条約の条文において、「ヨーロッパとアフリカの連携に貢献し、強化する」と明記されていたのである(46)。

このブリュッセル条約の枠内でのアフリカ開発協力も技術的なレベルを超えては推進されなかった。イギリスにおいては、冷戦の進行がもともとこの問題に消極的であった外務省のアフリカ政策における機能を麻痺させていくのである。植民地省は、現地の総督にブリュッセル条約の規定によって設立されるブリュッセル条約機構が植民地に対してもつであろうインプリケーションを伝えようとするが、そのドラフトを担当することになったのが外務省であった(47)。外務省は、ベルリン封鎖、ＮＡＴＯの成立に追われることになり、ドラフトが完成したのは四九年七月であった(48)。その間、イギリスはすでに大西洋同盟重視へと向かい、第三勢力構想自体を放棄することになった。第三勢力構想と密接に連関していたユーラフリックもここに放棄されたのである(49)。

フランスにおいては、そもそもの冷戦におけるヴィジョンがイギリスと異なっていた。社会党としては、社会主義勢力の国際的結集という意味での第三勢力形成への支持が見られたものの、ベヴィンの抱くような第三勢力構想に対する合意がなかった。まず、対ソ関係においては、ソ連に対するある種の神聖同盟のような精神的な同盟の形成を望んでいなかった。一方で、同年七月には、アメリカからの欧州援助の受入機関である欧州経済協力委員会(Committee for European Economic Cooperaiton 以下、CEEC)が発足するなど援助の点でアメリカに依存するフランスにとって、そのような英仏協力は、行き過ぎであると考えられていたのである(50)。

さらにアフリカ政策に関しては、この時期、アメリカの資本、技術がアフリカに押し寄せるという恐怖がフランスに広がり、アフリカ開発プロジェクトでフランスの優位が保たれる希望も薄くなっていた(51)。西欧同盟の中での植民地における協力という大構想は、このように冷戦の進行とともに、推進者のイギリス自身が放棄し、徐々に消滅していった。この構想が技術協力を生み出す結果となったために、失敗だとみなすことはできない。四九年以降も教育、運輸、栄養、現地の農村経済といった分野に拡大して、アフリカに関する専門家会合が開催された。また、加盟国はヨーロッパ諸国に限られなかったが、CCTA創設の決定が一九四九年九月にはなされたのである(52)。

しかしながら、これらの協力は、大西洋の枠組みでなされ、技術協力にとどまり、ブラックアフリカに対する技術協力を目指した大規模なCCTAも、OEEC、欧州審議会という当時の欧州諸機構の枠外にあった。西欧同盟構想のもとに提起された統合欧州としてのアフリカ開発は、その点ではかばかしい結実を残さなかったのである。

第四節　シューマン・プラン交渉と海外領土の位置付け
——小欧州としてのユーラフリック？——

今日のEUにつながるヨーロッパ統合の出発点として、シューマン・プランは、一九五〇年五月九日、仏外務省の「時計の間」の記者会見で当時の外相シューマンによって発表された。石炭・鉄鋼部門という戦争遂行の基盤となる重工業部門の超国家機構による共同管理を提案したこのプランは、先述の通り、ECSC条約として結実し、今日のEUにつながっていくのである。提案者のモネ、イニシアティヴをとったシューマン外相を除けば、シューマンの官房長ベルナール・クラピエ（Bernard Clappier）、国際法学者ポール・ルテール（Paul Reuter）、計画庁でのモネの部下であったエティエンヌ・イルシュ（Étienne Hirsch）、経済の専門家たるピエール・ユリなど一部の専門家グループにより秘密裡に起草されたプランは、イギリス側に事前に知らされなかった。しかし、このプランは、そのパートナーであるドイツのコンラート・アデナウアー首相、アメリカのディーン・アチソン（Dean Acheson）国務長官には、事前に打診されていた。この事件に象徴的なように、シュ

モネ

ーマン・プランは、それまでの英仏協調を軸としたヨーロッパ統合の路線から、フランスのリーダーシップとアメリカの支援によるヨーロッパ統合の推進への変化の転機となった。フランス国内の文脈においては、第二次世界大戦後の対独嫌悪の払拭という意味合いもあった。[53] シューマン・プランを契機に、フランスはヨーロッパ統合におけるリーダーシップを発揮していくのである。[54]

アデナウアー

シューマン・プランは、フランスの海外領土と完全に切り離されたものではなかった。アフリカの開発への貢献を明記したものでもあったのである。シューマン宣言においては、独仏を中心にした「参加を望むすべての国に開かれたこの強力な生産ユニットは、（中略）経済統合の根本的基礎を与えるでしょう。この生産は、差別も排除もなく、全世界に供与され、生活水準の上昇と平和的事業に貢献するでしょう」と一般的な目標を述べた上で、「ヨーロッパは、アフリカ大陸の開発という一つの本質的課題の実現を、増大した手段によって追求できるでしょう」というフレーズが挿入されたのである。[55]

このアフリカ共同開発案はどのようにシューマン・プランに挿入されたのであろうか。発表の四月から五月にかけて、第九稿に及ぶ草案が前述のモネを中心とした小グループにより作成されたが、この間にアルジェリアのコンスタンティーヌ選出の議員であったルネ・マイエル（René Mayer）法相の要望により、この条項は挿入されたのである。[56] マイエルは、一九四三年九月からアルジェで策定されたヨーロッパ連邦構想と同じ方向に向かうこのプロジェクトを、熱意をもって迎えたのである。[57] 実際、マイエルは、四三年九月三〇日付の覚書の中で、ブロック化する戦後世界において、ドイツを分断した後の「ライン国家」、イタリアなどの加入した「欧州連邦」の創設可能性について議論していた[58]。マイエルは五〇年五月の段階でドイツやドイツに対し要求を押し付けようとする外務省を説得する魅力的な計画として、アフリカ共同開発案を考えていた[59]。これに対しては、首相アデナウアーを中心にドイツの支持もあった[60]。その理由は、植民地企業の管理、東ドイツとの競争において先んじること、東欧の販路を失ったドイツ産業に対する新たな販路の可能性であった[61]。つまり、ドイツにとって経済的利益が見込まれたのである。

しかし、シューマン・プラン交渉において、北アフリカを含めたアフリカの海外領土国の加入は、実現しなかった。それは、ECSC条約七九条の規定による、石炭・鉄鋼共同市場において、海外領土に対する特恵の維持を認めた上で、ほかの加盟国に対しては、宗主国同様の条件を認める、という「無差別」の原則に基づく市場開放に関する取り決めにとどまったのである[62]。実際には、本国の立場からすればフランス連合の傘下にあったチュニジア、モロッコといった保護領およびアルジェリアをECSCに含めることを、フランスは望んでいなかったのである。この背景には、アルジェリア鉱業界によるロビー活動があった[63]。しかし、鉄鋼業の生き残りをかけたイタリアは、北アフリカの鉄鉱資源の挿入を要求する。フランス、イタリア間で二国間交渉が行われるが、イタリアはフランスの妥協案の提示に満足せず、シューマン・プランに署名せず、提案がなされた当時の首相の名前からとってプレヴァン・プランと呼ばれたEDC構想に敵対的態度をとるという威嚇を交渉のカードとして使う始末であった。結局、条約調印の二カ月前には、ジェノバ近くのイタリア北部のサンタ・マルゲリータでの会談において、外相シューマンとイタリアのアルチーデ・デ・ガスペリ（Alcide de Gasperi）首相の間で合意が成立した。北アフリカからの鉄鋼供給をイタリアの当初の要求の半分の量まで認めたことに加えて[64]、ギニアのコナクリからの鉄鉱石供給というイタリアの鉄鋼業界の要求に部分的に理解を示した妥協策によって、フランスの思惑通り、北アフリカの欧州石炭鉄鋼共同体への制度的加入は回避され、五一年四月一八日の調印に至った[65]。そして批准過程においては、アフリカの位置付けは周辺的な議題であり、ECSC条約七九条の規定も変更されることがなかった[66]。

第五節　欧州政治共同体（ＥＰＣ）交渉における海外領土問題
――死産としてのユーラフリック連邦――

シューマン・プランの始動で、海外領土を除外した形でヨーロッパ統合が推進されていくと思われたが、そうではなかった。これと並行してイタリア首相兼外相デ・ガスペリのイニシアティヴによって生まれつつあったＥＰＣ(67)という連邦形成を長期的目標に据えたプロジェクトにおいては、シューマン・プランの場合と異なり、統合の規模がより野心的であった分だけ、植民地に対する責任とヨーロッパとの関係についての懸念がより強くなった。(68)後に見るように、フランスの代表権は、海外領土の議員ではなく、本国の議員により行使されるという案を支持するシューマン、フランス連合とのつながりを優先し、超国家的統合に反対する右派ゴーリストのミシェル・ドゥブレ（Michel Debré）など海外領土の参加に消極的な立場がみられた。その一方、後にセネガルの大統領となるレオポール・セダール・サンゴール（Léopold Sédar Senghor）や後のベルギー外相となる議員、ヴィグニ（Pierre Wigny）ら「ユーラフリック」支持派は議論を展開していった。

一九五二年五月に調印されたＥＤＣ条約自体は、海外領土の加入を排除し、フランスの代表権は、本国の議員により行使されるというＥＣＳＣと同じ原則が適用されることになっていた。しかし、その三八条が、ＥＰＣ構想を生み出す法的基盤となる。三八条によれば、ＥＤＣの議会は、二院制で権力分立の原則に基づき「連邦あるいは国家連合（fédéral ou confédéral）」の要素をもつ機関となることが定められ、委任を受けたＥＣＳＣの議会により、議会草案が六カ月以内に提出されることとなっていた。(69)ＥＰＣは、欧州連邦形成の可能性をもったのである。この三八条は、ＥＤＣに対し、議会による民主的統制を行うための条項でもあったが、この法案によって、海外領土の

位置付けをめぐる議論が活発になったのである。(70)

一九五三年には、ヨーロッパよりも、フランス連合がフランスにとって重要であった。そのような状況でも、中道右派・人民共和運動（ＭＲＰ）の議員ポール＝アンリ・テトジャン（Paul-Henri Teitgen）は、共和主義と第四共和制憲法六〇条に基づいて、「一にして不可分な」共和国全体が、ヨーロッパ連合に加入するであろうと、ヨーロッパとアフリカを一つの政治的まとまりとするユーラフリックの可能性を否定しなかった。テトジャンは、植民地のＥＤＣからの除外が、フランス連合の安定を瓦解させる「政治的悲劇」となることを恐れたのである。(71) エメ・セゼール（Aimé Césaire）と共に、アフリカの黒人の文化・伝統の独自性を主張し、その価値を積極的に評価しようとする立場であり、人種差別に対抗し黒人の解放を目標とするネグリチュード運動の主導者でもあり、後にセネガルの初代大統領となるサンゴールは、より急進的な「ユーラフリック」推進派であった。サンゴールのヴィジョンでは、ヨーロッパ統合が、「ユーラフリック」のようなより広大なプロジェクトの実現に至って初めて支持し得るものである。「ユーラフリック」とは、植民地時代の終わりを示すものであり、海外領土の願望が考慮されるものであった。このようなヴィジョンを描くサンゴールにとって、海外領土の議員のプレゼンスを高めることが具体的な政治プロジェクトであった。サンゴールは、普通選挙による議員の選出という民主的な基盤をもった欧州政治共同体において、フランスの海外領土の代表が選出されるよ

サンゴール

う、ベルギーの議員ヴィグニとともに草案を提出する。この案は、普通選挙において、加盟国の人口に比例して議席が配分されるという決議となった。そして外相会談での批准を待つばかりとなった。(72)

一九五〇年代半ばのユーラフリックでは主役となるのは、このサンゴールであるため、彼のイニシアティヴと思想についてみてみよう。先述のように、欧州統合がシューマン・プランにより本格的にスタートすると、アフリカ人によるユーラフリック構想も提唱される。その中心的人物がセネガル出身で、多才な知識人であったサンゴールである。彼は、詩人であり、またブラックアフリカ出身初のアグレガシオン（フランスの一級教員資格）保有者であった。(73)

サンゴールは、シューマン・プランに対し抗議を行っていた。プラン発表一週間後の五月一五日には、サンゴールが参加していた仏植民地のアフリカ人議員を中心とする海外領土独立会派（Indépendants d'Outre-Mer: IOM）の議会グループは、「対等な立場（sur un pied d'égalité）」でアフリカの経済的な連合を促進すべきと反発したのである。(74)この当時サンゴールの構想は経済面に限定していたと思われるが、その後、欧州審議会とＥＰＣ交渉において、政治面にも及ぶユーラフリック構想を発表していく。

一九四九年に発足した欧州審議会では、英仏独など欧州審議会の参加国(75)が加盟国植民地等に共同援助を行うことを目指すストラスブール・プラン（別名レイトン・プラン）が議論された。これは、「ユーラフリックのコモンウェルス」と呼ばれ、ユーラフリック構想の一つと考えられる。欧州審議会の諮問委員会での議論にはサンゴールも参加しており、彼は五二年九月にまとめられたプランの起草にも関わっていた。このプランが英国ほか北欧諸国を含むなど参加国の点でローマ条約交渉と異なるのも確かである。また最終的にはこのプランは放棄されている。(76)しかし、サンゴールの要求により設置が予定された欧州開発基金(77)や特恵措置の設置など、ストラスブール・プランがローマ条約において結実する政策を完全に先取りしていたことは注目に値する。このストラスブール・プランはサンゴールにとっては、米ソに対峙し得る「大勢力（la grande force politique）」、つまり国際的第三勢力構想でもあった。[78]

一方で、ＥＰＣという将来の連邦形成を視野に入れたプロジェクトが五二年頃から開始される。この交渉において、ＥＰＣを関税同盟へと拡大することを図ったベイエン・プランに対応し、サンゴールはユーラフリック共同市場の形成を主張した。彼は経済分野にとどまらず、独自の政治的なユーラフリック構想を追求した。サンゴールはＥＰＣで設置されることになる議会において、海外領土への割り当て分としてフランスの議席増加を要求したのである。

すでに述べたように、一九五三年には、欧州よりもフランス連合がフランスにとって重要であった。フランス連合に対するフランスの特権的地位は、そう簡単に放棄し、他国と共有できるものではなかった。ビドー仏外相は、五三年三月、六月に相次いで次のように述べた。「フランスに不利益となることがないように、欧州を創造せよ、（中略）また、フランス連合にも不利益となることがないようにとも言いたい（Faire l'Europe sans défaire la France, ... je veux dire aussi, sans défaire l'Union française）」と。このビドーの立場が、フランスにおいて大勢を占めた立場であった。[79]このような立場の中には、欧州市場のアフリカ市場との困難な経済的統合の末、フランスの統合欧州での指導的地位までも弱まるという政治経済的観点から懸念するものもあった。つまり、欧州統合に比べて、フランス連合の利益のほうが、植民地を含めた広い意味でのフランスの外交戦略において優先順位が高かったのである。その結果、シューマン・プランでの「アフリカ大陸の開発」というフレーズ挿入の立役者マイエル自身が、慎重な検討の結果、海外領土の除外を強く薦めるに至った。[80]

一九五三年一〇月に発足したあるべき諸機構を検討する憲法委員会では、海外領土加入の是非が、議論を呼ぶ争点となった。憲法委員会の草案では、海外領土の「可能な限り緊密な連合関係」が望まれるとされていた。そのような中、ユーラフリックをめぐる仏国内の分裂状態は続いていた。ゴーリストのドゥブレ上院議員が植民地に対する主権を委譲する、いわば「植民地帝国の欧州化」に反対していた一方、[81]ユーラフリック推進派のサンゴールは、EPC交渉推進の梃子として一九五三年末になっても海外領土の統合を図る。サンゴールは、海外領土は、「文化的、政治的には」フランスである一方、「経済的には」欧州に開放すべきとしたのである。[82]つまり、海外領土をすべての交渉相手国の投資と技術に開放する必要を説いたのである。ここではサンゴール派の巻き返しが見られたものの、この欧州連邦形成への期待は長くは続かなかった。一九五四年五月の外相会談の決議では、EDC条約の批准後になって初めて、憲法の直接投票が行われることが定められた。そもそもEDC批准推進という役割を担うことに合意があったEPCの行方は、完全にEDC条約の帰趨に委ねられたのである。[83]

一九五四年八月三〇日、軍事という中核的な主権を他国と共有することへの反対を主な理由として仏国民議会でEDC条約が否決された。[84]この時、サンゴールらを中心に提唱された海外領土の政治参加、EPCに具体化されたアフリカ共同開発を含んだ複合的なユーラフリック構想も、同時に破綻したのである。

このようにサンゴールのユーラフリック構想は破綻したとはいえ、経済的次元にとどまらず、同時に政治的・戦略的な構想であった。確かに彼の政治的なユーラフリック構想は必ずしも欧州とアフリカの協力を謳ったものではなく、本国を媒介にしたフランサフリックとでも呼べるものであった。[85]チップマンによれば、フランサフリックとは、フランスとアフリカは地理的・政治的に一体であるということを根拠に、アフリカにおけるフランスの活動を正当化する概念であった。[86]それはフランスによる植民地支配を前提にしていたが、サンゴールの思想の奥行きの深さは特筆に値する。

そこでサンゴールのユーラフリックに関する思想についてまとめておきたい。サンゴールは欧州とアフリカの対等な協力をたびたび提唱したが、おそらくサンゴールが現実的に目指していたのは、欧州とアフリカの関係を対等にすることではなかった。それは確かに究極目標であったかもしれない。そもそも、アフリカ人でもありフランス人でもあるサンゴール個人にとって、欧州とアフリカはいずれか一方を選ぶものではなかった。欧州とアフリカは調和すべきであったのである。(87) またサンゴールは苦労の末フランスのエリート街道を歩んできたのであり、(88) ヨーロッパ社会の成熟を肌で感じていたと思われる。第一の目標は、アフリカの連帯により、欧州との関係を再均衡させ調和させることにあったのである。サンゴールにとってはエジプトの古代文明が人類の源であり、(89) 欧州文明の普遍主義的傾向はサンゴールにとって受け入れ難いものであった。明らかな欧州の優位に対し、アフリカとして相対的に自立し、欧州に対し、何らかの貢献をすることがサンゴールの課題だったと思われる。(90)

もしも欧州との対等な関係を望んでいたとすれば、独立は急務だったのではないだろうか。それにもかかわらず、サンゴールは、アフリカの連帯とフランスからの独立を天秤にかけた結果、連帯に独立より重きを置いていた。それは、アフリカに対するヨーロッパの圧倒的優位という、先ほど触れたサンゴールの現実的な情勢認識によるものと推測される。連帯することによってのみ欧州との関係の再均衡は可能と考えられたのだろう。実際、サンゴールはブラックアフリカの独立には躊躇を示し続け、(91) 連邦を理想とし、領土や国家を超えた連帯を、セネガル初代大統領就任直前まで一貫して追求し続けた。サンゴールの所属した海外領土独立会派は汎アフリカ主義団体であったし、五〇年代半ばのユーラフリック構想はすでに見たように経済面を除けば、政治的にはフランス本国を通した海外領土の権限拡大を求めていた。その後フォール（Edgar Faure）政権で首相府付国務大臣として、サンゴールは海外領土に加え、独立するチュニジア・モロッコを含めた、「国家連合同盟（L'Union des États confédérés）」構想を検討した。この構想は、「連邦、国家連合、統合」という三つの連帯手法を融合させ、あくまでフランス連合を再編する計画であった。また、五六年の海外領土およびトーゴ・カメルーンに対する基本法をめぐっては、それを海外領土の連邦を分解する「バルカン化」と批判し、仏領西アフリカといった連邦を擁護した。その後、彼は仏領西アフリカによる連邦形成を模索する。仏領スーダン（今日のマリ）とセネガルからなるマリ連邦設立に関与し、セネガル独立二カ月前の崩壊まで大統領職を務めた。

　このようなサンゴールの欧州とアフリカの再均衡は、政治協力、そして冷戦下での第三勢力としての戦略的なユーラフリックにわたっていた。彼の構想の多面性は注目されてよい。長期で見た場合のサンゴールの役割は、開発援助基金の設置など、後のローマ条約における植民地加入の枠組みを提供したことにあった。しかしながら、このような試みには限界もあった。当時としてはラディカルなサンゴールの構想は、仏政府に広く受け入れられるものではなかった。フランス政治において、まずフランス連合ありきという考え方が未だ根強かったからである。

　このようなサンゴールの働きにもかかわらず、先に少し述べたように、当時、フランス連合に対するフランスの特権的地位は、そう簡単に放棄し、他国と共有できるものではなかった。外務省アフリカ・レヴァント局は、五三年四月末には、海外領土に対して六カ国で権限を共有することを恐れていたのである。それに加えて、前述のように、ビドーが、五三年三月、六月に相次いで、フランス連合がヨーロッパ統合よりも優先順位が高いことを声高に主張していたのである。

　ただ、このＥＰＣという野心的な試みの全体は、依然として一九五三年の段階で実現可能性があった。憲法草案提出期限となった前日の五三年三月九日には臨時委員会が採択し、ストラスブールの外相会談で憲法草案が各国に渡されたのである。これは、ＥＣＳＣとＥＤＣの有した既存の権限を包摂するだけでなく、新たに外交政策にも超国家機構の権限を拡大するというものであった[92]。一九五二年九月のルクセンブルクでの外相理事会は、統合史上、小欧州六カ国が、経済的、政治的、軍事的統合に最も近づいた時であり[93]、それが憲法草案という形で結実していたのである。

　海外領土加入の是非はどのような決着を見たのだろうか。前述のように、それは、ＥＤＣ条約の帰結と一体となっていた。結局、一九五四年八月三〇日、フランス国民議会でＥＤＣが否決された時、サンゴールらを中心に提唱された海外領土の参加、加盟国によるＥＰＣに具体化されたアフリカの共同開発というユーラフリック構想も、同時に死産となったのである。

小　括

本章では、メッシーナ外相会談以降の再出発のプロセス以前の、いわば「ユーラフリック」前史を概観してきた。最後に簡単に、それぞれに排他的ではないものとして、「ユーラフリック」推進の動機としていくつかの諸分類に整理したい。

まず第一に、「白人の責務」という言葉と意味が似通っている「文明化の使命」が、ヨーロッパによるアフリカ開発の一つの動機となった。文豪ユゴーは、ヨーロッパ諸国からなる連邦によって、アフリカを文明化し、西洋文明に従順なものへと変えようとしたのである。ジュール・フェリーなどいわゆる植民地党の正当化のイデオロギーが、フランスだけではなくヨーロッパに拡大された形だったのである。

第二に、ヨーロッパの世界における地位の向上を目指す目標をもったものが、ユーラフリック構想であった。これらは、冷戦という第二次世界大戦後の国際社会に特有の国際環境において、米ソから自立し、両超大国と対等のブロックを形成するという第三勢力構想として現れたのみならず、第一次世界大戦後の国際環境においても、クーデンホーフ＝カレルギー伯爵のパン・ヨーロッパ構想に見られるように、衰退期にあるヨーロッパを救済し、国際的影響力を回復する手段として現れたのである。また大西洋共同体の枠組みにあるマーシャル・プランにおいての海外領土開発問題は、アメリカのアフリカへの関与を回避したいという英仏の思惑によって、次第に注目を集めなくなっていった。一九四〇年代後半において、アメリカとの協調によって開発を行うよりも、むしろ第三勢力として「ユーラフリック」が推進されたのである。第一次世界大戦後のこれらの構想に共通して見られたのは、アフリカが資源の宝庫であり、一国のみでは不可能な開発を、ヨーロッパ多国間の協力によって達成する、そして、それによってヨーロッパは逆にアメリカを資源の面で依存させるほど、経済的にも自立した主体となるという考え方であった。本章では述べてこなかったが、このような緻密さに欠けた大構想は、時にアフリカを「エルドラド（黄金郷）」と見るユートピア的な言説にも支えられていた。[94]

フランスに限っていえば、「ユーラフリック」は、フランスの死活的国益に関わる問題であったことから、必ずしも積極的に推進されたわけではなかった。シューマン・プランにおいては、アルジェリア選出の議員マイエルの尽力によりアフリカの開発を共同で行う旨が挿入されたが、北アフリカの資源をECSC加盟のパートナー国とは共有せず独占したいという経済的国益から、ヨーロッパの超国家機構への統合をフランスは、拒否したのである。また、結局、一九五四年八月末のフランス国民議会の批准拒否によるEDC条約の流産によって頓挫したEPC交渉においても、強力な推進派であったサンゴールを除けば、ビドーの演説に見られるような、フランス、あるいは、フランス連合まずありき、という立場が支配的であった。結局、ローマ条約に至るまで、ヨーロッパ諸機構による持続的な共同開発プロジェクトは実現されなかった。ヨーロッパ統合のプロジェクトが具体的になり、ヨーロッパ諸国によるアフリカ開発という「ユーラフリック」が具体的に検討されるや、フランスの国益がその推進の障害となったのである。

次章以降で見るように、「ユーラフリック」が部分的に結実するのは、[95]アルジェリア戦争が本格的に開始する五四年一一月から脱植民地化が加速し、ユーラフリック構想の推進によって、フランスが具体的に得る政治・経済的利益の確保が見込まれるようになってからなのである。

第二章　欧州経済共同体設立交渉とフランス

――海外領土の加入を中心に（一九五五―一九五七年）――

第一節　脱植民地化の波と海外領土の再編

(一) アルジェリア戦争の開始と脱植民地化の波に対するフランスの反応

アルジェリアを中心とした脱植民地化の波と欧州統合が交錯していくのが、本章である。まずは、脱植民地化の波と欧州統合が乖離していたことを確認しておこう。

一九五五年四月に行われたバンドン会議は、脱植民地化の流れを加速させるものであった。アルジェリアの独立運動は、五四年一一月一日の万聖節（Toussaint）における独立武装勢力FLNによる暴動の開始以来、急激に運動の規模を拡大していた。暴動の数は、ほぼ直線的に増大し、五五年一〇月には九〇〇を数えるに至っていた。(1) 五五年八月にアルジェリア北東部のフィリップヴィルで起こった市民虐殺は、もう一つの転換点となった。鉱夫、女性、子供といったヨーロッパ系の市民一二三人が殺害されることとなり、その報復として、一二〇〇人に及ぶムスリムの虐殺が起こり、フォール政権によって、九万人から一八万人へとアルジェリア駐留兵の増派が行われた。(2)

行政上は内務省の管轄下に置かれたフランス共和国の一部としてのアルジェリアは、フランス系を含む植民が大規模に行われたという点で、植民地と呼ぶことができよう。このアルジェリアは、植民地の中でも特別な地位を与えられていた。貿易上の最大のパートナーであったし、フランス人を含めた「ピエ＝ノワール（pied-noir）」と呼ばれる白人系ヨーロッパ人入植者の数が多かったことが特徴であった。実際、この頃には、八〇〇万人のイスラム教徒の人口に対し、ヨーロッパ人の入植者（コロン）は、一〇〇万人規模であった。万聖節における武装勢力の蜂起以降、フランスも武力行使を辞さず、独立運動鎮圧に力を注いだが、「内政問題」とし、他国の干渉を排除しようとするフランスにも、国際的次元での協力は必要であった。

一つ目の舞台は、国連である。一九五四年一一月一日以来、武装勢力FLNの目標の一つは、アルジェリア問題の国際化にあった。アメリカの国際政治史研究者のマシュー・コネリー（Matthew Connelly）によれば、そのことが万聖節の暴動をフランス政府が危惧した大きな理由であった[3]。五五年九月には、アルジェリア問題が、国連総会の議題として取り上げられることになった。アメリカの支持を期待していたフランスに対し、ラテン・アメリカ諸国の二〇票を無視できない米国務次官補マーフィー（Robert Murphy）は、マシグリ（René Massigli）仏外務省事務総長に、アルジェリア問題を議題とする動きを防止できない理由を説明したのである。結局フランス側の懸念は杞憂に終わり、五五年一一月には、アルジェリア問題は国連総会において取り上げられないことが決定する。

二つ目の舞台は、NATOであった。アルジェリア戦争は、NATOと大きく絡み合っていた。というのは、第一にフランスの欧州防衛のための兵力がドイツからアルジェリアへと移動されたからであり、第二にアルジェリアがNATOの管轄地域に含まれるため、それがフランスによって、同盟諸国の支持を求める根拠となったからである。しかし、アルジェリアに対する軍事面での協力については、実際には、アルジェリア問題を冷戦の問題と見る同盟国はなかった[4]。五五年五月には、フランスのヨーロッパ戦域からの戦力の移動が問題を引き起こしていた。欧州連合軍総司令官（SACEUR）のグランサー（Alfred Gruenther）は、フランスの国防大臣ケーニグ（Pierre Koenig）に対し、フランスはライン川沿いの（防衛）義務を履行していないとして批判していた[5]。

このように、後にローマ条約に署名することになるモレ政権が発足する直前の段階で、内政、外交においても、フランス政府は、アルジェリア問題に関しては、効果的な答えが出せないままであった。五五年末には、アルジェリアにおける暴動の数は、ますます増大していた。

（二）モレ政権と脱植民地化に対する初期の対応

社会党の党首でもあったギ・モレ元欧州審議会担当国務大臣は、一九五六年二月一日、首相に就任した。マンデス＝フランス（Pierre Mendès-France）元首相が大統領コティ（René Coty）に首相として指名される可能性が高いと見られた中での、首相指名であった。さかのぼるとモレとマンデス＝フランスは、社会党（ＳＦＩＯ）、中道左派の革新党、ミッテラン率いるＵＤＳＲなど左派中心連合であった共和派戦線（Front Républicain）[6]としての選挙キャンペーンが二人の名前のもとに行われたために、首相候補となっていた。首相を任命できるコティ大統領は、「ヨーロッパ統合カード」によって、モレを首相候補に選んだ。というのは、モレは親欧派であった一方、マンデス＝フランスが再出発プロセスを阻害しかねない人物とコティは考えたからである[7]。実際、モレは、四六年九月に社会党書記長に就任して以来、ヨーロッパ統合構想を社会党機関紙『ポピュレール』などにおいて数多く発表していた[8]。

モレ

五六年二月の中道左派のモレ政権発足の段階において、政権の最重要課題であったのは、ヨーロッパ統合問題というよりはむしろ、アフリカにおける脱植民地化への対応であった。同年一月三一日の首相就任演説においてモレは、最重要の課題とされたアルジェリア問題を筆頭に、海外領土問題、チュニジア・モロッコ情勢を同政権が直面する「深刻な問題」として取り上げていたのである。[9]このような時代の要請に応えるべく、フランス連合諸国・諸領土に対してモレ政権がとった基本方針は、脱植民地化対応政策を総体として扱うリベラル路線であった。[10]この路線は、首相就任直前の五五年一二月の選挙運動期間に投稿したモレの記事に明確に示されている。モレによれば、アルジェリアの状況は、アジア、アフリカで繰り広げられる自治あるいは独立要求という世界的な高揚から決して「孤立した出来事（un fait isolé）」ではない。脱植民地化の波が押し寄せる国際環境下で、自身が書記長を務めた社会党および共和派戦線として、フランス連合内の市民の自治とフランス連合への自由な加入を目標とし、そのための唯一の手段として現地の代表との交渉に基づくフランスと各々の領土間で「新しい形での連携（association）」が求められたのである。[11]このモレの路線は、外相ピノーの同意を得ていた。ピノーは、政権発足直前の一月二八日付の「北アフリカ問題に関する一般的考察」と題した覚書において、ソ連の援助のもとにナセル（Gamal Abdel Nasser）大統領主導の中立勢力がチュニジア・モロッコを通過して大西洋岸まで達することを危惧し、北アフリカに対する諸政策を一貫しかつ相互に緊密なものとすることで、拡張主義的なナセルの脅威に対応すべきであるとし、脱植民地化に対応する包括的戦略の模索を説いたのである。同時に、当面の政策として、独立が実質合意されていたチュニジア・モロッコに対しても、「相互依存の中の独立」という枠組みを、経済、外交、軍事面において構築し、両国の独立後も相互依存を維持しつつ、チュニジア・モロッコの脱植民地化によるアルジェリア情勢の進行の激化を防ごうと図ったのである。[12]

マンデス＝フランス

ピノー

フランスが抱えた植民地、あるいは旧植民地と本国との間に、フランス主導の秩序のもとに新しいよりリベラルな関係を構築するという基本路線は、各ＰＴＯＭに対する具体的な政策においても、実行されていった。まず五四年一一月の万聖節から独立運動組織による蜂起が本格化したアルジェリアに対しても、武力行使を避けるリベラルな手段を模索した。[13] その手始めとして、モレは、アルジェリア総督について「フランスのアルジェリア」支持派でゴーリストのジャック・スーステル（Jacques Soustelle）を更迭した。そして、第二次世界大戦期に東地中海地方の高等弁務官としてシリア・レバノン独立、またモロッコの君主モハメド五世（Mohammed V）との独立交渉に携わったリベラル派のジョルジュ・カトルー（Georges Catroux）将軍を任命した。[14] それに加え、モレ政権は、対アルジェリア基本路線の三原則である「休戦・交渉・自由選挙」を推進することにより問題の解決を目指していた。

アルジェリアのみならず、前エドガー・フォール政権下の五五年の秋までに事実上の独立が合意されていたチュニジア・モロッコに関しても、独立承認に合意し、モレ政権は、保護領としての地位を放棄した。

モロッコに関しては、スルタンとして新たに復位したモハメド五世と当時のフォール首相の間で五五年一一月にすでに独立が合意され、独立容認は、首相就任演説の段階で、モレが方針として打ち出していた。その結果、フランスとモロッコの間での独立交渉はモレ政権の発足とともに始まった。

このモロッコ独立は、最終的にモロッコのフランスによる保護領化を法的に規定した一九一二年のフェズ条約を廃棄するもので、保護領となったことで仏政府に委任されていた軍事・外交権をモロッコに返還することになった。とすれば、モロッコへの「新しい形での連携」がいかなる形で模索されるかが問題であったが、独立後の両国間の経済的な連携の維持が確認されたことは重要であった。

正式に独立が承認される五六年三月二日の約三週間前であった二月一四日に、独立後のモロッコとフランスの経済的絆がいかなるものとなるかが検討されていた。そこでは、フランスフランと固定レートで結び付くＣＦＡフラン（le franc de la colonie française d'Afrique）を流通させていたフラン圏（la zone franc）[15]とフランス本国への輸出によってモロッコ経済が成り立っている状況、軍事援助の枠組みでモロッコにアメリカから与えられる直接援助の金額がモロッコの需要を満たすには程遠い現状があった。そこでアメリカに現在のフランスの地位が脅かされることなく、モロッコとのフランスのつながりは維持されるであろうという見解が出されていた。このように、外務省内で欧州経済統合問題において政策立案の中枢にあった経済財政問題局経済協力課ではモロッコ独立に関して暗黙の支持があった[16]。

チュニジア独立は、同年三月二〇日に、一八八一年以来チュニジアの保護領化を規定していたバルド条約を廃棄し、チュニジア・フランス間の議定書の形で合意された。保護領の地位の放棄は、フランスにとって、チュニジアにおける外交・軍事権の放棄を意味し、フランスのチュニジア内政・外交における影響力を大きく減退させるものであった。先述のピノー覚書に見られるモロッコだけでなくチュニジアにおいても「組織された相互依存の中の独立」を承認するという姿勢は、モレの国民議会の演説においても踏襲された。

しかし、二月二九日からチュニジア・モロッコ問題担当国務大臣であったサヴァリ（Alain Savary）らフランス側代表団とハビブ・ブルギバ（Habib Bourguiba）政権の副首相、独立交渉担当大臣との間に行われた交渉において、交渉の中心的争点であったチュニジアの主権と両国の相互依存の問題は、両者の間で平行線をたどる。フランスの軍事的なプレゼンスに対する執着と、チュニジアの完全な主権回復への固執が対立していたのであった。この交渉開始当初のフランス案においては、第六条において保護領化を定めたバルド条約の完全な廃棄を制限しており、その後、チュニジアの強固な反対の前に第六条、ひいてはバルド条約の完全なる撤廃に合意したものの、チュニジアとフランスの共同防衛の原則については、三月一二日まで譲歩しなかった(17)。結局、両者間での交渉は決裂し、同日中にフランスは緊急に同問題検討のための省間委員会開催を決定する。そして、首相モレの承認を受けて、最終的には、フランスの軍事プレゼンスの今後の確保を困難にする議定書がブルギバとの間に調印され、チュニジアに譲歩した形で独立が承認されることになった(18)。

以上のような交渉の結果、基本的にチュニジアに対してリベラルな路線をとりながらも、独立後に「新たな連携」によってフランスの影響を軍事、外交、経済の面において維持するという脱植民地化に対応する基本戦略に基づいたフランス・チュニジア間の「相互依存」という枠組みは、形骸化した。ただし、後に見られるようにフラン圏に属するチュニジアを開発援助によって経済的に統制するという選択肢は、依然、残されていたのであった。

このように、モロッコ、チュニジアに対しても、フランスは、本国主導のフランス連合のもとに構築した「新しい形での連携」により影響力を確保し、もはや不可避の独立の波に未然に対処するという脱植民地化対応戦略に従って、リベラルな解決策を目指したのであった。

(三)　対アルジェリア政策の転換——アルジェリア例外主義の登場

前項で見たように、対フランス連合、特に、対北アフリカ（アルジェリア、チュニジア、モロッコ）政策において、モレ政権は発足当初、脱植民地化の潮流を不可避としながらも、自治を拡大し、本国とＰＴＯＭとの間の「新しい形での連携」を模索した。しかし、その一方で、モレ政権は政権発足後一週間も経過しないうちに、そのリベラルなアルジェリア政策を武力行使も辞さないという強硬路線に急転換させた。

モレは、一九五六年二月五日から、アルジェリア関係陸軍担当国務大臣のマックス・ルジュンヌ（Max Lejeune）を現地で同行させ、情勢不安定な現状視察を目的としたアルジェリア訪問を行った。翌日、戦没者記念碑のあった夏の広場を訪ねたモレは、住民からトマトを投げつけられる。多くの文献で取り上げられるこの「トマトの日」と呼ばれる事件に象徴的なアルジェリアの不安定な秩序を認識させられたモレは、自身の政策の失敗を認識し、アルジェリア政策の包括的な再検討を行う決意をした。モレは、翌七日、何が起ころうと、フランスとアルジェリアの間の「不可分の絆（liens indissoluables）」を維持する必要があると在郷軍人会に対して行った演説で述べている。[19] また、アルジェリア情勢に関する「最大の理解」を得るために、トマト事件後に残されたアルジェ滞在期間中に、イスラム系住民、ヨーロッパ系住民の別を問わず、現地の声の聞き取りを数多く行った。その結果、モレが出した結論は、軍事介入路線であった。アルジェから大統領コティ、そのほか閣僚にあてた二月九日付の電報において先に述べた在郷軍人会との約束について書き残しているが、モレは、北アフリカにおける諸外国の介入に終止符を打つべく、軍事的措置を含むあらゆる手段を世界大でとることを公式な宣言としてすでに決意していたのである。[20] この強硬路線は、アルジェリア総督の人選にも顕在化された。政権発足当初モレにより任命されたカトルーは結局パリに滞在したまま、在郷軍人会のとる強硬路線と自身のリベラルなアルジェリア政策との間の相違を理由に辞表を提出する。[21] アルジェリア総督の後任には、もはやカトルーのようなリベラル派ではなく、（アルジェリアの独立をゆるさない）「フランスのアルジェリア主義者」と目されたロベール・ラコスト（Robert Lacoste）の任命が決定されたのであった。アルジェでのモレの演説に謳われたように、今やアルジェリアは、「大国フランス」のための存在でしかなかったのである。[22] ここでは、フランスの国際的影響力拡大の文脈で、アルジェリア政策が検討されていたことがわかり、興味深い。

そして同年三月一二日には、国民議会で特別権限の政権への付与が承認され、モレ政権は、三月一七日の政令（デクレ）により特別権限の実施を行う。この特別権限を享受して、同政権は、アルジェリア派兵を年末までに四〇万へと倍増させ、軍事介入をますます強化することになった。ここに、チュニジア、モロッコ、そのほか、仏領赤道アフリカ（以下、AEF）、仏領西アフリカ（以下、AOF）[23]に予定された新しい形の連携を模索するリベラル路線の中で、対アルジェリア強硬路線は、例外的な政策として確立された。

リベラルな対アルジェリア政策が軍事的手段に依拠した強硬策に転換した原因が、アルジェリア政策の失敗をモレが強く認識したことにあったことは前述した通りである。しかし武力行使によりリベラルなイメージを傷つけるリスクを冒してまで、アルジェリア維持に固執したのは、本国第一の貿易相手であったアルジェリアそれ自体のフランスにとっての経済的重要性のみではない。それは、アルジェリアをフランスが失えば、北アフリカ、そして、アフリカ全体を失うであろうという脱植民地化に対する脅威認識のためであった。モレは五四年一一月以来のアルジェリアにおける最初の蜂起の後、「われわれがアルジェリア問題に対して政治的解決を見出さなければ、北アフリカおよびアフリカ全体を失うであろう」と述べていたのである[24]。いわば、アルジェリアはフランス植民地帝国にとっての最後の砦であった。このモレの見解は、五四年のアニエールでの党大会における社会党としての統一見解でもあり、またこの路線は、五六年三月二〇日のアルジェリア新総督ラコストによる、「フランスの命運は、アルジェリアにかかっている」という認識により再確認された。つまり、モレ政権は、脱植民地化を統制し、「新しい形での連携」を構築するという構想において要となるアルジェリア維持のためには、効果の上がらないリベラル路線を放棄し、軍事的措置に訴える強硬策によって、不安定な情勢の中で活路を開くよりほかなかったのであった。

（四）六月二三日基本法の成立とその背景

前記のように対北アフリカ政策としてモレ政権がリベラル路線をとる中、海外領土に対しては、海外フランス相ドゥフェールのイニシアティヴにより、行政上の分権化を規定する六月二三日基本法の準備を進めていた。同基本法（loi-cadre）は、具体的には、一九四六年以来国連からフランスに統治を委任された信託統治領のトーゴ、カメルーン、およびＡＯＦ、ＡＥＦという二つの連邦を対象にし、各海外領土に新設された政府評議会（Conseil de gouvernement）に対し、ＡＯＦ、ＡＥＦ等の連邦から実際上の権限を一部委譲するという内容であった。そしてこの基本法によって大綱を定めた後、各海外領土に対して内閣が発令する政令（デクレ）によって、現地の事情に即したフランス連合の改革を行うというのが、同基本法によるフランス連合改革の方針であった。

ドゥフェール

フランス植民地史の大家アジュロンの指摘の通り、同基本法の起源は、五〇年代前半の海外フランス省内における高級官僚たちの諸改革案に求められる(25)。また、同基本法の制定はすでに前海外フランス相テトジャンによって始められ、五五年一一月にはフォール＝テトジャン仮草案が作成されていたことから、同案の推進者は、ドゥフェールに限定されない。しかし、二月末の基本法草案提出から六月二三日の国民議会での可決による基本法制定過程までの「記録的な速さ」での実施は、ドゥフェールの同法成立に対する圧力によるものであると評価される(26)。このことから、モレ政権下で実現に尽力したドゥフェールによる基本法推進の動機を分析することは、依然有意義である。

同基本法推進者の一人であったドゥフェールの動機は、上院にあたる共和国評議会において同基本法案の第一読会開始直前の三月二〇日に行われた政策論議を行う場としての海外フランスクラブ（Cercle de la France d'Outre-Mer）における演説に表現されている。ドゥフェールは、「現在、フランスの海外（引用者注：海外領土）には相当の不満感があり、宗主国フランスに対する信頼のムード（climat de confiance）を回復するため、それを効果的な行動によって消滅させることが重要である」と述べた(27)。ドゥフェールは、チュニジア、モロッコ独立承認が海外領土情勢総体に及ぼすであろう脱植民地化の悪影響に対して、連邦から海外領土への分権化を進めることで、現地住民の不満を解消し、フランス連合の基盤を安定化させようとしたのであった。

以上のように、六月二三日基本法は、海外領土における潜在的な不満を解消しフランス連合を安定化させるためのリベラルな手段として、モレ政権の「フランスのフランス連合における非公式な影響力の維持」という脱植民地化対応外交戦略に合致し推進された。

第二節　スパーク報告と海外領土問題の争点化

(一) スパーク報告に対するフランス政府の反応

第一章で見た通り、ユーラフリック構想には、共同市場における海外領土市場の包摂以前の歴史が存在する。一九五〇年五月九日に発表され、後に、ＥＣＳＣとして形成される土台を築き、ヨーロッパ統合の端緒として扱われてきたシューマン・プランでは、アフリカの開発をヨーロッパ共通の課題として挙げていた。また欧州審議会の参加国とその諸海外領土との間に社会・経済的な機構を構築することでユーラフリック共同体を形成することを目標とし、五二年頃から推進され、五四年には放棄されたストラスブール・プランは、ユーラフリック共同体の実現を目指した試みであった(28)。

しかし、五四年八月三〇日のフランス国民議会におけるＥＤＣ否決による挫折を乗り越えるべくヨーロッパ統合の再建を目標に五五年六月に始動したメッシーナ外相会議以降の「再出発」プロセスにおいても、海外領土問題は、

スパーク

欧州経済統合問題と依然切り離されたままであった。ベルギーのスパーク外相（Paul-Henri Spaak）を委員長とした専門家委員会により五六年四月二一日に提出されたスパーク報告においても、海外領土問題は言及されなかったのである。この時点で、フランスの対脱植民地化戦略と対ヨーロッパ統合戦略は、別々に存在していたのである。

　ドゥフェール、モレら、欧州審議会においてストラスブール・プランとしてユーラフリック共同体を推進した統合推進派にとって、海外領土問題の除外は由々しき事態であった。

　このような状況の中、モレは、海外領土市場の共同市場への加入問題を五月半ばから検討するため、会合を組織し始める。このモレの問いかけの前後に、海外フランス省経済問題・計画局長であったピエール・ムサ（Pierre Moussa）は「政治経済広大圏」という言葉を用いて、ドゥフェールにスパーク報告で取り上げられなかった共同市場への海外領土の統合を訴えた[29]。ドゥフェールは、同省政治問題局長レオン・ピニョン（Léon Pignon）に諮問後[30]、同年五月一七日、モレに書簡を送り、「ユーラフリック共同市場（Marché commun eurafricain）」という形で具体化されたユーラフリック共同体実現の必要性を訴えかけたのである[31]。

　この書簡によれば、第一に海外領土を共同市場に統合し、ユーラフリック共同市場を形成することが必要であった。ドゥフェールによれば、フランスと海外領土の間には、事実上の「共同市場」が形成されていたが、欧州共同市場にフランスが加入する際に諸海外領土を切り離すことは、本国と諸海外領土の経済的な紐帯を断ち切り、その結果、政治的分離を促すことになるので、検討を要しない問題外の選択であった。一方、海外領土との紐帯を確保するため、海外領土と本国の間に共通通貨フランを媒介とする従来の関係を維持しつつ、共同市場に加入するという選択肢が残されたが、この二つ目の選択肢も、法的かつ経済的にフランスにとって好ましくなかった。まず、域外関税によって締め出されるであろう海外領土の商品の保護は、関税同盟の原理に合わず法的・外交的に不可能であった。一方で、この二つ目の選択肢は、経済的にも不合理であった。というのは、第一に、多くの場合、国民の税金で補填されることになる海外領土の商品への補助金は、フランスの共同市場内での競争力を維持するために必要な国内での公的投資をフランスから奪ってしまうためであった。第二に、海外領土のユーラフリック共同市場における地位は、海外領土の後進性を考慮して、ＥＣＳＣ他加盟国の協力による公的投資、産業化、社会保障の調和、農業、労働者の移動という五点に関して特別条項を与えることが必要であった。以上の構想には、政治的には、フランスの海外領土に対する主権をほかのＥＣＳＣ加盟国と共有することになるという政治的リスクが存在したが、開発援助の負担を他国と分担するというその経済的利益のため、フランスにとって完全に好都合なものであるとドゥフェールは訴えている。

一方で、経済担当省庁でも、このような欧州共同市場と海外領土との関係に対する関心は高かった。スパーク報告発表の一週間後、四月二八日には、ピノー外相からラマディエ経済財政相へスパーク報告が配られ、四月三〇日には、モレからマソン（Jean Masson）経済問題担当国務大臣への要請を受け、経済問題省内でヴェネツィア会議に備えるため、スパーク報告について各部局にて包括的な検討がなされている。その検討において、まずスパーク報告の不備に対する指摘があった。第一に、国家の規制権限に歯止めをかける点で強力すぎ、経済政策の協調を行うには脆弱すぎるという制度の不十分さ、第二に、農業生産物の自由市場形成をめぐり、一九五〇年から始められ長期間にわたっていたプールヴェール（Pool vert）交渉が示唆する農業市場の合体（fusion）の難しさ、第三に、貿易の歪みの問題、第四に、資本と労働力の自由移動による競争激化の危険、第五に、開発途上地域に対する欧州投資基金の金額不足、第六に、完全雇用をターゲットとする政策の不在である。そして、スパーク報告において海外領土の地位を軽視している点に対しては、ユーラトム案、共同市場案とユーラフリックの間には連関が存在し、ローマ条約の行方は海外領土・国に対する影響があると前置きした上で、欧州共同市場とフランスが海外領土と築いている経済体制は、不一致であると主張した。一つ目の懸念は、すでに独立したがフランス連合に含まれるはずのチュニジア、モロッコがＥＥＣにおそらく統合されないであろうこと、第二の懸念は、フランス連合の進展にインプリケーションをもつにもかかわらず、海外領土問題を軽視するスパーク報告は、フランス連合間の紐帯を断ち切り、共同体加盟国との紐帯へと導くであろうという点である。[32]

そして、経済問題相は当局全体の立場として、首相モレに海外領土の位置付けを明確にする必要性を提言する。経済問題担当国務大臣マソンによれば、スパーク報告で海外領土の加入について触れられなかったことを放置すれば、現在の国際法上の慣習から、条文がすべてに及ぶと解釈される恐れがある。よって、海外領土の位置付けを明確にする必要があったのである。[33]このような立場は海外領土への共同市場条約適用の限定を図るもので、ドゥフェールによる海外領土市場の欧州共同市場への統合案を完全に支持するものではない。ただ、モレに対し、今後数週間の検討が必要であると要求したように、どのようなレジームを海外領土に設けるかは決定されていなかったものの、海外領土の位置付けを、六カ国交渉の議題とすべき点では海外フランス省やモレの立場と一致していた。

脱植民地化の統制を図る目的で、ユーラフリック共同市場を設立するというこのドゥフェール書簡をモレは私的に承認する。モレの官房長官を務め、後にＥＥＣ／ＥＣ委員会の事務総長を三〇年近く務めることになるエミール・ノエル（Émile Noël）によれば、「モレは、私的な会合のみならず、メンバーを限った会合においても、比較的短期間に基本法（引用者注：六月二三日基本法）が対象とする領土が独立へと導かれるであろうことを隠さなかった」。[34]つまり、ドゥフェールのみならず、「アルジェリアを最後の砦」として、脱植民地化の統制に腐心していたモレにとっても、もはや植民地である海外領土の独立は避けられない現実に直面していたフランスの対海外領土への新しい連携の一つとして、ＥＥＣをユーラフリック共同体に変形させることが望まれたのである。(35)

仏政府の立場をあらかじめまとめておくと、モレの考えに代表的なように、植民地の独立を不可避とする点で脱植民地化政策であったが、独立するであろう植民地に依然として影響力を残そうとした点で両義性を抱えていたのである。ドゥフェールやピノーの立場も同様であった。

スパーク報告を議論の叩き台として経済統合、原子力分野での統合の枠組みを交渉することが予定されたヴェネツィアでのＥＣＳＣ加盟六カ国外相会談に備えるため、五月二八日に省間委員会が開かれる。経済財政相ラマディエ（Paul Ramadier）は、共同市場案自体に対する反対論にとどまらず、海外領土の共同市場への加入問題はフラン切り下げの危険性があり、通貨安定の保障がなされるべきだと論じている。(36)外務省省内においても、ピノーの立場と乖離し、諸海外領土の共同市場加入は、四年間の第一段階が終了した時点に判断されるべきという慎重論がとられていた。(37)

貿易に関する主権移譲、労働者の自動移動等を理由に共同市場自体への懐疑的立場が多勢を占める中、モレとドゥフェールの支持のもと、政府主導で、外相ピノーは「海外領土問題」が次回の外相会談で公式に議論されることをヴェネツィア会議にて提案した。(38)ヴェネツィア外相会談では、ピノーが支持し、社会保障（charges sociales）の厚い国の基準に合わせるという社会保障の部分的調和に対するオランダの反対こそあれ、スパーク報告が承認され、欧州原子力共同体と共同市場の二条約交渉が合意された。(39)

フランスは、海外領土問題を検討するために予定された六カ国外相会談を前に、交渉を有利にすべく、ベルギー領コンゴ、ルワンダ・ブルンジを抱え六カ国の中で宗主国の立場にあったベルギーと共に海外領土の共同市場への統合の枠組みを検討していく。モレによるユーラフリック構想承認約一週間後のヴェネツィア外相会談前夜において、ドゥフェールは、スパーク、ベルギーのビュイスレ植民地相（Auguste Buisseret）と昼食を共にし、ユーラフリック共同市場の提案をベルギー側に知らせていた。その時、スパークによって、フランス側のイニシアティヴを待つために、スパーク報告への海外領土問題関連条項を意図的に除去したことが述べられ、海外領土問題ではベルギー側がフランス代表の立場を尊重する姿勢が確認されている。[40]そして、六月末に両国の植民地担当相間で正式にフランス・ベルギー統合路線の開始が決定され、七月一八日ベルギー側のイニシアティヴにより開かれた海外フランス省とベルギー植民地省間での会合において意見交換が行われた。そこでは、本国と海外領土との「特別な関係」を保護するという共通目的が確認され、両者による共同市場への海外市場の包摂案の検討が進んでいく。[41]

しかし、ドゥフェールのイニシアティヴでモレ、ピノーを中心に採用されたユーラフリック共同市場構想は、徐々にスエズ危機という国際環境の新たな変化への対応を余儀なくされる。

(二) モレ、ピノーの訪ソと軍縮交渉の停滞

この時期、フランスのヨーロッパ統合への努力をさらに推進することになる事件が起こった。それは、モレ首相とピノー外相による一九五六年五月一五日から一九日までのソ連訪問である。この訪ソの結果、モレ政権によってヨーロッパ統合と並んで国際政治上の三つの重要課題に挙げられていた軍縮構想の展望が暗くなり、モレ政権の外交上の選択肢の一つが消えていった。そうした中でヨーロッパ統合に対するフランスでの期待が高まっていくことになるのである。ヨーロッパ統合における海外領土問題とは直接は関係がないが、モレ政権の外交全体におけるヨーロッパ統合政策を位置付けるため、軍縮政策との関連をここで取り上げたい。ここでは、政権発足からモレと外相ピノーが軍縮問題などを議論するため、ソ連を訪問し、会談が不成功に終わる五月中旬までの過程を追う。この分析を通じて、冷戦という国際環境でのヨーロッパ統合がもったフランスにとっての意味も同時に明らかにされる

だろう。

一九五六年一月三一日の首相就任演説では、モレは、軍縮を国際政治上の第二の課題に掲げていた(42)。モレは、全般的軍縮と管理を望み、国連における軍縮問題担当のモック（Jules Moch）が五五年一二月六日に表明した達成可能な段階的軍縮を支持していた。そして、冷戦の一要因と考えられたドイツ問題を解決する手段としてのドイツ再統一に関しては「全般的で管理された軍縮を通じて行われる」と述べ、ドイツ再統一と軍縮構想のリンケージを表明した。

ジュネーヴで開催された欧州安全保障に関する会議。左からフォール仏首相、イーデン英首相、マクミラン英外相、ピネー仏外相。

モレ政権発足以前から軍縮問題は欧米諸国間での国際的議論の主題の一つとなっていた。五五年には、軍縮問題は、ジュネーブでの首相、外相会談においてソ連の反対から討議されないまま終わったものの(43)、国連の軍縮委員会（Commission du désarmement）や軍縮小委員会（Sous-comité du désarmement）において行われていたのである(44)。それに加え、五六年二月に開かれたソ連共産党の第二〇回大会で脱スターリン化が表明されると、ピノーやモレの前に、デタント（緊張緩和）政策を推進する可能性が現れたのである(45)。

しかし、モレの軍縮構想には、障害が立ちはだかっていた。ドイツ再統一問題の解決前に軍縮が行われるべきではないと表明していたドイツ政府の要求に沿ってモレはドイツ案を支持していたが(46)、それに対する米ソの強い反対が見られたからである。

フルシチョフ（Nikita Sergeyevich Khrushchev）第一書記は五六

フルシチョフ

年四月に行われた訪英の際、外相イーデン、外務次官セルウィン・ロイド（Selwyn Lloyd）に対し、ドイツ再統一と軍縮のリンケージに関する議論を回避しようという慎重な姿勢を示していた。[47] またアメリカは、軍縮問題担当大統領特別補佐官であり、国連軍縮委員会代表補のハロルド・スタッセン（Harold E. Stassen）により、ドイツ問題と軍縮問題の密接なリンケージは否定され、分断されたドイツにおいて軍縮が実施されるとの構想が示されていたのである。[48]

このような米ソの反対の中、フランス政府は四月二四日の閣議において、三段階の軍縮構想において、第一段階から第二段階への移行が、ドイツ再統一を含むいくつかの政治的問題の解決を必要条件とするということを決定した。

モレとピノーの訪ソの前には、社会党代表団の訪ソも行われたが、会談により合意が見られる見通しは暗いままであった。このような状況の中、フランス首脳によるソ連訪問が行われた。モレとピノーがソ連との間で軍縮を進展させるために打ち出したアイデアは、軍縮とヨーロッパ統合のリンケージであった。会談の最初の議題として、モレはドイツ問題について触れた。これに対し、フルシチョフ共産党第一書記は、ドイツ再統一と軍縮のリンケージを否定し、ニコライ・ブルガーニン（Nikolay Alexandria Bulganin）首相は、このフルシチョフの見方がソ連全体を代表していると述べた。

一方、二日目午後の会談では、今度は、外相ピノーは、ドイツ問題とヨーロッパ統合の連関を主張し、ドイツが再統一されても脅威にならないことを説いた。ピノーによれば、「ドイツ問題はヨーロッパ統合と緊密に関係しており」、ヨーロッパ統合とは、「経済的に東西のどちらにも特別に属さない諸国の自立（indépendance）を維持するための一方策」であった。ピノーによれば、例えばユーラトムの枠組みで、このような第三勢力としてのヨーロッパにドイツが含まれることで、ドイツがアメリカとの直接な連携により核保有するより、ソ連にとってより大きな安全がもたらされるはずであった。

これに対して、フルシチョフは、NATOとワルシャワ条約機構が並存する状況でのドイツ再統一は現状では困難であるとし[49]、フランス側の主張するドイツ再統一構想を拒否した。また、ユーラトムそしてヨーロッパ統合全般に対しても、統一（Unité）ではなくて、分断をもたらしているとして反対した。これに対して、モレは、今日、ドイツの将来に最大の関心を払っているのにもかかわらず、「ソ連が、なぜ第三勢力の創設（Constitution d'une troisième force）に敵対なのかまったく理解できません」と応えるにとどまったのである。

モレ、ピノーは米ソ二大陣営から自立した中立的第三勢力構想の提示により、再統一がもたらすドイツの脅威に対するソ連の不信感解消に努めたが、結局、失敗に終わった[50]。このように軍縮構想は、その後実りある結果をもたらなさかった仏ソ首脳会談の結果放棄されていく[51]。軍縮構想同様、外交政策上優先順位の高かったヨーロッパ統合構想は、軍縮の達成という目標のために犠牲されることなく、第三勢力創設という目的のため、それまで以上に推進されていく。もちろん、実際に第三勢力を目指したのか、西側の中での統合を目指したのかは、議論の余地がある問題ではあるが、モレ、ピノーの発言にあるように、国際的第三勢力としてヨーロッパ統合が目指されていたことが公言されていたことは注目すべきである。

(三) ヴェネツィア会議と六カ国間交渉における海外領土問題の争点化

さて、ECSC六カ国外相会談がヴェネツィアで開始された時点で、六カ国代表団の意図、特にフランス政府の意図、そして統合の進展はいかなる状態にあったのか。この会議において重要なことは、前年の一九五五年七月から活動が開始された専門家委員会の活動を総括したスパーク報告が公表されたことである。

フランス政府の立場が先述のように共同市場実現に向けて決定されていた中、一九五六年五月二九日にヴェネツィアでECSC加盟六カ国外相による共同市場とユーラトムに関する二条約交渉は始まった(52)。そこでは、機構の問題と共に、二条約、特に共同市場に関して議論が交わされた。

まず、伊外相ガエタノ・マルティーノ（Gaetano Martino）は政府を代表し、スパーク報告を積極的に評価した。マルティーノは二つの留保を提示したのみである。すなわち、加盟国間での均衡と調和をとるための解決策が適用されることと、特定の国への共同市場設立の直接的影響の結果を検討する専門家が現在不足しているということだけであった。

一方、フランスの立場は、スパーク報告を評価し、交渉へ政府間会議の開催を提案する一方で、国内の制約に配慮しフランスの要求を前面に出したものだった。仏外相ピノーは、メッシーナ決議で定められた第二段階に対してフランスの準備が整っていると示唆する一方で、共同市場に関しては、海外領土の加入とディリジスム（国家主導経済(53)）への専念を可能にするための各国の自由な行動の承認を求めたのである。

ドイツのヴァルター・ハルシュタイン（Walter Hallstein）外務次官も政府を代表し、共同市場に関しては農業問題に関して適当な解決策を与えるべきことを主張したものの、スパーク報告に対するその積極的な立場を表明し、スパーク報告を元に二条約交渉を進行させる決意を示した(54)。

ルクセンブルクのヨーゼフ・ベッシュ（Joseph Bech）首相兼外相は、共同市場に関して、ルクセンブルクの農業への影響を恐れたこともあり、「加盟国の一つの存在に危険を及ぼす可能性がある構造的な問題は、是が非でも回避しなければいけません」とし、ルクセンブルク政府の要求が受け入れられるような加盟国間での協調の必要性を強調した(55)。

フランスに対して、最も敵対的な態度を示したのは、オランダのヨハン・ベイエン（Johan Willem Beyen）外相であった。これは、共同市場の実現をめぐるものであった。実は、ベイエンも、スパーク報告を今後の交渉の土台としていく意思を示した。ただし、社会保障に関しては、社会立法における手当の標準化に限定されない全般的な調和を要求した。つまり、ピノーの要求するような政策の自由は許容されず、そのような自由は、共同市場が目指す目的の実現には何ももたらさないのであった。

スパークは、第二回会合で議論を総括し、加盟国代表団の反応は予想を上回るものだったと評価している。その後、議論を続けたイタリア外相は、農業分野でも、工業分野同様のペースで共同市場が創設されなければならないと、さらに積極的な態度を示した。

このように、ヴェネツィア会議では、各国代表間で温度差は存在したものの、スパーク報告に対して六カ国代表が全会一致し、ユーラトムと共同市場二条約が並行して交渉されることが決定した。そして、重要なことには、ピノー、スパーク、ハルシュタインらが、ヨーロッパ統合の基盤を最大限大きなものにするため、ＯＥＥＣのほかの加盟国の加盟や準加盟（association）が可能になる条項の準備も同時に定めたのである。これにより、英国の参加の道を残したのであった。[56]ヴェネツィア会議でのスパーク報告の承認と二条約並行交渉への加盟国間での合意を受けて、五六年六月二六日には、ブリュッセル近郊のヴァル・デュシェス宮殿で、政府間会合（ＩＧＣ）が開始される。

第三節　スエズ危機と独仏協調
――脱植民地化対応戦略の観点から――

(一) ブリュッセル政府間会合

ブリュッセルでの政府間会合においても交渉は遅々として進んでいなかった。政府間会合開始以降、独仏間では共同市場においても、男女間の給料格差、労働時間、有給休暇、社会保障等を最も保障の厚い国の基準に適合させるという社会保障の調和、農業問題、海外領土の加入、域外共通関税をめぐって、意見が対立したのである。

対立が続く中、一九五六年九月四日には仏政府内の動きがみられた。モーリス・フォール(Maurice Faure)のイニシアティヴにより、共同市場案を検討するため特別に設けられた省間委員会ヴェレ委員会[57]と省間委員会事務総局(SGCI)による覚書が出されたのである。[58] 関税同盟第一段階から第二段階への移行と社会保障政策の調和に加えて、海外領土の加入、一時的な特恵関税の維持の点で、スパーク報告を修正し、フランスの政策に適応させる野心的な計画であった。

修正後も閣僚らから批判はあったが、結局、ピノーとモレの主導のもと、フォールの覚書は採択された。モレは、この時、「共同市場は、フランスにとってさえ、それ自体で利益(un bien)である。(中略)共同市場は、無理をして飲み込まなければいけない錠剤ではなくて、フランスにとって、妥当な解決策なのである。そして、もしそれが拒否されれば、ドイツに押し付ける制限のために、ドイツが消極的な態度をとるユーラトムの失敗を引き起こすであろう」と述べ、覚書の承認を行ったのであった。[59]

（二）独仏協調の前段階としてのザール問題の解決

ザール問題の解決が独仏関係の和解をもたらしたことは、独仏枢軸を基軸とするヨーロッパ統合の再出発への大きな弾みとなり、共同市場の設立を可能にした。[60] 本項においては、モレ政権のザール問題への対応をヨーロッパ統合との関係で位置付け、概観したい。

第二次大戦後以降、独仏関係の懸案であったザール問題は、モレ首相就任時には解決の見通しは立っていなかった。[61] 独仏の国境地帯に位置し、約一〇〇万の人口の大半はドイツ人であったが、ザール地方がもたらす経済的利益が原因となり領土争いの対象とされたのであった。石炭・鉄鋼においては、フランスの全生産量の約三分の一をザールでの生産量が占めていたのである。[62] またヨーロッパ統合においてもザールの地位は重要な争点の一つであった。例えば、ＥＣＳＣ交渉においては、ザール首相のホフマン（Johannes Hoffmann）が加盟国同様の条件で参加することを要求し、ザールの地位が問われていたのである。[63]

ザールでは、フランスの統制が第二次世界大戦終戦以降続いていた。その転機となったのが、ピエール・マンデス＝フランス政権のザール規約提案である。これは、ザールの独立が全西欧諸国によって保証されるというザール欧州化案であった。一九五四年一〇月二二日には、ザール規約の支持を、ドイツのＷＥＵ、ＮＡＴＯへの加盟を約束したロンドン協定へのフランスの調印を条件にしてマンデス＝フランスは、アデナウアーに打診した。その結果、アデナウアーは同意し、五五年一月にはドイツ下院・連邦議会（Bundestag）の承認を受け、これによって、ザールの欧州化か現状維持かを問う住民投票の実施が決定された。一〇月二三日のザール住民投票（投票率は、九六・七％）では、住民の六六・七％がザールの欧州化案に対して反対票を投じ、欧州化案は否決された。[64] 欧州化案の否決は、ドイツにとっては、フランスによるザール炭鉱の管理、フランスとの経済同盟という現状維持を意味した。

このように、モレが政権に就いた五六年二月には、ザールの命運は振り出しに戻されていた。ザール問題の解決において、ヨーロッパ統合にドイツを封じ込めることがモレにとっての唯一の解決策であった。ザールでの住民投票によるザールの欧州化案否決翌日に、モレは共同統治を提案する欧州化案、フランス併合案、ドイツ返還案のすべてを否定した後、次のようにザール問題についての解決策を述べている。「ドイツ民主主義とドイツのヨーロッパとしての真正さ（sa sincérité européenne）を信頼し、民主的ドイツをヨーロッパ統合に受け入れることが、唯一の解決策であることを、私は未だかつてないほど、確信している」[65]。

このザール帰属問題に関して、モレの態度と外務省の立場は同様であった[66]一方、既得権益の維持を図る経済財政省とそれを率いる大臣のラマディエは、ザールの放棄に対し抵抗を示した。ザール帰属に関するコンセンサスの形成は困難な状況にあった。五月三〇日には、ラマディエ経済財政相は、モレに対して、次のような要求をしている。ザールにおけるフランスフランを代償にしない形での撤退、モーゼル河通行料の画一化の決定と、アルザス運河でのの水力発電の共有を拒絶すること、ザールブリュッケン（ザールの主都）近くの森林地帯ヴァーント（Warndt）から九〇〇〇万トンの石炭を二五年間採掘する権利、これらすべてについて、譲歩しないという要求である[67]。

六月四日から五日にかけてルクセンブルクで行われた独仏首脳会談では、モレとラマディエ間で合意された点に沿って、ヴァーント地域から炭鉱をフランスが二〇年間租借する権利、西ドイツによって、三億ドイツマルクがモーゼル運河の建設資金にあてられることが決定した[68]。フランスフランとドイツマルクの通貨交換についての解決はもち越された。

九月二九日にボンで行われたモレ・アデナウアー間の首脳会談においては、通貨交換の問題が解決をみた[69]。フランスは、ドイツマルクに交換される四〇〇億フランの放棄に合意した。同年一〇月二七日にはルクセンブルクでザール条約が締結され、ザールのドイツへの帰属が最終的に決定される。つまり、ザールのドイツ帰属の際に失われるフランスの既得権益に（完全ではないが）一定の保障がなされた上で、ザール返還は合意されたのである。こうして、ほぼ一世紀にわたる独仏和解の障害であったザール問題が解決し、モレとアデナウアーにとって統合再建に向けた好環境が形成された[70]。

ザール問題が解決に向かう一方、五六年春には、ソ連側から左派・社会民主党（以下、SPD）および右派で与党のキリスト教民主同盟（以下、CDU）に対して、たびたびドイツ再統一案がもちかけられており、同年一二月に、モレは社会党全国大会において、再統一案を防止するための対策として彼のドイツ政策を表明している。

五六年春にはドイツ再統一を軍縮構想の条件としていたモレであったが、今やドイツ再統一を阻止するばかりか、米主導の西側統合ではなく、フランス主導で、ドイツをヨーロッパに封じ込めるという考えに傾いていた。まず、翌年秋の選挙での二つのシナリオを予想していた。第一のシナリオは、アデナウアーが老年であることから、もしCDUが選挙に勝利した場合にも、ヨーロッパ統合に敵対的な勢力が政策決定の中枢を担う可能性である。「というのは、彼らは、ドイツの国益の観点から、ヨーロッパ協商（European entente）よりアメリカとの直接の同盟からより利益を得ると理解していた」からであった。一方もしSPDが勝利した場合には、ドイツ再統一のためにヨーロッパは犠牲にされると予測した[71]。ドイツが東側に市場を求める誘惑にかられないようにするため、「新しい販路が、われわれとの連合に見出されなければならない」のであった。この点で、共同市場がドイツの再統一の危険性とヨーロッパ統合から離脱させないための保証を提供したのであった[72]。

以上のように、アデナウアーの西側政策の「アキレス腱」と呼ばれ[73]、長年の独仏関係の障害となっていたザール問題の解決は、アメリカに依存せず共同市場を通じてフランス主導のドイツ封じ込めを行うことと車の両輪であった。ドイツをアメリカから独立した第三勢力としての西欧に封じ込めるという対独強硬路線と、ザール問題の解決という独仏協調は隣り合わせであった。ザール問題の解決は、ヨーロッパ統合における独仏枢軸をもたらし、ドイツとの協力を基礎とした「ユーラフリック」実現のための第一段階でもあった。ドイツへの妥協がなければ、ザール問題は独仏関係にしこりを残したかもしれない。モレ政権の主体的な働きかけをもって、ザール問題は解決されたのである。

(三) フランスによるスエズへの介入

一九五六年七月二六日のエジプト大統領ナセルによるスエズ運河国有化宣言にさかのぼることのできるスエズ危機・戦争の進行は、フランスの対フランス連合政策にとって、新たな転換点を意味した。[74] また第四章で述べるように、英仏連合(Anglo-French Union)案が浮上し、それがスエズ戦争の経過とともに消滅していったことは、欧州統合をフランス外交における最重要課題とする働きをした。

スエズ戦争のダメージはいかなるものだったのか。対植民地政策における正当性の観点からも、スエズ侵攻というその帝国主義的手法を採択したことによって、フランスは厳しい立場に追い込まれた。国連を舞台としては、アメリカを中心にスエズ戦争への介入の批判が繰り広げられ、フランスはその批判の回避に追われることになったのである。[75] イギリス、イスラエルと共謀してエジプトへの共同出兵作戦の実施を決定した後にチュニジア・モロッコ担当国務大臣でリベラル派であったサヴァリがスエズ軍事作戦への反対が原因で辞任したことなどに見られるように、政権内においても、統一した足並みはとれていなかった。そして、さらに重要なことに、国連における反植民地主義勢力によるフランスの帝国主義的政策の批判に加えて、海外領土、チュニジア、モロッコに対して、少なくとも形式上はリベラル派路線を保ってきたモレ政権にとっては、総体としての対フランス連合政策のイメージを血塗られたものに一変してしまう危険性をはらんでいた。

このようにマイナス面がありながら、ではフランスは、いかなる動機でスエズ戦争へと向かっていったのだろうか。スエズ危機へのフランスの介入には、対アルジェリア強硬路線に比べても、正当性の欠如が見られた。アルジェリア戦争への介入の論理は、現地のフランス、ヨーロッパ系市民、イスラム系市民の安全を守るという名目で過激派勢力の鎮圧を国内問題への対応として必要に応じて軍事的に行うというものであった。そのため、介入にはある程度の正当性が確保されていた。その一方、スエズ危機への対応として外交的解決によらず、軍事的手段に訴えることには、正当性が完全に欠如していた。イギリス外務省法律顧問もナセルによるスエズ運河地帯の接収は当時スエズ運河についての現行の取り決めであったコンスタンティノープル条約には違反しないことを認めていた。国際法的にもそれを糾弾する根拠を欠いていたのである。[76]

このような正当性の欠如がフランスの国際的立場を脆弱にし、フランスの国益全般にとって失うものが大きいと思われたエジプトへの軍事介入であったが、帝国主義的な軍事介入がフランスによって決断されたのは、アルジェリア問題の解決[77]とアラブ中立主義を掲げるナセルの勢力伸張を抑制したいという理由からであった。

スエズ危機の対応において政策決定の中枢にあったモレ、[78]ピノーにおいては、アルジェリア独立闘争へのナセルの支持は、アルジェリア維持という目標への大きな障害であり、新たな政策を必要とするほどであった。モレはナセルの執筆した『革命の哲学』[79]をヒトラーの『我が闘争』と同等のものとみなし、ナセルをヒトラーのような独裁者と同一視し、[80]アルジェリア情勢の悪化をナセルの悪影響によるものとみなしていた。一方、ピノーは、ナセルによるスエズ運河国有化宣言直後の七月三〇日から八月一日にかけてのロンドン英米仏三国外相会談において、「エジプトに対して、何の対処もなされないままであれば、アルジェリアでの戦いを続ける意味はな」く、「アルジェリアにおける一〇回の戦勝より、ナセルの転覆は重要である」と述べた。[81]ピノーは、アルジェリア情勢の沈静化には、ナセルへの新たな対応が必要であるとしたのである。[82]

ナセルのアルジェリア支援に関しては、エジプトのアレクサンドリアからアルジェリア独立運動勢力に送るための武器・弾薬を搭載したアトス号を拿捕して後、フランス側の疑惑は確信に変わった。[83] この流れを受けて、一〇月二二日から二四日にかけてパリ近郊のセーヴルで行われた秘密交渉においては、モレ首相、ピノー外相、そしてイスラエルに軍事的な支援をすべきだという立場から軍事作戦を支持する国防大臣ブルジェス＝モヌーリ（Maurice Bourgès-Maunoury）のみが参加し、英仏イスラエルによる対エジプト共同侵攻作戦が合意されたのである。この時、秘密会談に参加したイスラエル国防総長ペレス（Simon Peres）によれば、「モレの（引用者注：スエズ軍事作戦に対する）決意は固かった」[84]という。

スエズ作戦は、「国家モレ主義（national Molletism）」とイギリス人の著名なジャーナリストであったアレクサンダー・ワースに名付けられたほど[85]、時代錯誤的な国民の、また閣僚の支持も得ていく。リベラル派でユーラフリック共同市場を推進したドゥフェールの支持さえもあった。スエズ撤退が決定された直後にドゥフェールが回顧したところによれば、ナセルの独裁に対して断固として戦う必要があった。また、帝国主義的政策に身を委ねざるを得なかったのは、「政権にのしかかる非常に重い責任を果たすため」であった。[86] この「非常に重い責任」の中に、フランス連合の最後の砦であるアルジェリア独立を防ぎ、脱植民地化の統制を行いながら、独立以前に構築する「新しい形での連携」を通じてフランスが対フランス連合に非公式な影響力を残存させることがあったことが推測される。

この軍事作戦に対して国際社会も無策ではなかった。一〇月三〇日国連安全保障理事会で仏英により拒否権が発動され安保理決議案が否決された後は、一一月四日に国連総会停戦決議によってスエズ運河地帯への多国籍軍派遣が決定される。

仏英軍撤退の雰囲気が高まる中、一一月六日のパリ仏独首脳会談において、アイゼンハワー（Dwight D. Eisenhower）大統領からの一二時間以内の撤退を要求する最後通牒を英首相イーデンから電話で聞かされたモレは、同日、臨時閣議を開いた。国民議会対外問題委員長のダニエル・マイエル（Daniel Mayer）によれば、「一度始めた以上は、最後までやり遂げる必要がある」との空気が蔓延し、国防大臣ブルジェス＝モヌーリ、ラコスト、ルジュンヌら、介入継続路線とモレら作戦中止路線に分裂したが、結局、アメリカ側の停戦要求を受諾する。(87)

以上のように、ナセルの影響力を減退させることによってフランス植民地帝国にとっての最後の砦アルジェリアを維持しようとするモレとピノー、ユーラフリック共同市場推進を目標にするドゥフェールの間では、ナセルの「独裁」体制に対して軍事介入を行うという合意があった。スエズ戦争へのモレ政権の対応は、六月二三日基本法、チュニジア、モロッコへの独立承認過程への同政権の対応と一見対照的ではあるが、一九五五年四月に開かれたバンドン会議以来、急激に脱植民地化の波が押し寄せる国際環境下で、フランスとフランス連合の間に「新しい形での連携」を構築するという大構想を実現させる意図にも基づいて、帝国主義的政策がモレ政権によって採択されたのであった。(88)

第四節　海外領土の連合とローマ条約の調印
――ユーラフリック構想の収斂――

（一）フランス・ベルギー共同ユーラフリック共同市場路線

先述のように一九五六年七月半ばには、フランスとベルギーの植民地担当省間で意見交換が行われ、海外領土と本国の特別な関係の維持が目標として確認されていた。しかし、フランスとベルギーでは、各々の海外領土に対する関係が異なることから、共同市場によって新たに設置される欧州関税同盟におけるＰＴＯＭ市場の地位をめぐって、両代表団の間では対立があった。フランス代表団は、海外領土に特別条項を与え、単一共同市場の形成を目指した一方で、ベルギー代表団は、相互に特恵的な欧州共同市場とアフリカ共同市場の並存を主張したのであった[89]。フランス・ベルギー共同路線の開始後、ドゥフェールは、政権内の意見統一に努める。私的承認は与えつつも公的承認を回避するモレの慎重な態度に不満を示したドゥフェールは、共同市場への海外領土の挿入を公的に支持するようモレに再三要求している[90]。

外務省内でもユーラフリック共同市場の形成について検討されたが、否定的な態度が示された。開発援助をフランスがECSC他加盟国と分担することは、最終的にフランスの海外領土に関する主権を移譲し、海外領土の共同管理（cogestion）に至る危険が認識された。そして共同管理によるフランスの影響力の減退が自治から独立への流れを加速化する危険性も認知され、ユーラフリック共同市場の成立を可能にする条項を条約の中に挿入される可能性のみは認めなければならないとの消極的な見解が示されたのである[91]。

「新しい形での連携」を確立する上で各々法的地位、経済的仕組みの異なる海外領土、海外県、アルジェリア、チュニジア、モロッコを欧州共同市場に同時に加入させることが、ドゥフェール、モレ、ピノーらにとっては望ましかったが、それぞれの差異に適応した地位を与えることが現実に直面した課題であった[92]。まず、アルジェリアに関して、この地域に特化した解決策が必要であることが認識された。アルジェリアは、最も発展が遅れた地域であり、かつ、最も重要な領土であったからである[93]。チュニジア、モロッコに関しても、九月末には、同地域担当国務大臣サヴァリによって検討されたが、約一〇日間に立場が逆転するほど、曖昧な立場にあった。まず、サヴァリは、フランス・ベルギー植民地担当相間会談において、六カ国による共同開発基金により、アラブ、特に、エジプトの影響を排除できると考え、その政治的効果を好評価したが[94]、一〇月九日の省間委員会においては、チュニジア、モロッコを加入させたところで離反方向（sens centrifuge）に進むのみであると一転して否定的な態度を示した[95]。また、外務省の立場も、独立国に連合体制を押し付けることは不可能であるとし、否定的であった[96]。このように、アルジェリア、チュニジア、モロッコを海外領土に加えて欧州共同市場に加入させることは困難であった。

当初の予定を大幅に延期し一〇月二〇日から二一日にかけて行われたパリ外相会談では公平な競争を確保するため、社会保障の厚いフランスの基準に共同体の社会的負担を調和させようというフランスの要求への他加盟国の反対などで交渉は停滞した。そのため、海外領土問題は討議されないままであった[97]。そして、同問題の検討は次回の外相会談にもち越されることになる。

この間、海外フランス省経済問題・計画局長であったムサの影響力により、欧州共同市場への海外領土加入案に政権内で合意が得られていく。ムサは、広く政府内の同意を得るために、ユーラフリック構想の説明に奔走したのである。モレは、ドゥフェールが要求していた海外領土の共同市場への加入賛成をついに公的に示した。一〇月九日の省間委員会においてモレは、共同市場に加入する場合と加入しない場合を比較した。両方の場合に通貨価値の下落が考えられるが、現在のフランの過大評価が長続きしないであろうことを考えると、フランスにとって好ましい条件をＥＣＳＣ加盟他五カ国と交渉したほうがよいとモレは判断し、共同市場への海外領土加入交渉を経済・外交的観点から最良の選択肢であるとした。この流れを受けて、一〇月一一日付で作成された第一回フランス・ベルギー報告書[98]がブリュッセルでの政府間会議に提出され、共同市場への海外市場の統合路線から連合路線への転換が公表されることになった。このフランス、ベルギーの協調による連合路線を軸に、共同市場交渉参加六カ国間でＰＴＯＭ（海外領土・国）問題が議論されていく。

（二）統合（l'intégration）から連合（l'association）路線へ

連合路線とは、以前の統合路線といかに異なったのか。連合路線と統合路線の対立が続く中、一九五六年一一月には、連合路線がフランス・ベルギーの統一見解として発表された。

連合路線は、五六年五月一七日付のドゥフェールによるモレ宛書簡によって提案された農業問題における特別条項の設置を、ＰＴＯＭから輸出される農業生産物に対する特別条項の設置として具体化したという点、労働者の移動の統制を再度提案したという点で統合路線と連続性をもつ。

一方で連合路線は、統合路線とは以下の点で異なる。フランス・ベルギー覚書においては、ドゥフェール案では明記されなかった、単一関税同盟の漸次的形成が謳われている。四年間と予定された第一段階の終了など後の段階においてＰＴＯＭの発展が確認された上で、単一関税同盟は初めて形成されるのであった。つまり、共同市場に関する条約締結時に、単一市場の形成は約束されなかったのである。またドゥフェール案により同様に言及されなかったＰＴＯＭ市場への他加盟国のアクセスは、数量制限が課されるものの、ＰＴＯＭの本国と同等の待遇を他加盟国が享受できるという無差別的なものとして定義された。この無差別的措置は、ＰＴＯＭに対しても適用され、ＥＣＳＣ加盟国と対等の立場で、宗主国ではないＥＣＳＣ他加盟国へＰＴＯＭの財・サービスを輸出できる措置が提案された。

公的投資においては、ドゥフェール案に明記されていたフランスが各ＰＴＯＭに対して二者間で行っていた公共投資の当時の枠組みである海外経済社会開発投資基金（Fonds d'investissement de développement économiques et sociales 以下、ＦＩＤＥＳ）をＥＣＳＣ他加盟国と共同投資するヨーロッパ化案が具体化された。年間投資金額の面では、フランスのＰＴＯＭ全体、ベルギーのコンゴ、ルワンダ・ブルンジに対してそれぞれ今後数年間に投資が予定されていた六億四〇〇〇万、一億三〇〇〇万欧州決済同盟計算単位[99]（unités de compte U.E.P. 以下、計算単位）に対して、八億五〇〇〇万（ＰＴＯＭ全体と共同市場が連合されたという仮説に基づいて試算）、一億七〇〇〇万計算単位の投資が予定された。総額約一〇億計算単位という約一・三三倍の規模に拡大されたヨーロッパ大での大規模な公共投資案であった。

この連合路線の公的な発表後も、依然として、統合路線と連合路線の間で対立があったが、徐々に路線対立が解消されていく。九月半ばから一〇月中旬には、外務省内でも、ＰＴＯＭの共同市場への完全な統合は不可能であるが、特例を認めた上でのＰＴＯＭの加入がフランスの国益に合うことから、連合路線に沿って枠組みと諸段階について主導して交渉していくべきであると議論された[100]。この時点で、共同管理によるフランスの主権逓減のリスクは、開発投資の負担減による経済的利点、「新しい形での連携」に基づくフランスの対フランス連合における政治的影響力の維持という政治的利益に優越され、最終的に連合路線に収斂したのであった。

一一月九日には、前述の通りドゥフェールのユーラフリック共同市場原案作成に寄与したムサにより改めて連合路線が確認され、議論されることの少なかったイギリス提案による自由貿易圏構想との関係を含めた包括的検討が行われた。ムサによれば、以前にドゥフェールやモレが主張したように、ＰＴＯＭをフランスの影響力から切り離し、政治的に深刻な問題となる「離婚（divorce）」、原産地名称の混乱を招き、二つの共同市場を必然的に生み出す経済的な不利益の大きい「重婚（bigamie）」は合理的でなく、その点から海外領土の共同市場加入が望ましいことになる。海外領土再編については、フランス・ベルギー覚書に基づいており真新しいものではなかったが、イギリスの自由貿易圏構想に対して、共同市場との経済的レジームの根本的相違、コモンウェルスを含めることでの国際的競争の激化、フランスの海外領土問題における発言力の低下を危惧し、公的に否定的な見解を示した点で新しかった[101]。

しかし、ＰＴＯＭの連合路線への転換による経済的連携の矮小化にもかかわらず、本国とＰＴＯＭ間の「特別な関係」の維持は相変わらず支持された。政府代表としてブリュッセル交渉に参加した外務省の高級官僚ロベール・マルジョラン（Robert Marjolin）によれば、連合路線への転換が必要であると同時に、「（引用者注：フランス）本国と海外領土間の一体性（unité）が不可欠」であった[102]。

開発援助の負担減という経済的利益に加え、政権当初からの「新しい形での連携」の構築による脱植民地化の統制実現を目的に、ブリュッセル代表団交渉において、独蘭の強固な反対を前にしながらも、モレ政権はベルギーと共同で連合路線を確立していくのであった。

しかし、ヨーロッパ統合をめぐる状況は、大きく改善し始めていた。スエズ危機のクライマックスであるスエズ戦争の勃発による交渉の進展が、独仏間の合意とヨーロッパ統合を前進させたのである。セーヴルでの協議から一週間が経過した一〇月末以降、一〇月三一日にはイギリス軍が侵攻を開始、一一月五日には、フランスのパラシュート部隊が、サイード港に上陸したのである。国際的非難も高まっていた。アメリカは、一一月二日、国連総会において停戦を呼びかけたが、英仏側の停戦条件に満足せず、四日、国連総会は、国際的な部隊の派遣を決定する[103]。このアメリカの動きに対し、一一月六日のモレ・アデナウアー首脳会談においては、五六年一〇月のパリ会談での袋小路から抜け出す結果が生み出された。非公式会談では、独仏枢軸によるヨーロッパ建設の意志が示されたのである。

モレ・アデナウアー会談の詳細を見てみよう。前日の国連安全保障理事会決議を受けて、ソ連政府のブルガーニンから各々に送られた手紙と国際情勢への意見交換が主に行われた[104]。同日午後には、独仏枢軸の転換点となる非公式会談がパリの首相官邸で行われる[105]。その会談中、モレはイーデン首相から電話を受けた。アイゼンハワー大統領（Dwight D. Eisenhower）から停戦まで一二時間を与えるという最後通牒を通達されたイーデンは、英国の一方的撤退をモレに通達した。作戦の中止を訴えるイーデンに対し、モレは、「猶予を要求してください」と述べ、「地上を制覇し、状況を改善できます」と反駁した。イーデンに、「二日ももたないでしょう」と返答されるが、モレは、「試してみましょう。われわれは、あなたがたと共にいるのです」と、なおも食い下がる。しかし、イーデンは、「すでに了承しています」と答えたのであった。

同席していたピノーによれば、この時、モレは目の前にアデナウアーがいることに配慮していたが、アデナウアーは「もしあなたの立場であったら、私も受け入れたでしょう。非常に賢明です」と述べた[106]。この史料を見る限り、モレの置かれた状況をアデナウアーが理解していたとは考え難い。しかし、アデナウアーは、「今こそヨーロッパを創らなければなりません」と述べ、独仏枢軸への意思を明確に示した。西独外相ハインリヒ・フォン・ブレンターノ（Heinrich von Brentano）は、確かに米と英仏の立場の仲介を考え、パリでの仏独首脳会談の中止を訴えていた[107]。スエズ危機と同時に発生していたハンガリー動乱のソ連による鎮圧に対する米の黙認を支持したくはなかったが、フランスとの会談はスエズへの軍事介入の暗黙の支持となり、それにも躊躇していたのである[108]。さらに反植民地主義の社会民主党議員たちも、パリ訪問を非難していた[109]。しかし、首相のアデナウアーは、アメリカ側の心を乱すことにフォン・ブレンターノほど躊躇はなく、パリ首脳会談を中止しなかったのである[110]。さらに、一一月七日の特別閣議において、アデナウアーは、英仏のスエズ介入を完全に理解すると述べたのである[111]。スエズ戦争において、アデナウアーは、スエズ危機よりも前の五六年七月一三日に、在欧米軍の大規模撤退（全世界で、約半分である八〇万人の削減）を予期したラドフォード・プランがメディアにリークされると、これを「ドイツにとっての非常に重大な危険」と考えた。スエズ戦争において同盟国よりも米ソの協調を優先する米国の行動に対し、アデナウアーは西側の安全保障における対米不信を強めることになったのである。なお、なぜアメリカは英仏といった同盟国より、ソ連と協調したのだろうか。それには、冷戦史およびソ連外交の専門家ズーボック（Vladislav Zubok）の次の指摘が説得力をもつ。つまり、ソ連は、ＩＣＢＭ（大陸間弾道ミサイル）や信頼できる核をもたず、アメリカを射程におさめるには至っていなかったのである[112]。

この独仏枢軸への合意は具体的に現れた。ドイツ側が、社会政策の調和問題、フランスに与える特別なレジームに関して、フランス側に妥協したのである。有給休暇の期間、女性に対する賃金の改善に対してのすでになされた合意は確認され、労働者の生活、労働条件の標準化は、社会システムの同化を促進する共同市場の始動および関連する立法措置の調和によって保障されることになった。また、第三段階まで予定されたうちの関税同盟第一段階が終わる頃には、残業手当が支払われることとなり、それはフランスの現行の金額に一致するものとされた。また、もし残業手当が保障されない場合には、セーフガード（緊急輸入制限措置）の発動が可能とされた。そのほか、各国の国際収支の世界的均衡は保障される条件について合意されたのであった[113]。

まとめておくと、スエズ危機・戦争により、英仏連合案（第四章で後述）の失敗と西独の妥協、アルジェリア戦争の解決困難がもたらされ、欧州統合が最も現実的な外交オプションとなった。欧州統合がフランス外交の最重要課題に押し上げられたのである。その中で、徐々に海外領土問題の決着が図られていくのである。

(三) アルジェリア、チュニジア、モロッコ援助問題と海外領土の共同市場への連合

スエズ危機の高まりとしてのスエズ戦争が触媒となったヨーロッパ統合の推進は、しかしながら、海外領土問題に関する交渉においては、すぐには見られなかった。海外領土問題交渉がドイツ、オランダ、イタリアの反対で行き詰まりを見せていたのである[114]。また国内でもモレらのユーラフリック推進路線は動揺を見せていた。モレの政敵でもあり、共同市場案に反対を示していたマンデス＝フランスの側近ボリス（Georges Boris）による反対キャンペーンも年末に行われた。マンデス＝フランスに近いセルヴァン＝シュレベール（Jean-Jacques Servan-Schreiber）が創設したレクスプレス紙に掲載された「ユーラフリックの蜃気楼（Mirages de l'Eurafrique）」と名付けられた論考において、ボリスは、フラン圏、フランス連合の絆を分解させることになるという恐れなどから、ユーラフリックに対して「ナイーヴな夢想家」が抱く「壮大な成果の展望」として反対していた。さらには、主権の放棄、フラン

ス本土が特恵により輸入の七〇％ものシェアを占めている状況が加盟国との競争に危険にさらされること、またフランス連合のほうがヨーロッパ統合よりも重要であることを示唆しながらも、将来的にフランスの支配下から離れていく運命があるにしても政府がそれを推進するべきなのかという矛盾した理由も挙げながら、海外領土市場の欧州共同市場への連合に具体化されたユーラフリックの批判を行ったのである[115]。このボリス論文に対し、ドゥフェールは危機を察知し、即座に対応している。ボリスの記事発表から三日後の一九五六年一二月三一日付のボリス宛の書簡で、ボリスの背後にマンデス＝フランスがいることを指摘した上で、支持がまとまらなかったＥＤＣの二の舞を避けるべく、ヨーロッパ統合への支持を呼びかけたのである[116]。

このような状況で、政権内では、独立国としてもはやフランスの主権下になかったチュニジア・モロッコを連合させる方針に徐々に傾斜していく。独立後のチュニジア・モロッコに対するフランスの影響力の減退を不可避だとし、欧州共同市場への両国の連合案に懐疑的であったサヴァリが、スエズ軍事作戦への立場の違いから、五六年一一月三日に担当大臣を辞任したのである。また年が明けた五七年一月には、独立国チュニジア・モロッコによって国連の会合において対米援助要請がなされているとの情報をフランスが把握し、対米援助のシナリオとフランスの援助国としての地位が再検討されている[117]。ここでの結論は、アメリカによる援助は、フラン圏の安定に寄与し、またフランスの優越的地位を脅かすものではない補完的な援助であることから、歓迎された。これは、連合案が実現した場合、実施されるＥＣＳＣ加盟六カ国によるチュニジア・モロッコへの公共投資にとっても、アメリカの援助が脅威ではないことを示した。というのは、当時六カ国により予定されていた公共投資は、前述のように、ＦＩＤＥＳを通じて供与される予定であった金額より多く、欧州開発基金の地位に与えるであろう影響は、フランスの地位に与える影響よりさらに少ないと思われるからである。少なくとも、この省間委員会における結論は、チュニジア・モロッコの共同市場への連合構想を中止させる性質のものではなかった。

海外領土問題をめぐっての、フランス、ベルギーとオランダ、ドイツ間の議論は平行線をたどっていた。そのような中、フランス側は、五七年一月二四、二五、二九日に開催されたフランス連合議会での海外領土の欧州共同市場加入に対する賛成決議[118]、パンアフリカ主義を標榜するアフリカ共和連合（ＲＤＡ）を設立し、その後も党において中心的役割を果たし、後にコートディヴォワール初代大統領となったアフリカ人議員ウフエト＝ボワニ（Félix Houphouët-Boigny）国務大臣のブリュッセル代表団交渉への参加と、国連でのピノーによるユーラフリック構想公表を通じて、交渉打開のための欧州内外の支持を得ようとする[119]。しかし、一月二六日から二八日にかけて開かれたブリュッセル首脳会談においても、農業問題の合意に至ったものの、海外領土の加入問題は、未解決であった。二月初めの段階に至っても、事態の見通しは暗く、スパークが「（引用者注：次の）外相会談でも海外領土問題が解決しなければ、この問題は今後も解決しないであろう」と述べていたほどであった[120]。またドイツが妥協しないのではないかとの不安も数度、駐西独大使クーヴ・ドゥ・ミュルヴィル（Maurice Couve de Murville）から本国へ寄せられていた[121]。

二月一三日の省間委員会で、ＰＴＯＭへの投資基金の金額について、モレ、ドゥフェールらの間で議論が交わされたが、ドゥフェールはフランス・ベルギー連合草案通り、毎年二億計算単位の公的投資を要求し続けていた[122]。

二月一八日の外相会談でも海外領土問題交渉の決着は見られず、二月一九、二〇日の首相・外相級のパリ六カ国首脳会談で最終的に合意がなされた。この合意は、早朝の午前四時まで延長して協議した上でなされた、いわゆるマラソン会談の結実としての合意である。ロートによれば、モレとアデナウアーの二者会談で合意がなされたということであるが、この交渉の仔細については、管見の限り、仏外務省、省間委員会史料によっては、後追いすることができない[123]。しかし、五年間の移行期間を経て、海外領土を欧州共同市場へと加入させることが合意された。懸案の一つであった開発援助の予算総額は、五年で五億八一〇〇万計算単位であり、その内訳は、フランス、ベルギー、オランダ、イタリアのＰＴＯＭに対してそれぞれ、五億一〇〇〇万、三〇〇〇万、三五〇〇万、五〇〇万計算単位であった。一方、投資負担の内訳は、フランス、ドイツがそれぞれ二億計算単位、ベルギー、オランダがそれぞれ七〇〇〇万計算単位ずつ、イタリアが四〇〇〇万計算単位であった。フランスは、五年にわたって他国から三億一〇〇〇万計算単位を得ることになったが、これは、フランスが独自で拠出していた金額の約一〇分の一、フランス・ベルギー第一回連合草案に期待されていた総額の約二分の一でしかなかった。ドイツの妥協の理由は複合的である。ドイツの統合史家ギド・ティーマイヤー（Guido Thiemeyer）が述べるように、それは、開発援助に投資する金額の減額と、加盟国の海外領土市場への自由アクセスと共同市場自体を救済することであった[124]。西独にとって海外領土市場の魅力は大きくなく、アデナウアーの欧州統合の推進意欲だけでなく、さらに広い意味での西側結合（Westbindung）への意思が働いたと考えるのが妥当だろう。それに加えて、オランダの合意を最終的に得ることになった大きな理由は、フランス側の妥協による基金の規模の縮小であると思われる[125]。オランダは海外領土の連合に概して反対を示していたが、共同市場の「値札（Price tag）」として必要悪とみなしたのである。アデナウアーは、ドリース（Willem Drees）オランダ首相を「賢い若者（ein kluger junger Mann）」と評したという[126]。実際は、ドリースは七〇歳を超えていたのであるが、八一歳のアデナウアーからしたら若く見えたのであろう。ただし、アデナウアーのこの言葉は多少割り引く必要があるだろう。というのも、オランダ領ニューギニアが欧州経済共同体に連合されたのも、一因であると考えられるからである。このように、六カ国の厳しい交渉の結果、ローマ条約第四編（一三一―一三六条）において、連合が規定されたのである。

　さて、チュニジア、モロッコ、アルジェリアの地位は、最終的にどう決着したのか。先の二月一三日に開かれた省間委員会では、ドゥフェールが、チュニジア、モロッコへの援助の可能性を示唆していた。この時点で、チュニジア、モロッコへのヨーロッパ大での開発援助は、少なくとも選択肢に入っていたことになる[127]。パリ首脳会談では、協定第六条において、チュニジア、モロッコに関して、条約発効後に当事者を相手に交渉を行うことが法的に可能な条項が挿入された。一方、アルジェリアにおいては、首脳会談直前の二月一七日にフランスのブリュッセル代表団によって、アルジェリア、海外県（ＤＯＭ）が、海外領土と同じ経済社会開発基金を受ける権利をもつという公にされていなかった提案が突如なされた。そして、ローマ条約二二七条において、県知事評議会（Conseil de Gouverneurs）の全会一致を条件に、ＤＯＭ同様、開発基金の受給可能性が残された。チュニジア、モロッコ同様にである。[128] つまり、アルジェリア、チュニジア、モロッコに対して、ＥＣＳＣ加盟他五カ国に開発援助の負担を共有させ、「新しい形での連携」をＰＴＯＭとフランスとの間に構築するという選択肢を残したのである。独立後の旧植民地に対する影響力の維持への執念と「最後進地域」であったアルジェリア現地の不満を援助により解消し、事態を好転させせようという意図であった。

先述のように、パリ首脳会談の合意では、加盟国のＰＴＯＭへの開発援助総額は、当初のわずか二分の一に縮小してしまう。フランスが独自で拠出を予定した公共投資と比べても、六分の一ほどでしかなく、開発基金のもつ政治的インパクトは極めて小さかった。フランスなどの二者間援助の「補完的」なものとなったといわれる所以である。[129] 一方では五七年初頭において、「ユーラフリック共同体」は、実体をもたないプロパガンダとして、外務省内の欧州経済統合管轄部局・経済財政問題局経済協力課においてさえ認識されていた。同局長のヴォルムセル（Olivier Wormser）でさえも、米大使館の経済問題担当公使タットヒル（John Wills Tuthill）に「ユーラフリック」の内容を問われた時、現在のところ答えられる状況にないとし、返事を断っている。その後、ヴォルムセル自身、モレに使者を出し、その定義を質している。[130] ユーラフリック共同市場は、三月二五日のローマ条約調印の時点ですでに形骸化していたのである。

ただし、「脱植民地化の統制」を目的とし、フランス連合の消滅後もフランスの影響力をＰＴＯＭに残す意図には、ユーラフリック共同市場の形骸化後も、大きな変更はなかった。そして、それぞれローマ条約第四編第一三七条と付属協定により、チュニジア・モロッコ、アルジェリアに対しても、ＥＥＣへの連合が可能とされ、フランス一国の枠組みより新植民地主義の体現であるとの批判を比較的回避しやすいヨーロッパとしての「新しい形での連携」をＰＴＯＭとの間に構築し得たことは、フランスの国益にとって、大きな意義を有していたのであった。このことは、ブリュッセル代表団長を務めたモーリス・フォール宛のモレの手紙から読み取れる。モレによれば、「ローマ条約の調印によって、フランス代表団は、ヨーロッパの視野に立ち、本質的な国益を追求し、議会の全要求を満たす姿勢を証明した」のであった(131)。

小　括

本章では、モレ政権の対フランス連合政策が、アルジェリア戦争への関与、チュニジア・モロッコの独立承認、六月二三日基本法制定、そしてＥＥＣへのＰＴＯＭの加入交渉において、どのような脱植民地化戦略に基づき、その戦略がどのように変遷し、ローマ条約調印において、どのような結実をもたらしたのかを一次史料に依拠しながら概観してきた。

検証の結果、一見関連性がなく矛盾しているかに思えた、モレ政権のアルジェリア戦争への突入、ナセルのスエズ運河国有化に対する軍事的措置での帝国主義的介入と六月二三日基本法制定、欧州共同市場へのＰＴＯＭ加入とは、ディエンビエンフーの陥落、一九五五年四月のバンドン会議以来強まる脱植民地化という国際環境の中で、独立後も「新しい形での連携」のもと、各ＰＴＯＭにフランスの影響力を残す、という隠れた共通目的によって有機的な連関を有していることが示された(132)。この当時のフランスは、統合ヨーロッパとアフリカの植民地・旧植民地という二つの力の源泉から一つのみを選択する段階になく、ヨーロッパ政策において、アフリカにおける軸足の強化を実現しようとしたのであった。

冷戦という国際環境の中で第三勢力構想の一つとして構想されたユーラフリック共同市場が、[133] 脱植民地化の文脈で考えると、「脱植民地化の統制」[134] という大構想を実現する一手段として捉えられることが指摘される。

リベラルな枠組みとしてドゥフェール、モレ、ピノーらによって推進されていたユーラフリック共同市場は、確かに、ローマ条約調印の時点で形骸化していた。ヨーロッパ大による開発援助の財政的規模がバイラテラルな開発の援助のものに比べて小さく、「補完的な」位置付けに落ち着いたこと、五年間の移行期間の終了後、特恵的立場を享受した上で初めて連合され得ること、ユーラフリックという言葉を明確に説明するのが困難であったことがその理由である。

しかし、五六年五月にドゥフェールによりモレに伝えられた時には真剣に構想されたユーラフリック共同市場が、統合路線から連合路線に転換を余儀なくされ、ユーラフリック「共同体」と呼ぶべき実体を失ってしまったのは、発展途上地域である自国のＰＴＯＭ経済と本国経済の格差を前に完全な統合を不可能だと判断したためであった。

このように経済的国益の観点からＰＴＯＭの海外領土への加入形式の変更を余儀なくされたが、同構想推進の動機となった「脱植民地化の統制」という政治・外交的動機は依然背後に存在し続けた。そのため、フランスの主張により、対アルジェリア・チュニジア・モロッコ援助の可能性も具体的な条項として条約、付属協定に明文化されたのであった。以上、共同市場においては、フランスの脱植民地化対応戦略との連関が見られるのである。ここに共同市場設立過程においても、ヨーロッパ統合と植民地政策の連関を検討する必要性が示されたであろう。

第三章　欧州原子力共同体（ユーラトム）設立交渉とフランス

――海外領土の加入を中心に（一九五五―一九五七年）――

第一節　メッシーナ会議と政府間委員会

一九五七年三月二五日に調印されたローマ条約では第二章で検討した共同市場設立のみならず、当時、「新しい産業革命」と考えられた原子力エネルギーにおける合意が見られた。独仏伊ベネルクスは、原子力平和利用の発展に資する目的をもち、ウランなど特定の燃料の管理と供給を行う、超国家機構の設立にも合意したのである。[1] そもそも戦後ヨーロッパ統合史上、エネルギー問題は一定の位置を占めてきた。ユーラトムの起源も、一九五〇年代のエネルギー需要に関する危機感に端を発する。第二次大戦後、欧州石炭鉄鋼共同体の成立という形で鉄鋼分野に加えて石炭という一エネルギー分野の部門統合から発展した統合欧州では、一九五五年頃には中期的なエネルギー供給の枯渇あるいは供給不足が懸念されるようになっていたのである。このような状況で、欧州が原子力エネルギーを独自に生産する計画が、ヨーロッパ統合の端緒として知られるシューマン・プランやプレヴァン・プランの生みの親、ジャン・モネらによって構想されていた。条約調印時点で、高濃縮であれば軍事転用可能な濃縮ウラン生産施設建設計画を含む諸問題が棚上げにされていたとはいえ、このエネルギー自立化構想の帰結が、ローマ条約の調印であり、一九五八年一月の発効であった。

ユーラトムの起源とフランスの関係については少なからず研究の蓄積がある。[2] 第一に、欧州共同市場との関連で独仏間のバーゲニング（取引）を強調する立場である。つまり、フランスが欲したユーラトムは、ドイツが望んだ共同市場とともに一つのパッケージとなることで成立したとする見方である。[3] 第二に、条約の成果を、失敗と見る立場がある。例えば、「モネの構想は、（引用者注：条約調印の段階で）失敗する運命にあった」とするイタリアの統合史家アントニオ・ヴァルゾーリ（Antonio Varsori）の研究、[4] モレ政権にとってユーラトムは「死産」であったと解釈するフランス外交史家ギレンの研究[5]、「成立の時点で、自壊の種子をすでに内包」していたという、主にアメリカ外交の立場からヨーロッパ統合を論じていたウィナン（Pascaline Winand）の研究などである[6]。そして第三に、冷戦史研究で著名なマーク・トラクテンバーグの研究を代表として、「平和利用」（民生利用）という表の顔の裏側で、フランス等が核開発の意図をもっていたことが実証されてきた[7]。

このような蓄積にもかかわらず、フランスを中心にした本国の視点からユーラトムが加盟国の海外領土に対してもった意義は従来軽視されてきた。しかし、ヨーロッパ統合過程を分析する上で、原子力分野におけるヨーロッパ統合と海外領土の連関を扱う重要性は十分にある。フランスのヨーロッパ統合と脱植民地化対応戦略の緊密な連関が指摘されるからである。同時期に交渉が行われた欧州共同市場への海外領土市場の連合は、海外領土への政治的影響力を残すという戦略的意図を背景にして行われた一面がある[8]。また他方で、ユーラトムの一構想として海外フランス相ドゥフェールにより、欧州とアフリカを包摂する「ユーラフリック」原子力共同体が提案され、モレにより採択され、ローマ条約に挿入されたことなどを考慮すれば、海外領土の帰属は、極めて戦略的問題だったと言える。この海外領土をめぐるフランスの政策決定過程をフランス政府、個人文書、閣僚理事会の未刊行史料などの一次史料に基づいて跡付けることで、ヨーロッパ統合を海外領土の問題と切り離して欧州六カ国の枠内で考察してきた見方に新たな視座を提供したい[9]。

そこで、本章は、平和利用の裏側での軍事利用の側面に焦点を当てた既存研究の蓄積を踏襲しつつも、原子力版ユーラフリック構想を中心に、軍事利用、平和利用両面において、フランスが抱いた一国的計画および国家間協力計画を同一文脈に位置付け、ユーラトム成立の経緯と意義を再構成することを目標に置く[10]。その際、すでに検討されてはいるが、西側同盟の中でのフランスの核開発という視点[11]を脱植民地化の中のフランスという視点と共存させながら、この問題を論じていきたい。最後に、結論を先取りすれば、従来の否定的な評価とは異なり[12]、ユーラトムは脱植民地化対応戦略の観点からすればフランスにとって必要とされ、フランスにとって意義があったと論じたい。

本章では、ジャン・モネによる軍事目的の利用を完全に排除する排他的平和利用提案を契機に、ユーラトム交渉において平和利用、軍事利用をめぐる独仏間の対立が続き、ユーラトムに対する国内での合意形成のために、フランス政府内で排他的平和利用案が形骸化し、ローマ条約調印に至るまでの過程を跡付ける。

まず、本章の鍵となるユーラフリック概念について再び簡単に触れておきたい。ユーラフリック構想は、第一章で触れたように、一九世紀にさかのぼり、様々なヴァリエーションをとった。ただしブロックか、共同体か、連邦か、秩序かという違いはあれ、共通していたのがアフリカでの原料へのアクセス、資源共同開発という目的と欧州の国際的影響力の増大という、より高次の目的であった(13)。

一九五五年にはこのユーラフリック構想が前面に出ない形で、ヨーロッパ統合の推進が図られる。それが外交交渉が進む中、次第にユーラフリック構想と絡み合っていくのである。ここでは、背景として重要であるので、少しさかのぼって原子力開発について概観してみよう。フランスの原子力の軍事利用への行動は、第二次世界大戦直後より秘密裏に開始され(14)、核爆弾の燃料となるプルトニウム抽出を計画した原子力五カ年計画（Plan Pinay-Gaillard）が一九五二年より開始されていた。一九五五年には、五カ年計画の目標は達成され、五月には、首相府に所属する原子力問題担当相のガストン・パルースキ（Gaston Palewski）のイニシアティヴにより、原子力の基礎的インフラを拡張する秘密議定書が可決された(15)。一方、原子力民生利用プログラムは一九四五年の原子力庁（Commissariat à l'énergie atomique）の発足により公式に開始され、軍事利用プログラムと共存していた。このような民生・軍事利用が混在した状況で、五四年八月末のフランス国民議会によるＥＤＣ条約否決によるヨーロッパ統合の深化の挫折後、ヨーロッパ統合の「再出発」に向け、ジャン・モネを中心に、運輸および平和利用に限定したエネルギー分野での統合案が提案されていた。[16]

ユーラトム案の一つの起源は、モネによって初めて原子力統合案草稿が書かれた五五年一月二一日と見ることができる。[17]モネの速記として仕え、ジャーナリストでもあったフランソワ・デュシェーヌによれば、モネに対し、原子力平和利用案を紹介し、彼の想像力を刺激したのは、米国原子力委員会（ＡＥＣ）の法律副顧問（deputy legal counsel）のマックス・アイゼンバーグ（Max Isenberg）であった。[18]この時期、運輸分野での統合案も並行して議論されていたし、またオランダ外相ベイエンによって、すでに一九五二年には全般的関税同盟構想も提起されていた。しかし、モネの目は、原子力統合構想にもっぱら注がれていた。ここに、モネがこの原子力統合構想の産みの親ではないにしても、積極的に原子力統合を推進していくことになる動機を検討する必要が生まれる。なぜモネは、部門を限定しない全般的共同市場案ではなく、後にルイ・アルマン（Louis Armand）によって名付けられることになったといわれるユーラトムに専念することになったのか。その動機は、まずユーラトムの新しさとそれが経済にもたらし得る効果に求められよう。当時、五三年一二月に国連総会でアイゼンハワー大統領が行った「平和のための原子力（Atoms for Peace）」演説によって、原子力民生プログラムに必要な原料の調達は可能になる見込みがあった。また、原子力は比較的低コストであり、そのことによって、ユリによって名付けられる「新しい産業革命」を生む潜在性があるという期待が一般にあったのである。[19]また共同市場案については現実的ではないと考えていたとも、モネを、ユーラトムへ傾倒させることになった。モネは、共同市場案に向かう大胆さをもち合わせていなかったのであった。また後の五五年一一月に述べたところによれば、モネは、共同市場には連邦が必要であるが、連邦主義はＥＤＣが否決されたばかりの現時点では達成不可能であると考えていたのである。[20]

このような原子力分野での部門統合推進を支持するモネのヨーロッパ統合構想に対して、ベルギー外相のスパークは同意しており、この案をベネルクスに説得させるための努力をスパークは行った。[21]しかし、モネの支持するユーラトム案に対し、ベイエンも相手側のアプローチに対して必ずしも柔軟ではなかったため、共同メモランダムの実現は困難を極めた。三月一〇日のベネルクス外相会談において、ベイエンは、モネが主張するような、部門統合案を強く否定したのである。

三月下旬になって状況は好転した。三月二七日、ドイツの主権回復とWEU加盟を定めるなどして、ドイツ問題に一定の安定を与えたパリ条約をフランス上院が批准したのである。第二のEDCの悲劇は回避されたのである。スパークにとって、今や「諸々の解決策を協調させ、ヨーロッパの政治統合への試みを進める必要がある」時期が到来したのであった[22]。しかし、四月初旬に入っても、ベイエンの態度は変わらなかった。そこで、スパークは慎重な対応をとった。受け容れさせるのが難しいであろうフランスに共同市場案を直接打診する前に、仏外相ピネー（Antoine Pinay）、西独首相兼外相のアデナウアーに対して、三月一〇日の外相会談で提示した部門統合案を提示し、モネの要求通りにモネ案に対する反応をうかがうことになる。返事がすぐこなかったため、スパークはイタリア外相ガエタノ・マルティーノにも同様の書簡を送ることになった。

独仏伊外相からの返事を待っている間、スパークは実のところ入院状態にあったのだが、ベイエンと会合を重ねた。その結果、四月一四日には、ベイエンはヨーロッパの「再出発」のために全般的共同市場案と原子力統合案の「二つの梃子」を活用することを承諾するに至ったのである。ついに、ベイエンの同意が得られたのである[23]。五月五日には、ユリによって書かれた草稿をもとに、ベネルクスメモランダムが作成された。これは、ウィナンの言葉を借りれば、ベイエン・プランとモネの統合構想の「注意深い混合（careful blend）」であった[24]。

五五年六月初めに、主催者であるイタリア外相マルティーノの選挙区でもあるシチリア島のメッシーナで開かれることが予定された六カ国外相会議以前の段階で、ベネルクスは五月一八日に、全般的共同市場を提案するベイエン・プランとモネのエネルギー・運輸分野での部門統合案を統合させた先述の共同メモランダムを提出する[25]。

ベネルクス共同メモランダムは、全般的共同市場案とユーラトム案の混合のみならず、社会政策の段階的調和も目標とし、フランスに配慮した議論の土台であった(26)。このメモランダムは、ユーラトムについても四点にわたる具体案を提示した(27)。第一に、設備、研究の資金調達を行う共通基金の設立であり、第二に知識と技術者の自由な交流、第三に得られた結果の無差別での利用と資金援助の供与、そして第四に非加盟国との協力、開発途上国への技術援助である。

それでは、フランスは、ベネルクス主導で行われたこのヨーロッパ統合の再出発にいかなる反応を示したのか。全般的共同市場とエネルギー・運輸分野での部門統合を提唱したこのメモランダムに対するエドガー・フォール首相の立場は、史料によっては残念ながら判別できない(28)。ただしオランダの統合史家セーハースの研究によれば、フォールが政敵とみなしていたモネがますます原子力の平和目的の利用に対し熱中していく中、フォールはユーラトム案を拒否したとある(29)。一方、外務大臣アントワーヌ・ピネー、外務省経済財政問題局経済協力課は、ユーラトム、そしてヨーロッパ統合全般に対して概ね好意的であった(30)。経済協力課は、共同市場案についてはフランス連合に与える否定的影響から消極的であった一方、原子力統合に関しては、共同基金、知識および情報の交換、財政援助を行うのに必然的に伴われる超国家化には懐疑的でありながらも、譲歩の余地を残していた。経済協力課は、独仏ベルギーに限定したウラン濃縮施設、加盟国の権利を侵害しない欧州の機構建設には積極的であったのである(31)。結局、ブリュッセル代表団を率いたガイヤールによって、加盟国の自由を侵害しないという態度はユーラトム交渉において守られた(32)。

一方、フランス外務省は、ウラン問題に関して、ベルギーの既得権益は最大限利用しつつも、フランスの既得権益を守りたいというフランス例外主義をとっていた。海外領土の問題は、統合ベルギー領コンゴのウランが活用され得るため、ベルギーの参加が重要であるとしていた。一方、海外領土の将来の発展に対する開発援助に関与しない必要性が強調された。それは、ここ数年間で原子力が海外領土の発展にとって強力な推進要因であることを考えれば、外国の干渉によって、目的が変更されるか妨害される恐れがあるからであった(33)。

ベネルクス案に対し、ドイツ、イタリアも六月一日、ベネルクスメモランダムに対する両者の立場を示したメモランダムを提出した。両者は原則合意を示した。イタリア代表によれば、特に経済発展プログラムがヨーロッパの通商の自由化を前提にしているため、特に共同市場案が望ましく、ユーラトムも「特に興味深く、関係する問題の深い検討に参加する準備ができている」と応えた(34)。一方、ドイツも運輸部門の統合の検討は有益であるとした。また、ユーラトムについても、一九五五年四月三〇日の独仏コミュニケに示された研究および平和利用協力に合致し、ベネルクスメモランダムの「原則に完全に合意（pleinement d'accord avec les principes）」したのである。メモランダムに関し、ドイツのハルシュタインが補足した点の中で特別なのは、若者の交流についてである。ECSC加盟六カ国による欧州大学財団（Fondation d'une université européenne）の創設、そして、若者の交流の促進をハルシュタインは主張した(35)。

唯一フランス側からはメモランダムが提出されなかった。この理由については、ベルギーの海外領土のみの加入を要求するようなフランスの構想を外交交渉での議論の土台としてもち出すことが困難であったからと推測される。

このようなベネルクス、イタリア、ドイツの原則合意にもかかわらず、会議はむしろ難航した。この外相会合は、六月一日、二日の二日間と予定されていたにもかかわらず(36)、期間内に討議を終了させることができず、最終会合は、三日の深夜一時半に開始され、午前四時まで続いたのである。ここでは、フランスとドイツのベネルクス案に対する変更要求が出された(37)。

この段階ではフランス代表ピネー外相は、ユーラトムから得られる恩恵に関して懐疑的であった。特に「ある国が第三国との間に結ぶ特別な諸措置（arrangements spéciaux）を保留しながら」、原子力のエネルギーの共同管理

（Pool）を行うという部分に否定的であった。ピネーの念頭にあったのは、ウランの主要生産地であるベルギー領コンゴの地位であった。フランスは米英に次いで、西側諸国で第三の原子力国であった。[38] ピネーの不満は、ECSC加盟六カ国の中で技術的には一番進んだフランスが、[39]「非常に重要な貢献をする」のに対し、この条文を適用すると、ベルギーが英米と結んでいる協定がもつ制約のためにベルギーのもっている資源や知識が利用できないのではないかという点にあった。

このフランス側の追及に関して、ドイツ代表ハルシュタイン外務次官も、条約のもつ意味を大きく変え得るとして、スパークにベルギーの立場を問いただした。スパークは、ベルギー領コンゴをめぐる英米との協定を放棄することはできないと明言し、近々更新される予定の協定について情報提供すること、そしてその協定を前提条件とするのではなく、それを「考慮しながら（en prenant en considération）」、原子力平和利用を保障する方法を検討するというように決議文を修正するよう提案した。結局、このスパーク案が決議文として採択されることになった。ハルシュタインは、決議文が経済、社会問題に限定されていることに不満を示し、一日のメモランダムでもすでに示されていた若者の問題をドイツ政府としてこだわっていることを示した。

メッシーナ会議では、政権内では共同市場案への躊躇がありながらも、全般的共同市場と原子力・石炭・石油を含めたエネルギーおよび運輸分野での統合を進めることが全会一致で合意された。そして、スパークを議長として専門家委員会が開かれ、一〇月一日までに外相に報告書を提出することが決定された。

ヨーロッパの「再出発」の当事者は、概ね決議の結果に満足していた。スパークは、会議の終了後の早朝に会合が行われたホテルの庭でナポリ民謡の「オーソレミオ」を歌い出したという。[40] スパークは、上機嫌であったのだ。またヨーロッパの「再出発」のイニシアティブをとった当事者の一人、ベイエンは、この結果に満足していた。ヨーロッパの「再出発」は順調であり、ヨーロッパという機械は、「再び始動した（remise en marche）」と述べていたのである。[41] そして、もう一人の主人公であるモネの反応は、どちらかというと好意的であった。モネは回顧録において、「結果は、勇敢さと臆病さの妥協にしかなり得なかったのです。しかし、私の見方では、本質は、われわれが五年前にシューマン・プランとともにすでに開始していた筋に沿って、会議において、誰かが何かをなすべき必要があるということだったのです」と述べているのである。[42] 一方、ピネーは、「ヨーロッパ統合の具体的基盤を引き出すための、実際的で実りある努力がなされた」と述べ、メッシーナ決議のもたらしたヨーロッパ統合への意義を肯定的に評価しながらも、立場の相違と困難が多く残されていることも認めていた。[43]

このメッシーナ会議は、より客観的には、ヨーロッパ統合プロセスにいかなる意義をもったのであろうか。デュシェーヌによれば、特定の部門に限定されないという意味での全般的統合、共同市場案がヨーロッパ統合プロセスに挿入されたことに意味があったということである。[44] この見方は、ヨーロッパ統合史上、共同市場案が初めて公式に交渉の議題に上ったことを考えれば、確かに事態の一面をあらわしている。五二年には就任したばかりのオランダ外相ベイエンによって関税同盟案は提起されており、交渉の停滞から五四年夏には一旦交渉が中断されていたのであるが、あくまで関税同盟にとどまっていた。また、海外領土との関係でいえば、五四年一〇月には、ベルギーのECSC代表アルベール・コペ（Albert Coppé）により、GATTあるいはOEECの枠内で、六カ国とその海外領土を含めた自由貿易圏創設さえも議論されていた。[45] しかし、関税同盟が要求する共通域外関税、数量制限の設置に加えて、ヒト・モノ・カネ・サービスの自由移動を要件としない古典的な意味での自由貿易圏と共同市場の間には大きな隔たりがあった。しかし、メッシーナ決議の意味は、共同市場案に限らない。ピノーが「メッシーナは失敗（blague）であり、その後に続いたものが重要である」と述べたように、[46] メッシーナ決議自体に具体的な成果は見られないが、ユーラトムやエネルギー問題、運輸統合への議論を俎上に載せ、「再出発」を公式に開始したことは、重要であった。

その後、五五年後半にユーラトムに関して第一の争点となったのは、海外領土の問題、特にベルギー領コンゴの位置付けであった。先述のように、メッシーナ外相会談ですでにフランス代表、外相ピネーはベルギー領コンゴに関する条項の変更を促していたが、この問題は、依然としてフランス政府にとって重要視されていた[47]。前述のようにウランの主要供給源として、当時期待されたのはベルギー領コンゴであった。メッシーナ決議後の一九五五年夏にあっても、ベルギーの第三国との協定が更新途中の段階にあったため、ユーラトムにとってどれだけウランを活用できるのかが問題のまま残されていたのである。

フランス政府は、ブリュッセルにて七月九日に初会合が行われた政府間委員会において、ベルギー領コンゴの位置付け、特にベルギーによるウランの供給面での貢献を求めていく。フランス政府内では、ユーラトムの支持者の中でも、原子力庁、内閣、議会、世論の間で、利害が一致するのが唯一、ベルギー領コンゴからのウランの拠出であるということが自覚されていた[48]。七月二九日には、首相エドガー・フォールを議長として、原子力問題担当国務大臣のパルースキ、ブリュッセル代表団長のガイヤールらも参加する閣議が開かれ、ブリュッセルでの原子力問題交渉におけるフランス代表団への指示が決定された。ここでは、ベルギーのウラン面での貢献が交渉の重要な一側面であることが確認された[49]。

そのため、「ユーラフリック」と切り離されて推進されたユーラトム案であったが、ウランへのアクセスとそれによる欧州の自立という内容をもつ事実上の「ユーラフリック」として、独仏伊ベネルクスはこの海外領土をウラン供給地として必要としたのである。ここにユーラフリックと欧州レベルでの原子力協力が収斂していく。ただし、この段階で、海外領土の参入に関しては、明確な見通しが得られなかった。前述のように、外務省では、フランスが自国のもつ海外領土に対し外国の干渉を招き得るような開発援助計画にメリットがないと考えており、具体的に利益をもたらす枠組みは考案されていなかった。

また、ベルギー領コンゴから採取されるウランの取引は、米英との協定更新により制限されることになった。ベルギーは、一九五五年六月一五日、アメリカとの協定を更新し、アメリカ側の対ベルギー研究炉、発電炉建設支援の代償として、五六、五七年におけるウラン生産の九〇％の先買権、五八年から六〇年にかけては、七五％の先買権をアメリカに認めていた。イギリスとも同年一一月一八日に同様の協定が締結されていたのである[50]。

第二の争点は、ウラン濃縮施設建設であった[51]。この頃から、ＥＣＳＣ加盟六カ国代表とＥＣＳＣとの連合を締結しており、参加資格を満たしたイギリス政府代表が参加した政府間委員会により、ウラン濃縮施設建設に関する交渉が開始された[52]。共同市場、伝統的エネルギー、運輸問題に関するそれぞれの専門家委員会に加えて、ユーラトムに関する専門家委員会が設置された。

この原子力委員会においては、原子力庁の立場がよく反映されていた。ドイツの歴史家ペーター・ヴァイレマン（Peter Weilemann）の言葉を借りれば、フランスの原子力庁は「専門的に高い能力をもつエリート官僚」から構成され、西ドイツ、オランダ、ベルギー、イタリアのような原子力問題以外の代表から構成された代表団に比べて、優位をもっていた[53]。モネと距離が近く、フランスの国営鉄道会社（ＳＮＣＦ）の会長でもあり、フランス原子力庁の産業設備に携わるトップを務め、原子力問題の「最も有能な人物[54]」として通っていたアルマンが原子力委員会委員長に選ばれていた。またフランス代表団においては、原子力庁の事務方のトップにあたる理事長（Directeur général）のピエール・ギヨーマ（Pierre Guillaumat）や平和利用派のもう一人の技術面でのトップたる高等弁務官ペラン（Françis Perrin）も参加していたのである[55]。

特にウラン濃縮技術の一つである放射性同位体分離施設に関しては、五五年一〇月に委員長アルマンにより提出された報告を受けて、一一月七日には放射性同位体分離施設建設をめぐる作業部会の設置が決定された。原子力庁の国際関係局長ベルトラン・ゴールドシュミット（Bertrand Goldschmidt）が「この作業部会を組織するためのすべての自由を有する」議長となり、フランス政府の影響が同作業部会では強く反映されていた[56]。この作業部会では、プルトニウム、天然ウランなどの他燃料との比較検討の結果、一九六〇年から七五年までの中期的展望において需要を最適に満たし得る濃縮ウランこそが民生利用の観点から必要とされ、ウラン濃縮問題の検討が続くことになる[57]。

第三の争点は、イギリス主導で、当時、加盟国間の原子力協力構想を検討していたOEECとユーラトムとの関係であった。フランス側は必ずしもOEECに敵対的ではなかったが、欧州原子力協力をめぐる仏英間の主導権争いのため、両機構の統合、連合を生まず、後のウラン濃縮計画などプロジェクト単位での協力にとどまることになる[58]。メッシーナ会議と同月に行われた閣議でフォール政権は、OEECの進展を待たずに、進行の早いユーラトムの進展を優先させることを決定した[59]。この路線は、五六年二月にはブリュッセル外相会議で六カ国の承認を得る。一九五五年当時原子力問題が議論されたOEECであったが、最終的にユーラトムの代替案とはならなかったのである[60]。

ECSCの初代高等機関委員長となっていたモネは、メッシーナ会議直後の六月一〇日にその職を辞任していたものの[61]、ヨーロッパ統合の方向性に対する影響力を依然維持していた。労働組合および共産党を除いた諸政党を中心としたロビー活動として、モネが五五年一〇月一三日に設立した「欧州合衆国のための行動委員会」では、共同市場案よりも、ユーラトム交渉に第一に影響を与えるべく[62]、対ユーラトム提案を検討する[63]。そこでは当時自明ではなかった、ユーラトムは軍事利用を排除し、専ら民生利用のための機関となるという内容の排他的平和利用を公的機関による管理を通じて行うことが主張された。

モレ政権の誕生は、メッシーナ決議以降のプロセスを加速させる一つの転換点となった。モネは五五年以来、パリでのエージェントであるフランス人のヴァン・エルモン（Jacques van Helmont）を通じて、自身の書いた草案をモレに見せる間柄になっていた[64]。五六年一月末にモネの排他的平和利用案に影響を受けたそのモレが首相就任演説でユーラトムの平和利用を宣言し、民生利用路線を追求し始めたのである。[65] クリスチャン・ピノー、モーリス・フォールという親欧派が外交政策決定の中枢に位置する親欧派のモレ政権は、ユーラトムに対する支持を明確に打ち出すことができたのである。一方で、ドイツは原子力相シュトラウス（Franz Josef Strauss）を中心に、ユーラトム交渉への姿勢は消極的であった。[66] この背景には、アデナウアー首相が宣言した「核兵器放棄（Kernwaffenverzicht）」が、核開発における独仏間の不平等を生んでいる事情があった。つまり、フランスの核保有が禁じられないのに、西ドイツのみ核保有が禁じられるのは、仏独間のパワーバランスを崩壊させると、ドイツ側に危惧されたのである。

ユーラトムをめぐりこのような独仏対立の状況が続く中、メッシーナ決議以降、ベルギー外相スパークを中心に専門家会合が開かれ、六カ国での原子力協力の具体案が検討される。六カ国によるブリュッセル外相会合は、五六年二月一一日、一二日に、専門家委員会と問題ごとに検討した交渉結果を報告することを公式な目的として行われた。しかし、実際に重要であった動機は、発足したモレ政権が、前政権の政策を継承しているかどうかを検証することにあった。[67]

ユーラトムに関して問われた議題は、議長スパークによる報告を土台にし、大きく分けて、軍事利用の排除、原料および加工後の燃料に対する管理の方法、原子力共同市場の創設、共同市場案とのリンケージ（Junktim）、ＯＥＥＣに対しどのような立場をとるか、の問題であった。

議事録を見る限りでは、この中で海外領土の位置付けはほとんど議論されていない。ただし、スパークによって、管理の問題において、暗黙に加盟国の海外領土のユーラトムへの参入が指摘されていたことは興味深い。スパークによれば、管理の有効な方法として、加盟国領土およびその付属地（dépendances）において絶対的な購買優先権をもつ機関の仲介を通じて排他的な供給を行うことが挙げられていた。付属地とは、加盟国の海外領土のことだと考えられるため、海外領土の加入がユーラトム交渉において暗黙の了解となっていたことが示唆される。

このブリュッセル外相会合は、モネが支持する排他的平和利用案の実現が、六カ国にとって総体として望ましいものではないことを示すものとなった。スパークが軍事利用の排除についての各国の見解をまとめた結果、六カ国の総論としては、加盟国による原子力の軍事利用は完全に排除できないということであった。実際、西独政府代表フォン・ブレンターノ外相は平和利用に対して立場を述べなかったし、フランスは、平和利用案に好意を示しつつも、あくまで条件付支持であった。モレ政権が政権の国際政治上の目標として同時に掲げていた世界における軍縮案との関連で考えるべきとの立場を示していた。フランスの全般的軍縮案のシナリオが、米ソに依存し、その先行きによっては、同時に進行中の核開発を通じた安全保障にフランスがシフトすることも十分に考えられた。またイタリア、オランダも排他的平和利用に関しては反対を示していたのである。そのほかリンケージをめぐっても、ドイツ政府による支持に対して、フランス、オランダ、イタリアは懐疑的な態度を示していた(68)。排他的平和利用を進める手段として管理の徹底を図るスパークにとっては、議論の結果は、芳しいものではなかったであろう。

前述のように、ベルギー領コンゴを中心としてウランの供給地として注目を集めていた海外領土であったが、その海外領土がECSC加盟国に対してもつ原料供給地としての意義を骨抜きにした事件が五六年二月に起こる(69)。アメリカは、五三年一二月八日にアイゼンハワー大統領が提唱した「平和のための原子力（Atoms for Peace）」構想に基づいて濃縮ウランの海外への供給を行っており、五六年二月二二日には、アイゼンハワーは、海外に対して民生利用向けに二万キログラムという大規模な濃縮ウラン（ウラン235）の購買・貸与計画提案を公表したのである(70)。

第二節　スパーク報告と海外領土問題の争点化

一方、モレの提唱した排他的平和利用にも、一九五七年二月一一、一二日のブリュッセル外相会合以来、変化が現れ始めていた。スパークを中心として開かれた専門家会合による報告書として六カ国外相会議に五六年四月二一日に提出されたスパーク報告では、スパークが出した妥協案として、ユーラトムの軍事利用に関し、潜水艦炉を除く核兵器生産の五年間のモラトリアム（猶予）が議論された。しかし、フランスは内政上の理由から議論できる状況になく、スパーク委員会において代表団は議論を好まなかった(71)。モレ自身は核開発のモラトリアムを提案する等、平和利用を推進していたものの(72)、軍部あるいは理事長ギヨーマを中心とする原子力庁のグループなど(73)、核開発を秘密裡に進めるグループが政府内に存在したからである。

このスパーク報告はまた、ユーラトムに対する新秩序構想として、ユーラフリック原子力共同体構想を公にした。海外フランス相ドゥフェールはユーラフリック共同市場構想を推進しており、共同市場案における海外領土の位置付けが曖昧に述べられていることを不満に思っていたが、彼を中心にして海外フランス省内では、原子力協力におけるユーラフリック秩序構想を、モレ政権が発足した五六年二月以来検討していた(74)。そこではユーラトムは、欧州とアフリカを産業、技術面で結びつける計画とされ、「原子力版ユーラフリック」ともいうべき構想であった(75)。最終的にドゥフェールは、五月一五日付書簡において、海外領土をユーラトムに加入させる必要性を主張し、条約の地理的適用範囲の明確化と海外領土からの燃料を補助的なエネルギー源とする方針の採択を外相ピノーに対し要求した(76)。

しかし、この書簡において表向きに提唱された原料供給地としての価値よりも、海外領土は、それがユーラトムにもたらす政治的・心理的効果により意義をもった。燃料に関しては、前述のように、五六年二月アイゼンハワーによってなされたアメリカからの安価で大量の濃縮ウラン供給提案によって、ベルギー領コンゴを含んだベルギー、フランスの海外領土の重要性は、当初に比べ大きく低下していた。むしろ、ドゥフェールは、脱植民地化対応戦略の観点から、脱植民地化の波に対してフランスがもつ海外領土の勢力維持をリベラルな方法で行うことに固執していた。海外領土を包含したユーラトムによって、欧州の恩恵に与れないことを理由に欧州の新植民地主義として批判される危険性を回避することができた。また彼は、米ソの「危険な介入」を招かないためにも、国連信託統治領のトーゴ・カメルーンもユーラトムの適用範囲内とする提案を行った。これらは、彼の脱植民地化対応戦略であった。海外領土の原料供給地から原子力エネルギー生産者への転換は、海外領土政策の中長期的展望を示すものであったし、トーゴ・カメルーンを適用範囲としようとしたのは、アフリカにおける米ソから自立したフランス独自の影響力を欧州という枠組みによって、冷戦、脱植民地化という国際環境下で確保しようと試みたからであった。

ユーラフリック共同市場案から遅れて二カ月、欧州とアフリカを包摂する秩序としてのユーラフリック構想を近い将来の海外領土の独立後への影響力維持策として推進する首相モレは、ユーラトムにおける海外領土の位置付けを公式に発表する。[77] モレ首相は、五六年七月一一日国民議会での演説で、海外領土のユーラトムへの加入は、極めて「高い政治的・心理的射程」を有しており、ユーラトムは共同市場に先んずる「第一のユーラフリック（le premier instrument de cette coopération eurafricaine）」として実現を急がなければならないと力説するに至った。[78] ここに、それまで切り離されていたユーラフリック構想とユーラトム構想が収斂することとなった。

一方、原子力の排他的平和利用案は、この国民議会での投票によって、実現困難となる。平和利用よりもヨーロッパ統合推進に重きを置く親欧派のモレは、軍部、原子力庁の圧力に妥協し、ユーラトムがフランスの軍事目的の生産の障害とならないと公式に宣言した。モレはユーラトムへの国民議会の支持を獲得するにあたり、妥協を必要としていたのである。

当時、ヨーロッパ統合推進派で、ユーラトムを支持すると見られたのは、中道左派の社会党と中道の人民共和連合（ＭＲＰ）であったが、両者の票を合わせても、ユーラトム法案の可決に至らなかったのである。ヨーロッパ統合を原理的に批判する共産主義やプジャード派を除いても、革新党（Radicaux）と独立派（Indépendants）、ゴーリストの社会共和派らの同意を取り付ける必要があった。温度差はあれ、フランスの核開発を放棄しないという公約はそれらのグループのユーラトムに対する支持に必要だったのである。[79]

また、最終的に、核開発のモラトリアムの期限失効後は、フランスの行動の自由に対する物理的、法的拘束が消滅することが宣言された。この宣言は賛成多数で可決され[80]、今やフランスにとって一九七五年までに必要なのは燃料の濃縮ウラン獲得になった。マルチでなくバイの枠組みとして同年六月一一日に結ばれていた仏米原子力協定も濃縮ウランの提供に関し、質量両面で期待外れであり[81]、多国間の枠組みが望まれていた。これ以降、ユーラトムの超国家機構による燃料の管理をめぐって独仏は対立を深めることになる。[82]

第三節　スエズ危機と独仏協調

本節では、フランスが国民議会でユーラトム条約は自国の軍事利用の障害とならないという保証を得た後に深まる独仏対立が、スエズ危機の激化・戦争への突入を契機に緩和され、条約調印に至る経緯を跡付ける。[83]そして、その後、条約調印段階でのフランスにとってのユーラトムの意義を検討する。

一九五六年七月にフランスが核保有の自由を国内的に確保した後、独仏間の立場は依然として収斂を見せないままであった。九月一八日には、モーリス・フォールとドイツ原子力問題大臣フランツ・ヨーゼフ・シュトラウスとの間でユーラトムに関する意見交換が行われた。核実験のモラトリアムが政策オプションとして残る中、フォールは、軍事産業をユーラトムの管理下に置くことで、軍事利用に対する歯止めの枠組みを提示した。これに対しては、シュトラウスは、フランス政府内での「変化」と認め、情報交換の例外事項とされる純粋に軍事的な事項の定義を厳密に議論することを促した。ここに独仏間の合意への可能性は垣間見えた。しかし一方で、ユーラトムの所有権限の問題、そしてフランス政府が最も重要であるとした原料および燃料の管理の要の手段となるユーラトムによる供給独占の問題に関しては、シュトラウスは同意を示さなかった。

九月二九日にはボンでの独仏首脳会談においてフランスは妥協の余地を探るが、具体的な合意を生むことができないままであった。共同市場案およびユーラトムについても議論がなされた。[84] ハルシュタイン外務次官が主張する共同市場案とユーラトム案の密接な連関、特に同時の署名、発効については、モーリス・フォールは同意せず、両条約の批准は相前後するという立場を表明した。またフランス側が主張するようなユーラトムの所有権に関しても、シュトラウスは、「統合は独占を前提としない」という立場を堅持し、ユーラトムの所有権の制限を主張した。これについて、再びフォールは、このようなドイツ政府の態度は理解できないと返答した。この問題に関して、最終的にアデナウアーはそれを検討すると応えたのみであった。

さらに六カ国レベルでもユーラトム交渉は停滞する。まずヴェネツィア会議において、ユーラトムと共同市場を二条約として別々に交渉すること、およびスパークがブリュッセル交渉の議長を務めることなどが定められた。その後、最初に開かれた一〇月二一、二二日のパリ外相会談では、関税同盟第一段階から第二段階への移行、男女賃金・週労働時間など社会保障政策の調和という特に共同市場案をめぐる独仏対立のため合意分野がないまま交渉が決裂したのである。[85] 一方、ウラン濃縮施設をめぐる六カ国での検討は、五六年九月以降、同問題のための専門家会合「研究委員会（Syndicat d'études）」でも行われていた。この舞台でも、独仏代表は、平和利用、軍事利用をめぐって依然深刻な対立を続ける。ドイツ代表団はドイツも賛成可能な「共通目的」を追求すべきとし、[86] 軍事利用を視野に入れ六カ国の枠外に拡大を図るフランスに反対していた。それに対し自国のみでは軍事利用を達成できないフランスは、ドイツの反対を前に、ＥＥＣの枠外でのヨーロッパ協力を模索していた。当時、技術の進んでいたスイス、スウェーデン、デンマークの参加を可能にするため、ウラン濃縮共同プログラムの柔軟な解釈を模索していたのである。

このような状況で、スエズ危機・戦争の進展は、独仏合意を大幅に進めることになる。[87] イギリス外交史家の細谷雄一らが指摘するようにスエズ危機は、一〇月末にスエズ戦争へと進展していた。[88] 前章で検討した欧州共同市場交渉同様に、ザール問題は欧州原子力統合推進の土台となっていた。このような状況で、スエズ戦争の勃発はいかなる変化をもたらしたのであろうか。欧州へ輸送される石油の七〇％がスエズ運河を経由する状況で、スエズ運河の閉鎖は、エネルギー危機を招いていたのである。[89] また外交的側面においても、一〇月末以降のエジプト侵攻の段階にあるスエズ戦争は、ドイツのアデナウアーの態度を欧州との協力へと導くことになった。スエズ危機の最中にソ連首相のブルガーニンは、モレ宛書簡の中で、エジプトにおける「攻撃の粉砕」という言葉で、フランスに対し、核兵器の利用を場合によっては行うと威嚇した。[90] この威嚇に対し、同盟国を援護するどころか、イギリスにスエズ撤兵を要求するという反応をアメリカはとっていた。前述のように、このアメリカの行動は、危機の際にアメリカは同盟国を援護しないのではないかという安全保障上のアデナウアーの対米不信を招いたのである。五六年夏に明らかになった在欧米軍の撤退を予期したラドフォード・プランはすでにヨーロッパを犠牲にした米ソ協調の危険を招いていた。[91] その結果、モレとアデナウアーは共同市場、ユーラトム交渉の早期締結を約束し、ユーラトムに関しては特に、超国家機構による購買優先権と供給独占に関して、独仏は合意した。[92] フランスが九月から続けていた要求に対する西ドイツ側の妥協であった。

スエズ危機・戦争というユーラトム推進のための好機を利用して、ロビー活動を行うモネがユーラトムの行方に対して影響を与えるべく次に打った手は、仏独伊からそれぞれ選出される三賢人委員会の設置であった。モネと行動委員会によるモレへの働きかけが実り、アルマン仏代表、フランツ・エッツェル（Franz Etzel）独代表、フランチェスコ・ジョルダーニ（Francesco Giordani）伊代表からなる三賢人委員会設置に至る。

第四節　海外領土問題交渉の形骸化とローマ条約の調印

三賢人委員会は、モネ的欧州実現のための部隊であった[93]。三賢人訪米の効果を最大化するため、ダレスに依頼してアメリカ側からの招待に見せかけるなど、排他的平和利用を志向し、大西洋の枠組みの中で、ヨーロッパをアメリカに対する対等なパートナーとして確立することをモネは目指していたのである。対米関係を重要視するモネは、スエズ危機で大西洋同盟内での亀裂が深まった直後に、在仏米大使ディロン（Douglas Dillon）と会談し、大規模で寛大な米国によるヨーロッパへの具体的プログラムこそがヨーロッパとの関係強化につながると述べ、アメリカの協力を促したのである[94]。一九五七年二月には、モネの側近のオランダ人マックス・コンスタム（Max Konstamm）に同行されて三賢人訪米が行われたが、この時点で、モネの一大目標であった排他的平和利用が確保されたわけではなかった。フランスは、すでにユーラトムの管理の抜け穴と欧州の他国との協力によるウラン濃縮施設建設を図っていた。一国レベルでは五六年一一月三〇日に、原子力庁、国防省、財務省間ですでにフランス南東部のピエールラットでのウラン濃縮施設建設に秘密裡に合意していたのである[95]。また、フランス政府内では核実験の四年間のモラトリアム案さえも消滅していた[96]。このような状況で、ブリュッセル代表団長モーリス・フォールは、五七年一月二六、二七、二八日に行われたブリュッセル外相会談において、ウラン濃縮施設建設計画を条約に挿入しようと試みるが、加盟国間の権利の平等を目指すフォン・ブレンターノ西独外相はより上位の首脳・外相レベルで、この問題を議論することを拒否した。またスパークも取り合わず、失敗に終わった[97]。そして五七年二月の三賢人訪米の際に、アメリカ側の濃縮ウランの提供に基づいて、欧州における一五〇〇〇メガワットの米ユーラトム原子炉プログラムが合意された[98]。アメリカの施設は濃縮ウランを燃料にしており、これは原子力エネルギー生産における欧州の大幅な対米依存を意味した[99]。

この時期、ユーラフリック秩序形成にあたり中心となる海外領土に関しては、燃料供給がユーラトムの適用範囲とされていた以外は、一般的な位置付けが定まっていなかった。そのため、フランス代表団は、五六年一一月末の段階で、交渉の議題とするよう呼びかけた。しかし、ドイツは時期尚早として応じなかった[100]。また、作業部会レベルでも検討された様子はなく、翌年一月末のブリュッセル代表団交渉で海外領土加入の原則が確認されたほかは[101]、二月一八日のパリ外相会談、一九、二〇日の首脳会談においても、位置付けは詳細に議論されないまま、条約調印を迎える。もはやアメリカからの安価な濃縮ウランの提供が提案される中で、海外領土を含むことが直接もたらす経済的利益はなく、その意義は、政治的次元に絞られた。そして、政治的には、海外領土の加入はメリットこそあれデメリットがなく争点になり得なかった。その結果、ローマ条約において、原子力共同市場での特恵的措置などが保留事項とされたほかは、海外領土は統合されたのである[102]。もちろん、ユーラトム交渉に並行して提案されていた、海外領土の共同市場への連合という枠組みにおける海外領土への開発援助案とは異なり、海外領土の発展をもたらすような短期的措置は条約に具体的に盛り込まれなかった。そのため、六カ国での合意がしやすかったのであろう。しかし、原子力版ユーラフリック共同体は、ドゥフェールやモレの思惑通り、ローマ条約調印において、中長期的互恵関係を構築するための礎となり、対脱植民地化政策の政治的、心理的道具として効果を有したのである。

小　括

ユーラトムは、ローマ条約調印の時点で、原子力の純粋な平和利用のためでもなければ、軍事利用のための機関でもない「曖昧な」存在となった。フランスにとっては自国の軍事利用を制限しない利点を獲得したものの、ユーラトムは、六カ国共同のウラン濃縮計画を母体とした軍事化も果たせない役に立たない機関だったといえる。それが一因となって、ユーラトムはＥＥＣに比べれば、目立たない存在に落ち着いたのである。もちろん、短期的に見れば、フランスが秘密裏に行ってきた核開発を、ユーラトムやスエズ危機・戦争の進展により、正当化できるようになっていたかもしれない。しかし、この場合、ユーラトムはその実効性や、機構の存在というよりも、五六年七月の国民議会の演説に代表的な公的な場での議論というプロセスにおいてむしろ重要であった。より長期的に見れば、ユーラトムの機能は、フランスの国益に特に資するものではなかったと考えられる。フランスは、ユーラトム以前からむしろ核兵器開発に力を入れており、軍事利用の観点から判断すれば、ユーラトムはフランスにとって望ましい帰結とはならなかった。

一方、ユーラトムは、フランスと海外領土の関係において一定の成果をもたらした。脱植民地化が加速し植民地の独立が近づく中、植民地をヨーロッパレベルでの協力に統合し、その絆を強めたのである。この点から、ユーラトムはフランスにとって戦略的意義をもったと再評価できる。メッシーナ会議以降再出発した統合欧州は、脱植民地化の中で、海外領土との中長期的互恵関係再構築を目指すドゥフェールの原子力版ユーラフリック秩序構想と一体化し推進されたのである。条約調印の時点で海外領土はユーラトムに統合され、ユーラフリック共同市場とともに、脱植民地化対応戦略遂行の政治的・心理的道具として作用した。ユーラフリック秩序実現という目標を抱く首相モレにとって、ユーラフリック共同市場構想の実現が条約調印間際まで難航していた状況で、原子力版ユーラフリック構想がスエズ危機の高まりを機に収斂を見せ、いわば「保険」として機能していたことは、大きな収穫であった。五八年初頭にモレが述べたところによれば、ローマ条約の帰結は自身の政権を誇りにできる「最良の理由」であり、それにより「ユーラフリック共同体が形をとり始めた」のであった。[103]

もちろん、このようなユーラトムの評価は、植民地主義の肯定的評価では決してない。ユーラトムに、欧州統合政策と植民地政策の連関がみられること、それを抜きにしては、ユーラトム、ひいては欧州統合の理解が一面的になることを指摘したいのである。

第四章　欧州自由貿易圏構想とフランスの対応

——海外領土・国（ＰＴＯＭ）問題を中心に（一九五六—一九五八年）——

第一節　小欧州と大欧州

一九五八年一一月一四日、フランス代表、スーステル情報相は、ＯＥＥＣ閣僚会合において、加盟一七カ国間[1]での自由貿易圏創設交渉継続の拒否を宣言した。これによって、イギリスの自由貿易圏構想を受けたフランス人のＯＥＥＣ事務総長ルネ・セルジャン（René Sergent）により五六年七月に提案されて以来、約二年半に及び議論されていた自由貿易圏創設交渉は事実上、途絶えた。[2]その後、この構想は、構成国を変え、イギリス、スウェーデン、オーストリア、スイス、デンマーク、ノルウェー、ポルトガルという七カ国からなる欧州自由貿易連合（ＥＦＴＡ）として実現されることになり、地理的な位置関係から小欧州六カ国からなる「インナーシックス（Inner Six）」と、前記七カ国からなる「アウターセブン（Outer Seven)」と、呼ばれる自由陣営におけるヨーロッパの分裂を招いた。

一九四七年に発表されたマーシャル・プランに始まるＯＥＥＣでのヨーロッパ協力構想をめぐっては従来、ＥＣＳＣ、ＥＥＣなどの今日のＥＵにつながる主流の欧州地域機構（Core Europe）に対し、傍流という位置付けがなされてきた。[3]このような観点に立てば、ＯＥＥＣにおける加盟国間の経済協力を取り扱うことは、今日のＥＵへと至る制度の発展史上、大きな意義をもたないように思われる。それでは、このような機構における統合構想を取り上げる意義はどのような点に見出されるのであろうか。

確かに巨視的にみれば、ヨーロッパ統合史上、ＯＥＥＣは現在のＥＵに至るまでの制度的進展に直接は貢献しない影の薄い存在といえるかもしれない。しかし、よりミクロ、かつ、同時代的に見れば、この欧州自由貿易圏構想はその後のヨーロッパ統合の行方に大きなインパクトを与え得るものであった。それは可能性が高かったが、選択されなかった道なのである。当時、交渉に参加したヨーロッパ諸国にとっては、この構想の実現可能性は一定程度存在していた。実際、貿易自由化を主導したイギリスによる自由貿易圏創設の動機が、単なる共同市場案のサボタージュ以上の意味をもったことは、近年多くの研究で明らかにされている。(4) 特に、自由貿易圏創設は、西独、フランス、イタリア、ベネルクスというヨーロッパ六カ国による共同市場を包含する構想であり、この構想が経済理念上対立する可能性が高く、共同市場案がフランス等加盟国に与える保障措置、フランス、ベルギーのPTOMに与える特恵措置を骨抜きにする性質をもっていた点で、EECの方向性に大きな影響を及ぼし得る構想であった。すでに第二章で扱った欧州共同市場案における海外領土の連合と密接な関連性をもつのである。この点で、欧州自由貿易圏構想を検討する意味が認められる。

またこの一点目の意義と関係するが、広義でのヨーロッパ統合に含まれると考えられるOEECによる自由貿易圏構想の検討は、(5) それ自体、ヨーロッパ統合の歴史的変遷に対する考察と考えられる。フランスのヨーロッパ統合史家ジェラール・ボスアの研究が示すように、フランスにとっては当時、すでに前進していた六カ国からなる「小欧州（Petite Europe）」によるヨーロッパ統合と、六カ国に加え、そのほか一一カ国を加えた「大欧州（Grande Europe）」によるヨーロッパ統合という二つの選択肢が存在していた。(6) とすれば、OEEC大での大欧州からなる自由貿易圏構想におけるPTOMの位置付けをフランスの脱植民地化戦略との連関において検討することは、この時期におけるヨーロッパ統合と脱植民地化の連関を考察することになる。

三〇年ルールに基づく一次史料の公開を享受し、一次史料に基づき、自由貿易圏構想とフランスの対応を扱った歴史研究はあらわれている。(7) しかし、従来の研究においては、PTOMの位置付けは、多くの場合、軽視されてきた。一方で、自由貿易圏創設交渉において、PTOM問題を扱う重要性は十分にあると思われる。まず第一に、PTOM問題は、同交渉における一大争点であった点が挙げられる。PTOM参加をめぐるその基本的態度がフランス政府により早い時期から決定されたものの、五七年秋から、自由貿易圏と欧州共同市場の連合を議論する政府間委員会であるモードリング委員会において、重要議題の一つとされていたのである。第二に、ＰＴＯＭ問題は、ユーラフリックというヨーロッパ秩序構想との関連で考慮されていたことである。特にＰＴＯＭの連合は、ローマ条約で定められた共同市場への海外領土市場の連合における開発援助、特恵貿易といった既得権益を脅かす恐れがあったことを考慮して、広くフランス政府に望まれなかったのである。いわば、「ユーラフリック」という秩序形成を維持しようとする思惑が背後にあったのである。

　これらの理由から、自由貿易圏創設交渉において、フランスを中心にヨーロッパ統合と非ヨーロッパ世界、特にフランスら共同市場加盟国のＰＴＯＭおよびイギリスのＰＴＯＭ、との連関を考察したい。もちろん、このような自由貿易圏創設交渉におけるＰＴＯＭの位置付けには、いくつか先行研究が存在する。[8] しかし、これらの研究のいずれもフランスの脱植民地化対応戦略を指摘するものではない。そのため、フランスの脱植民地化に対応しようとする戦略が、いかに自由貿易圏創設交渉の中に位置付けられたかを跡付け、抽出することで、これまで蓄積されてきた研究に、新たな視座を提供できるのではないかと思う。

　本章が依拠する未公刊一次史料は、欧州経済協力を主題とする閣議であった省間委員会事務総局（ＳＧＣＩ）文書、外務省文書、財務省文書、経済財政相ラマディエ文書、また従来あまり利用されてこなかった海外フランス省文書である。また、一九五六年九月に英仏首脳間で議論された英仏連合（Anglo-French Union）構想など英仏間の交渉については適宜、イギリス国立公文書館史料にも依拠する。

　本章の結論を先取りすれば、以下の分析を通じて、三点のことが明らかにされるであろう。まず一点目は、アルジェリア戦争が泥沼化する中での、アルジェリア問題が自由貿易圏創設交渉に及ぼした影響に関してである。アルジェリア問題が国際化へと向かう中、アルジェリア問題解決という目標に対し、フランスはなすすべを失っていた。

そのため、フランスは、自由貿易圏からＴＯＭ（海外領土）、ＤＯＭ（海外県）を除外する一方で、アルジェリアのみ連合させるという方針をアルジェリア問題解決への一方策として示し続けたのである。

二点目は、ユーラフリック構想に関してである。自由貿易圏創設交渉は、ユーラフリック構想に直接関わるものではなかった。そのため、官僚、閣僚、首脳間の議論において「ユーラフリック」という言葉が発せられることはほとんどなかった。その点で、従来、「ユーラフリック」について言及がなかったこともっともである。しかし、「ユーラフリック」という言葉を明示的に使用しなかったにせよ、フランスの官僚、閣僚間で議論されたことは、事実上、海外領土の欧州地域機構への参加という意味での「ユーラフリック」の問題を含んでいたといえる。先述のように、共同市場への海外領土の連合がもたらす経済的利益を基本軸として自由貿易圏への連合の損得が計算された点で、この問題は、ユーラフリック秩序を維持するか、変更するか、放棄するかの問題であったともいえる。

三点目は、これまで多くの論争を呼んできた五八年一一月の自由貿易圏創設交渉中断のフランス側の動機についてである。ここでは、冷戦戦略、外交の観点から検討し、フランスのヨーロッパにおける孤立、つまり、ＯＥＥＣだけでなくＥＥＣにおける孤立が、自らの対ヨーロッパ外交に対する失敗に気付かせ、共同市場の最終的選択へと向かわせたという解釈を打ち出す。

これらの結論は、必ずしも冷戦、ヨーロッパ統合、脱植民地化という三者の交錯を一度に視野におさめるものではないかもしれない。しかし、ヨーロッパ統合を軸にして、それら二つの関連には少なくとも言及しようと試みるものである。その結果、海外領土の位置付けをめぐる問題の理解が、欧州自由貿易圏創設交渉の理解においても不可欠であることが示される。

以上の結論に導く構成は以下のようになる。第二節では、一九五六年夏から欧州自由貿易圏構想がＯＥＥＣ加盟国間での交渉の土台に乗せられ、それとともにフランス政府内でＰＴＯＭの連合が議論されていく過程を扱う。モレ政権自体、海外領土の将来の行方に高い関心をもっており、モレは英仏連合案をスエズ危機の最中に提案する。この英仏連合案は、両国の統合の程度がＯＥＥＣという政府間協力の程度を大幅に上回る大規模な構想であったことから、成功した場合にせよ、失敗した場合にせよ、英仏を中心とするＯＥＥＣでの交渉の行方に影響を与える可能性があった。そのため、英仏連合案の自由貿易圏交渉への影響についても考察する。

第三節では、マクミラン（Harold Macmillan）英首相の就任によるプランＧ（第二節で後述）の加速とローマ条約の調印という環境変化の中で、フランスのＰＴＯＭの位置付けに対する立場がどのように変化していくかを検討する。第四節では、モレ政権下で、海外領土の自由貿易圏への連合についての基本的立場が形成される時期を考察する。

そして第五節では、ガイヤール政権が発足した後、アルジェリア戦争が五八年二月に勃発したサキエト事件により、チュニジア、モロッコへと拡大し、また西側諸国においては、英米の干渉を招き国際化を招く中で、イギリスの自由貿易圏構想に対する対抗提案を提示する過程が焦点となる。これは、ＥＥＣ委員会委員長ハルシュタインの干渉や、ＯＥＥＣでのイタリア代表の仲介案カルリ・プランを呼ぶことになる。そして第六節では、第四共和制末最後の首相となったドゴールが登場し、ドゴール率いるフランス政府が自由貿易圏構想を放棄するまでを考察する。その際、従来、論争の的になってきた交渉断絶の動機を検討するとともに、海外領土国問題の交渉が前進しないにもかかわらず、交渉の議題の一つとして存在し続けたことを指摘する。ドゴール政権のアルジェリア政策との関連でこの問題を検討したい。

第二節　プランＧの開始と英仏連合交渉

農業分野を除き、工業製品に限定した自由貿易圏創設を図ったプランＧ（Plan G）は、一九五六年七月一七、一

八、一九日に開かれたOEEC理事会でOEEC事務総長セルジャンにより、発表された。イギリス政府はプランを複数検討していたのであり、その七番目のプランだったことから、プランGと名付けられたのである。このプランGは、農産物輸出国との関係、政府間主義を理由としたイギリス国内での自由貿易圏構想に対する懸念とともにスタートした。[9] そもそも、六カ国が共同市場の設立に成功した場合、どのようにしてそれとの関係を構築するかという困難な課題に直面することになった。カイザー（Wolfram Kaiser）の指摘を用いるならば、この時点でのイギリス政府にとっての課題は、以下のように要約できよう。一九五六年に経済省庁が追求していたのは、六カ国の関税同盟から排除される危険をそらすとともに、六カ国が共同市場の設立に失敗した場合には、関税同盟の代わりとなり、彼らが成功した場合には、貿易上の覆いとなるのに適したような首尾一貫した計画であった。[10] 小川浩之の言葉を借りれば、巨大市場の誕生による「イギリス経済への積極的効果（規模の経済、競争の刺激など）」だけでなく、農業をそこから除外し、「国内農業とコモンウェルス諸国の利益を守ることを狙ったものでもあった」のである。[11]

それでは、なぜこれほどイギリスはコモンウェルスを重視していたのか。それは、通商的利益と戦略的利益から説明される。そもそもチャーチルの「三つのサークル」に当初、最重要の地位を与えられたのが、コモンウェルスであった。また、通商的関係においては当時、イギリスとコモンウェルス諸国間にはハブ・アンド・スポークのような構造が存在していて、一九三二年に帝国特恵を定めたオタワ協定以来、伝統的な通商関係が存在していた。そして、一九五六年には、英国からの輸入に対する特恵マージンの引き下げを図る交渉を開始し、さらに翌年には、それに引き続き、ニュージーランドとの特恵マージンなどの交渉に至る。その結果、オタワ協定の再交渉は妥結した。つまり、イギリス政府はコモンウェルス特恵制度の存続を重視し、そのためにかなりの程度の譲歩を行っていたのであった。[12] このようなイギリスのコモンウェルス重視の姿勢とフランスのユーラフリック構想とが、多様な主体と利害を巻き込むことから、必ずしも一致せず、複雑に交錯していくのである。

さて、ＯＥＥＣ理事会の数日後、外相クリスチャン・ピノーは、自由貿易圏構想の打ち上げという新しい事態に対し、在外公館に向けて注意を促している。ピノーは、共同市場を自由貿易圏という形式でＯＥＥＣ加盟国へと拡大するというセルジャンの構想を、イギリス政府により刺激されたものであることを認識しつつ、明確な立場をとることができなかった。ピノーによれば、「このイギリスの提案が、新時代の幕開けをあらわしているのかどうか、六カ国間の議論を促進するのか、反対に複雑にするのかは不明」であったのである。それにもかかわらず、一方では、その政治的利益を考慮すれば自由貿易圏構想を退けるのは不可能であることを認めていたのである(13)。

この時期、英国政府により公式のプランＧ採択は行われていなかったものの、七月一八日、イギリスの提案を採択し、ＯＥＥＣで、共同市場参加六カ国とＯＥＥＣ加盟そのほか一一カ国との連合案の検討を行うための作業部会が設置されることになっていた。第一七作業部会の第一回会合は、九月下旬となったが、七月下旬には連合案の検討がフランスの外務省経済財政問題局経済協力課で開始される。そこでは、連合の形態をまず検討し、第一に、ＯＥＥＣ加盟国のうちＥＣＳＣ非加盟国のスパーク報告および交渉中の条約への加盟、第二に、六カ国と残りの一一カ国間での関税、数量制限上の妥協を定める協定の締結、第三に、六カ国による全一七カ国間での自由貿易圏への参加という三形態が理論上可能とされた。しかし、第一の選択肢は、イギリスなど関係国によりすでにとられた立場からすると、全会一致での支持はあり得ず、非現実的であった。例えば、イギリスは五五年一一月にメッシーナプロセスへのオブザーヴァーを撤退させていたからである。第二の選択肢も、非現実的であった。というのは、ＯＥＥＣ自体の消滅につながると考えられたからである。そして、第三の共同市場のＯＥＥＣ自由貿易圏への連合が比較的現実的な選択肢とされる。

このような共同市場のＯＥＥＣ大での自由貿易圏の連合に対し、外務省経済財政問題局経済協力課の立場は否定的であった。特に検討すべき問題として、セーフガード条項と機構の問題を挙げたが、そのどちらにおいても、否定的効果が予測されたからである。さらにフランスが求めるセーフガード条項を、フランス以外の参加国が遵守する可能性が低かったからである。ヨーロッパ経済の分裂を回避するという利点はありながらも、共同市場がもたらし得る利益と保証が消滅するというリスクを指摘していたのである(14)。

このように自由貿易圏創設交渉が始動する中、モレはスエズ危機におけるイギリスとの合同軍事作戦を協議するため、イーデンから招待を受け、ロンドンへと向かう(15)。そして、九月一〇日ロンドン訪問の際、モレは、突如、フランスを対独戦線にひきこむためチャーチルによって一九四〇年に提案された英仏連合同様の提案を行う。

管見の限りでは、フランス側では、現在、モレによる英仏連合提案の動機を示唆する文書は利用できない模様である(16)。そのため、モレの英仏連合提案の動機、英仏連合案がモレのヨーロッパ統合外交において占めた位置付けを確定するのは困難である。また、イギリス側の史料を閲覧しても、提案の動機については、浮かび上がってこない。しかし、モレが、同様の構想を提案するのは初めてではなかった。また、当時のモレ政権の対ヨーロッパ統合政策については、利用可能な史料からその骨格を浮かび上がらせることはできよう。そのため、ここでは、そのような副次的情報により文脈を補完し、その位置付けと、その後の自由貿易圏構想に与えた影響を考えてみたい。

九月一〇日ロンドンを訪れたモレ首相は、イーデンに対し、かつて一九四〇年六月にチャーチル第一次政権によってなされた英仏連合案（Anglo-French Union）の再検討を求めたのである(17)。この件に関しては、同席した外相ピノーさえも知らされておらず、彼は驚いたという(18)。

英仏連合をなぜモレが提案したのかは明らかではない。ただし、モレが一九四九年一一月二五日に国民議会で同様の演説をしている(19)ことから、モレにとっての外交政策上の一つの選択肢であったといえるのかもしれない。また、モレの個人的な感情が影響していると思われる。モレはリセ（高校）で英語教師を務め、英語の学習テキストを出版し(20)、ネイティブ並みと称される語学力をもつ英語通であり、かつ親英派としても通っていた。

英仏連合案は、先述のように同席したピノーにも知らせない突発的な類のものであったと考えられるが、それにもかかわらず、モレに真剣に追求されていた。ピノーによれば、「モレは、この英仏協商（引用者注：英仏連合）に彼の全外交の軸を置く準備ができていた」という。しかしながら同時に、モレにとって、小欧州六カ国の信奉者としての立場を妨害しないものでもあった[21]。約一週間前の九月四日には、モレは確かに共同市場案推進の立場を示していた。首相官邸における閣議において、ヨーロッパ統合に従来敵対的なゴーリストのみならず、社会党閣僚にも反対があり[22]、欧州共同市場案に対する合意が見られない中、欧州共同市場案は、「飲み込まなければならない錠剤ではなくて、それ自体、妥当な解決策なのです」と述べ、合意へ向け反対派の立場の軟化を促していたのである[23]。

一方のイーデンはこの構想に対し、決して無関心であったわけではない。この構想は、プランGをめぐる九月一四日の閣議で初めて多くの閣僚に示され、九月一八日の閣議で議論されることになった。イーデンは英仏連合構想を提示し、英仏二国間の軍事、財政、経済面での緊密な協力に加えて、ベルギー、オランダ、スカンディナヴィアといったヨーロッパ諸国のコモンウェルス加盟も緊急に官僚たちに検討させるべきと提案したという[24]。その後、外務省、財務省に対し、意見を求め、同案を検討することになった。

この構想は、結局、イギリス政府に拒否されることになった。イーデンのパリ訪問直前の閣議では、より広範な西ヨーロッパ諸国との協力関係という枠組みで検討すべきであると結論付けられたのである[25]。つまり、英仏連合よりプランGが優先されたのである。

九月二七日、イーデンはロイドと共にパリを訪問し、首相官邸でモレ、ピノーとの間に会合がもたれた。そこで、モレは、英仏連合に対するイギリス側の否定的態度を知らされる。イーデンは、二国間の関係構築は、ＯＥＥＣとコモンウェルスのような多国間の関係構築を阻害するとし、代わりに両国間での政策協調の拡大と王室訪問を提案しようとした[26]。しかし、モレは、英仏協調はより緊密になる必要がある、個人的にはフランスはコモンウェルスに加入したいと固持した[27]。

ロンドンに戻ったイーデンは、フランスのコモンウェルス加入というモレによる第二提案への対応を検討すべく、内閣官房などで議論を始めた。イーデンは英仏連合案を個人的に歓迎し、この考えは、フランスに限定されるべきではなく、オランダ、ベルギー、ノルウェーにまでコモンウェルス加盟は拡大されるべきと述べた[28]。しかし、経済的観点からは、ヨーロッパの弱い経済システムの一つであるフランスとリンクされるのは、国益に反するという反対が支配的であった[29]。そして、閣僚レベルなどで議論が進むに従い、イギリスとヨーロッパ諸国の政治的連携のあり方は、もともとプランB、つまり代替案の一つとして進められていたOEECと欧州審議会の統合へと議論がシフトしていき、フランスのコモンウェルス加盟案は消滅した[30]。そして英仏間での帰結は、制度的な連携の強化ではなく、翌五七年四月の女王エリザベス二世（Elizabeth II）のパリ訪問であった。

このように自由貿易圏構想の議論から派生し、消滅した英仏連合案であるが、自由貿易圏創設交渉にいかなる短期的影響を与えたのであろうか。まず、フランス側にとっての影響であるが、フランスの当事者として特定できるのがモレに限られるため、モレの自由貿易圏創設交渉に対する態度にどのような変化をもたらしたのかを検討すべきであろう。

モレは英仏連合提案に際し、イギリスの自由貿易圏構想、プランGの詳細について知らなかった可能性が高い。OEECの枠内での欧州自由貿易圏構想の制度面を議論する初の作業部会は、九月二四日であった。そして、ミルワードによれば、フランスのコモンウェルス加盟が提案された英首脳によるパリ訪問の段階で、イギリス政府のプランGの詳細は、公的には秘密にされたままであったのである[31]。

考えられるのは、モレが共同市場案をより強く望むようになったことである。先述のピノーの証言によれば、外交政策の基軸を英仏連合案に据えようとしていたモレであったが、この提案が頓挫することで、ドイツに対して共同市場案に合意するよう強く訴えかけるようになった。モレは、一〇月三一日には、アデナウアーに対し書簡を送付し、「二国間の主要な問題に対する公平な解決を保障するザール協定調印から数日後にあたる、あなたの一一月六日の訪問は、極度に重要です。われわれの人民、世界世論に欧州建設を共同して推進していく共通の意志を示す機会となるべきです」[32]と述べたのである。これは、次の意志を示している。つまり、スエズ危機・戦争に際して仏英イスラエルの共同軍事侵攻作戦にアメリカが反対する中で行われた首脳会談でモレとアデナウアーは、ヨーロッパ統合に向けた独仏合意に至るが、それより前の段階でモレは統合推進の意志をもっていたことを示しているのである[33]。

さて、このように英仏連合案の頓挫がモレ首相のローマ条約調印への意志を高める一方で、西側同盟間に亀裂をもたらすスエズ危機のクライマックスを迎える。第二章ですでに論じた通り、アイゼンハワー大統領は、スエズ運河地帯からの即時撤退をイーデン首相に求め、その後、イギリスによる一方的撤退の旨が伝えられたのである。これは、共同市場案とユーラトム交渉を前進させることとなった。

スエズ危機の帰結自体は英仏関係の悪化を招いたが[34]、一方では自由貿易圏に関しては顕著な変化が見られたわけではない。翌年初頭の提出に向け、共同市場とOEECの連合する自由貿易圏創設案作成がOEECの作業部会において断続的に行われ、作業報告書の作成が準備される中、一一月には、外務省経済財政問題局経済協力課では依然、検討が続く。

イギリス政府は、一一月末には自由貿易圏創設を促進する国際的な行動へと動いていた。一一月一三日には部分的な自由貿易圏創設を閣議決定し、一一月二六日には、イギリスは下院でプランGの交渉に入ることが承認されるなど国内で同意を確保することができたからである[35]。首相マクミランは早速、交渉進展を図るべく六カ国の閣僚に働きかける。イギリスの要求は以下の通りであった。まず、自国の条件として、食料、飲料、タバコなどを自由貿易圏創設交渉から除外すべきこと、懸案となる関税と数量制限などに関しては、ＯＥＥＣ加盟国に適用できない、あるいは受け容れられない措置を決定すべきでないということ、また「自由貿易圏においても非常に重要な問題となる」海外領土の連合の問題については、非常に複雑な問題であることから、六カ国での交渉が進展する前に、問題を検討したいということ、その方法として、六カ国およびイギリスの官僚によって議論した後、ＯＥＥＣ全加盟国に翌年一月前までに報告するというものであった。(36)

イギリスからの書簡はラマディエ経済財政相他五カ国閣僚に送られた。ブリュッセルの代表団会合では、共同市場へのＴＯＭの連合に対する準備的検討を行う専門家委員会の設置などの合意が得られたが(37)、共同市場加盟国の域外関税、海外領土市場の連合などいくつかの困難が残された。ラマディエは、好意的な返答をしている。(38)ラマディエによれば、海外領土の専門家委員会が代表団会合に提出する予定の報告書により、イギリスおよび六カ国の代表が議論できるであろうということであった。また、ラマディエは、小欧州六カ国とＯＥＥＣそのほか一一の加盟国代表が緊密な連携をとることを「本質的」と述べたのである。(39)

一方で、外務省経済財政問題局経済協力課は、マクミランからのラマディエへの要請を受け、ＴＯＭの連合のあり方を検討した。もしイギリスが自国の海外領土を除外するならば、六カ国に付随する特恵をイギリスに与えることはできないとし、その場合は、英仏の海外領土を同様に扱うべきと主張した。つまり、このケースにおいては、欧州自由貿易圏において海外領土が除外されることになった。ただし、その他の選択肢も考えられるため、この問題が、検討され、解明されるのが重要とした。(40)

第三節　ＯＥＥＣ閣僚理事会と共同市場、欧州自由貿易圏連合交渉

海外領土問題の検討がフランス国内の閣僚、官僚レベルで始まる一方、スエズ戦争での挫折後、この外交的失敗と健康上の理由から辞任したイーデンに代わって、(41)プランGのイニシアティヴをとるマクミランが一九五七年一月一〇日首相に就任した。

自由貿易圏構想を中心とするヨーロッパ政策に関しては、イーデン政権下でマクミランやピーター・ソーニークロフト（Peter Thorneycroft）商務長官が形成してきたものであり、新政権においても前政権のごとく継続性が見られたが、(42)ヨーロッパ統合の点でフランスには、好意的に受け止められた。駐英大使のジャン・ショーヴェルは、メディアがイーデンの後継首相として報じていたリチャード・バトラー（Richard Austen Bulter）と比べて、マクミランの首相指名にはバトラーほどの政治的意味はないだろうとしながらも、ヨーロッパ統合に関しては、「われわれを安心させる性質のもの」と評価した。(43)また、駐米大使エルヴェ・アルファン（Hervé Alphand）は、「イギリスの政治家で最もヨーロッパ統合に好意的な人物」と政権の発足を歓迎している。(44)

このような期待のもとで、スエズ危機のクライマックス以降、米英と大陸諸国間で深まる亀裂の中、共同市場に関する交渉は進んでいく。しかし前述のように、一二月末には、モレの政敵であり、モレ政権下での無任所大臣を辞任していたマンデス＝フランスのアドヴァイザー、ジョルジュ・ボリスによる「ユーラフリック」批判、マンデス＝フランスによる自由貿易圏支持の演説など、マンデス派には共同市場に対するサボタージュが見られていた。(45)そのような状況で、自由貿易圏に対し共同市場案を優先する立場が形成される。五七年一月、フランス政府は、国民議会で共同市場案に関する承認を得ようと試みる。そして、国民議会において、共同市場案で得られる保障を確保すること、自由貿易圏条約調印は共同市場案の締結後になされることを条件に、可能な限り迅速な自由貿易圏構想を実現することが原則合意されたのであった。

この時期、外務省にとって自由貿易圏構想は、表面的には交渉に柔軟な姿勢を装いつつも、共同市場を守るために、自由貿易圏創設を遅らせようとする「遅延戦略」としてくられるものではなかった[46]。外務省経済財政問題局の経済協力課は、海外領土市場の自由貿易圏への連合が、共同市場への連合よりも困難であると考えていた。フランスの消極的態度の背景には、次の三つの理由があった。第一に、すでに自国の海外領土に負担を感じているイギリスから共同での開発援助を引き出すのは困難であろうと考えられる経済的観点からの計算があった。第二に、加入が難しいであろうイギリスの海外領土を除き、フランスの海外領土のみが包含されるシナリオの非現実性であった。そして第三に、考え難いイギリスの海外領土の連合がフランスの海外領土にもたらす競争はセンシティブな問題となるであろうし、フランスの海外領土の経済発展に妥協を要求するであろうという経済的観点からの潜在的損失が考慮されたのである。しかし、それにもかかわらず、「もし共同市場、自由貿易圏の両方が成功するとしたら、遅かれ早かれ海外領土の連合の検討が望まれる。というのも、海外領土の除外は、次第に異常なものになっていく」と経済協力課は述べ、その政治的オプションとしての実現可能性から、連合案の検討を行っていたのである。積極的な意図による巧みな妨害策というよりも、受動的でありながら、慎重に検討を進めようとする姿勢であったといえる。

しかし、この文書作成の二日後に出された外務省による自由貿易圏構想は、共同市場を成立させ、フランスが交渉で勝ち取った保障を確保するということが暗黙の条件であった[47]。また、フランスの公文書においてたびたび表現されたように、フランス流の自由貿易圏構想は、ＯＥＥＣへの共同市場の拡大であった。一月二二日の国民議会での承認に沿った形で、第一にフランスの産業に対し、ローマ条約と同等の「保障」を維持すること、第二に、交渉ペースの問題が重要であった。それに加え、プランＧにおいて排除された農業問題は、共同市場交渉において合意が得られる直前であり、農業問題を明示的に排除せず交渉を残すことを提案した。また、海外領土に関しては、その二日前の提案とまったく同様であった。

マクミランの要求から約一カ月遅れたが、ＯＥＥＣ閣僚理事会が行われることになった。この閣僚理事会の準備のため、二月八日には、ブリュッセルで、欧州共同市場委員会の委員長でベルギー人のジャン・シャルル・スノワ男爵（Jean Charles Snoy et d'Oppuers）を議長にして、六カ国で共同宣言のための立場の調整が図られた。自由貿易圏推進者の急先鋒であったエアハルトはためらいながらも同意した[48]。この共同宣言では、ＯＥＥＣ加盟国内で生産されるすべての商品を含めることが主張された。これは、具体的には、農業問題を交渉の議題とする形で現れた[49]。

イギリスの提案に対する官僚の議論においては、農業問題の挿入を要求するなど、イギリス側に対して妥協の余地を見せないまま、五七年二月一二、一三日には、大蔵大臣ソーニークロフト（Peter Thorneycroft）を議長としたＯＥＥＣ閣僚理事会が開かれた。検討中の原子力協力は脇に置かれ、ここでの議論は自由貿易圏構想に集中した。サー・エクルス商務長官（Sir David Eccles）は、本国およびコモンウェルスの農業市場を保護するため、農業問題の除外を主張した。コモンウェルスからの特恵貿易は農産品が主であったため、自由貿易圏創設がコモンウェルスの解体をもたらす危険性があったのである。これに対し、イタリアのアドーネ・ゾーリ（Adone Zoli）予算相、フランス経済財政相ラマディエが六カ国の共同宣言通り、農業問題挿入を主張しただけでなく、農業輸出国のデンマークも農業問題の挿入を主張し、スウェーデン、ノルウェーがそれに追随した。特にラマディエは、農業問題において、社会保障の低い国が高い国に比べて、その生産条件での利点を利用してより安価な製品を市場に送り出すという社会的ダンピングがあってはならないとして、特別なレジームでの農業問題挿入を主張した。一方、ギリシャは、ＯＥＥＣを創設する一九四八年の協定に従って、アイルランド同様、開発援助を要求した。

特に農業問題をめぐって立場がイギリスとそれ以外の国の間で分裂したため議論は難航したが、スパークが議長ソーニークロフトに進行を委ねるという戦術をとったのに応じ、ソーニークロフトは、農業問題についても検討を続けるという妥協を図った。

最終的には、交渉は大きく前進した。閣僚理事会は、今後、共同市場と自由貿易圏の連合の大枠について交渉を開始すること、農業問題に関して、無差別的にOEEC全加盟国への適用を図ること、農業・食糧問題をその一つに含んだ三つの作業部会の設置を行うことを決定した(50)。

このようにOEECで初期に懸案となった農業問題の検討を前進させることで、残す最大の問題が海外領土の連合のみとなるほど、ローマ条約の交渉が進む中、自由貿易圏創設交渉は継続することができたのである。この会合では、農業問題、アメリカ、カナダなどの第三国との関係が中心に議論され、海外領土国の連合については、特に議論がなされなかった。

しかし、その一週間後、二月二〇日のパリ首脳会談で、ようやく海外領土の欧州共同市場への連合が合意されると、イギリスの官僚の間で、懸念の中心は海外領土の自由貿易圏への連合となった。パリ首脳会談の以前から、イギリスの官僚らは六カ国の注意をひいてきたのである(51)。そして、ロイド外相が提唱したグランド・デザインが生んだ疑念を鎮める目的もあって(52)、三月九日にパリの首相官邸で行われた英仏首脳会談では自由貿易圏が議題とされることになった。在欧英軍の撤退をめぐるマクミランとモレの意見の相違(53)から英仏関係が必ずしも良好でない中で行われた会談において、自由貿易圏に関しても具体的な合意が得られなかった。イギリスにとってフランス側と立場が食い違ったのは、農業問題、セーフガードの規定、海外領土の特恵が生む通商上の不利益の三点であった。最初の農業問題は、従来通り、コモンウェルスを保護するという目的であり、フランスの立場と明らかに異なっていた。二つ目は、セーフガードが自由貿易の原則に反するという経済理念上の対立でもあった。そして、最後の海外領土の連合に関しては、共同市場に連合される以上、自由貿易圏にも連合されるのが妥当とマクミランは述べたが、イギリスの海外領土に対し、フランスからヨーロッパ六カ国への特恵の拡大により不利益がもたらされてはならないとし、六カ国の特恵に対し否定的な見方を示した。一方、外相ピノーは、海外領土に対しては、設備の刷新、通商の流れを促進するために一時的措置が必要であるとして、特恵制度を固辞し、イギリスに譲らなかった。この結果、二カ国間で海外領土の連合に関し、立場の相違を埋める努力がなされることで合意した[54]。

五七年三月二五日にはローマ条約が調印された。条約調印直後まで、モレ政権下では、自由貿易圏創設交渉は、十分に検討されていなかった。そのため、四月初めには、ローマ条約の批准を脅かす可能性や、イギリス主導で交渉が進むことなど、様々な「危険」をもつ自由貿易圏交渉を遅延して、十分な検討の時間をとることが外務担当国務大臣のモーリス・フォールにより提案されている[55]。外相ピノーは自由貿易圏に対し好意的でありながらも、ローマ条約における保障が、フランス経済にとって必要であるとの立場であった。そのため、自由貿易圏がこのような保障を含まない場合は、議会での批准は不可能になると予想されたため、自由貿易圏がフランスにとって受容可能になる条件を提示した。ピノーは、「フランス政府は、六カ国による欧州建設を自由貿易圏により補完する必要を確信し、OEECで開始された交渉がポジティブな結果へと達することを望んでいます」としながら、関税削減、関税同盟第一段階から第二段階への移行、セーフガード条項についての保障、共同市場同様の特別な条件での農業問題挿入を求めたのである[56]。

海外領土、海外県、アルジェリアの位置付けに関しても、自由貿易圏への態度同様、フランス政府の立場は定まっていなかった。海外領土を管轄する海外フランス相ドゥフェールがユーラフリック共同市場を強力に推進する一方で[57]、海外領土が自由貿易圏連合に連合されないことを要求していたことがその一因といえる[58]。

第四節　ローマ条約の調印と海外領土連合交渉の開始

さて、自由貿易圏をめぐっては、英仏二国間でも直接的に検討されることになる。一九五七年三月九日のマクミランのパリ訪問後、官僚レベルで英仏合同委員会が設置される。しかし、四月一六日の会合は、英仏間の対立を解消するものではなかった。従来通り、フランス側は、ブリュッセルの共同市場交渉において得られたものと同様の保障が約束されること、農業問題の挿入を条件にした自由貿易圏設立を主張し、七月までは自由貿易圏創設交渉に進展を望まないという「遅延戦略」に変化していた。遅延戦略は、共同市場設置への動きが安定するまでは、自由貿易圏創設交渉を遅らせるというものであった。というのは、フランス側の閣僚は自由貿易圏構想を共同市場反対派が利用することで、ローマ条約批准が遅れる可能性があることを恐れたからである。このフランスの頑なな態度は、イギリス政府の自由貿易圏構想に対する立場を、ローマ条約の存在を「既成事実」としたものへと変化させていくことになる(59)。

一方、フランス政府内では、省庁間の作業部会で海外領土の連合を議論し、政府としての立場を専門的に検討する。四月二六日には、省庁間の海外領土作業部会が開かれ、海外領土の自由貿易圏への連合の包括的検討が行われ、海外領土の適用除外という結論が出された。経済的観点からは、海外領土から本国への輸入が減少する、さらにはローマ条約で保護を図った海外領土市場の開放が加速化され、共同市場の連合がもたらすメリットがなくなるなど、デメリットのほうが多く指摘された。また、政治的観点からは、イギリスとポルトガルに対して受容可能かが議論された。仮にイギリスなどが農業製品を除外した場合、フランスなど六カ国の海外領土のみが例外的なそのほかの国への市場へのアクセスを確保できるため、不公平になるというものであった。それに加えて、共通域外関税を設けない自由貿易圏の創設によって、競争が激化するのに対し、海外領土に対する保障が期待されないことから、海外領土の自由貿易圏への連合は行わないほうが望ましいとの結論に至ったのである(60)。

一方、アルジェリアの連合に関しては、作業部会において、海外領土とは異なり、政治的な観点から連合を行うほうがよいとの結論が出された。アルジェリアとフランス本土との間の「特別な性質の絆」を考慮すれば、アルジエリアが自由貿易圏内部で本土から切り離されることで、二つの領土間の関係の弛緩を引き起こすであろうと危惧されたのである。[61]アルジェリア戦争解決の糸口が見えず、またアルジェリアの独立武装勢力を支援していると見られたナセルに対するスエズ軍事作戦が失敗に終わる中、フランスにとって、アルジェリアとのつながりをいかに維持するかということが最重要だったのである。

モーリス・フォール外務担当国務大臣[62]は、在仏イギリス大使館のイニシアティヴにより五月六日訪英し、ソーニークロフト蔵相および商務相、大蔵・外務官僚らと会談した。関税削減のリズムの問題、農業問題、輸出補助金・輸入税といったフランス独自の条項のほか、TOMの連合に関する意見交換を行い、イギリスは、コモンウェルス、諸植民地と協議した後、両国の海外領土を含めるべきではないという提案を行った。ただし、イギリスは柔軟な姿勢を見せ、初期の条件は、実験の結果次第で変更し得るものであるとされた。さらにイギリス側は踏み込んで、六カ国の海外領土の共同市場への連合により蒙るダメージが懸案として残っていると述べた。一方、フォールは、イギリスの海外領土が貿易の強化によって受ける恩恵のために、イギリスのいうようにダメージがあるかは定かではないとして、退けた。一方、「明らかな政治的理由」により、アルジェリアを自由貿易圏に連合するよう主張した。[63]

海外領土の連合排除に関して、フォールとソーニークロフトで合意が見られ、イギリス側は、共同メモランダムを六カ国と海外領土をもつイギリス、ポルトガルとのOEEC向けとすることを提案した。[64]

しかし、海外領土の連合排除に関する英仏間の合意に対し、ローマ条約の調印により活動を開始したばかりの超国家機構、暫定委員会[65]は明確な立場をとらないことを決定した。六カ国のイニシアティヴではなくて、OEECのその他一一カ国からの問題提起を待つべきとしたのである。[66]

海外領土の連合に関し、六カ国共同の立場が形成できない中、五月二一日に、財政赤字削減を目的とした消費増税などに関する法案が国民議会の投票で否決され、モレ首相は大統領に辞表を提出、第四共和制期最長政権は崩壊した[67]。六月一二日に後任として就任したブルジェス＝モヌーリ首相は、就任後一週間と経たないうちに、対外財政上の非常な困難を理由に、自由貿易圏交渉の一時中断を発表した。そして、ＯＥＥＣの自由化規範（Code de libération）三条Ｃに基づいて、ちょうどローマ条約の発効が予定された五八年一月一日とは別の日時の設定を可能にする最大一八カ月以内の期間に再び、段階的に実施されるとした貿易自由化（数量制限の撤廃）に戻ることを決定したのである。この決定は、ローマ条約を構成する六カ国に対し、向けられたものであった[68]。

このような決定がなされた原因は、フランスが多くの金銭と人員を割いてきたアルジェリア戦争の泥沼化にあった。フランス政府のとる手段は、過激化していた。ブルジェス＝モヌーリ政権の国防大臣となったモリス（André Morice）は、モリス線を六月から導入した。アルジェリアとチュニジアの国境地帯に、電気ワイヤ、地雷、監視塔を設置することなどにより、村落を焼いた後に作った無人地帯を維持するという強権の発動であった[69]。もはや、フランスはアルジェリア戦争のため政治制度が麻痺し、十分な政策決定能力をもち合わせていなかった[70]。

しかし、七月上旬には、ドイツの連邦議会、フランスの国民議会で批准が決定し、ローマ条約の批准に弾みがついていた。ブリュッセルの共同市場グループにおいて、共同市場の機能を保障するような形での自由貿易圏の立場をめぐる調整が続いた。七月一八日には、六カ国の代表からなる暫定委員会において、新たな自由貿易概念が検討される。域外関税がなく、第三国に対する関税に関して自律性をもつＧＡＴＴ二四条から派生する伝統的な自由貿易圏概念とは異なる、四つの概念が提示される。システムＡは、関税、数量制限などの通商上の障害の除去は、資本、サービス、人の移動の自由化、定住権（droit d'établissement）、共通農業政策と緊密な関係をもつもの、国際収支に関わるシステムＢは、経済・通貨政策、景気政策上の協力、共通通商政策の段階的始動は、加盟国が国内の安定を維持しながら、国際収支の安定を図るという目的をもつもの、システムＣは、共同市場において自由競争のルールを必要とするもの、そして、システムＤは、システムＡ、システムＢ、システムＣを、すべて制度に依拠したものとするというものであった[71]。

この自由貿易圏に関する概念整理は、六カ国内での立場の違いを鮮明にした。ドイツやフランス代表は、共同市場に近いシステムを考えていた一方、オランダは、関税の自動的削減と規則による輸入割当量の設定を主張していた。これに対し、フランスは共同市場型の段階的な貿易障壁の緩和を行うことを主張した。自由貿易圏の道筋をめぐっても、六カ国内で議論が対立したのである[72]。

一方、イギリスとの交渉も再開されるが、それは停滞したままであった。七月二五日には、上旬に行われたコモンウェルス首脳会議の議論を経て、英仏合同経済委員会が開かれた。イギリスは、従来通り、農業問題の除外については主張を変えなかった。さらに、海外領土の連合については、すでに原則的に合意している海外領土の除外について、できる限り早く公にすることを要求した。しかし、フランスは、アルジェリアおよび海外県についての立場が政府としてまだ決定されていないとして即答しなかった[73]。イギリスの立場も従来の主張を繰り返し、妥協の余地を見せない頑なな態度であったが、フランス側もイギリスの立場に歩み寄るほど柔軟ではなかったのである。

このような状況で、イギリスの主計長官レギナルド・モードリング（Reginald Maudling）による自由貿易圏創設交渉の指揮開始は、英仏関係の緊張緩和に貢献するものとなった[74]。モードリングは、八月八日、首相マクミランから同交渉に関するイギリス政府内のフルタイムの調整役となる主計長官に任命されたが、駐英フランス大使ショーヴェルはモードリングの経歴、能力、権威を評価し好意的であった[75]。一週間後、モードリングは在英フランス大使館の財政問題担当官であったポール・ルロワ＝ボリュー（Paul Leroy-Beaulieu）に私的な会談でフランス側の立場に対する意見を求める。ルロワ＝ボリューは、イギリスの利益のみを考慮するイギリス案が受け入れ難いことを表明し、議会の同意が得られるかがフランス側にとって重要であると述べた。ここで、モードリングは、妥協案を模索することを宣言する。モードリングは自由貿易圏創設の交渉打開に対し、妥協の姿勢を見せたのである[76]。

一〇月一六、一七日には、七月から延期されていたOEEC閣僚理事会がようやく開かれる。この会合の準備をするため六カ国は、共同の立場を模索し、ブリュッセルで交渉を行う。スパーク報告の作成に関わったテクノクラートのピエール・ユリは、個人的には海外領土の連合に関して反対して、九月下旬にはその旨を表明していたが[77]、六カ国共同の文書においては、共同体としての立場を明確にせず、OEECその他一一カ国の立場を求めるにとどまった[78]。ユリを含めた暫定委員会としては、自由貿易圏への海外領土の連合を争点化することで、特恵制度に対する域外国の不満により国連、GATTといったヨーロッパ共同体の枠外においてまで懸案となっていた海外領土の[79]共同市場の連合問題に飛び火することを回避したかったからだと思われる。またオランダは、海外領土市場の自由貿易圏市場への連合に賛成する立場を示しており、六カ国共通の立場を提示できる段階にはなかった[80]。

閣僚会合前日に行われたモーリス・フォールとモードリングの会合は、体制の危機により自由貿易圏創設交渉を中断したフランス政府が自由貿易圏の原則に改めて同意することでモードリングの希望に沿ったものの、懸案である農業分野を工業分野とは別の扱いにするというモードリングの主張には、フォールが譲らないままであった[81]。結局、この会合においては、妥協に向けた土台や根本的な問題に関する合意は得られなかった[82]。フランスがローマ条約調印以来主張する、ローマ条約始動後になって初めて自由貿易圏を創設するという「時間的ずれ（décalage）」の原則、労働者、資本、サービスの移動の自由化、国際収支の悪化に対する保護措置などにおいて対立し、はかばかしい合意には至らなかったのである。とはいえ、次の二点で進展が見られた。一つ目は、農業問題に関して、加盟国間でさらなる協力を進めるという文言を合意文書に盛り込んだことであり、二つ目は、モードリングを委員長とする閣僚レベルのOEEC加盟国間の政府間委員会が翌日から行われるという決定がなされたことである。

一方、この会合においては、OEECが冷戦においてもつ国際政治上の意味についても議論された。閣僚理事会決議文書には「自由諸国」という文言が挿入されていたが、中立国であり「自由諸国」に属さないスウェーデン代表は、この箇所を「OEEC加盟国」と修正するよう要求したのである。これは、中立国であったスイス、オーストリア両国の支持を受けた。ベルギー代表は反対しないものの、この箇所の維持をベターと述べ、ドイツ代表は、「OEEC内の自由諸国」と変更したらどうかと要求した。結局、スウェーデンによる修正案を受け、冷戦体制下で西側陣営を含意する「自由諸国」という言葉は変更された[83]。そもそも冷戦下で、ドイツや小欧州が自由貿易圏と共同市場とを連合させることに付与する一つの大きな政治的意味は冷戦下でのヨーロッパの分断を阻止することであったが、このヨーロッパが指すところは、西側陣営のヨーロッパであった。その意味で、中立国を含み、「自由諸国」からなるヨーロッパの結束をプロパガンダとして推進できないOEECは、今や西側諸国にとってその冷戦戦略上の意味を大きく失ったかのように思えた。

一八日、モードリング委員会は発足し、一七カ国間での自由貿易圏合意文書作成に向けた妥協の模索が始められた。第一回会合では、海外領土の連合の問題を提起したのみで進展がみられなかったが、モードリングは農業問題を除外すべきか、挿入すべきかを再度議論するべく促した。膠着した自由貿易圏創設交渉が動き出すかに見えた。

第五節　欧州経済協力連合（UECE）提案

ブルジェス＝モヌーリ政権が崩壊すると、同政権で経済財政相を務めていたガイヤールが一九五七年一一月六日に首相に就任する。大統領コティは、政治的危機を乗り切る人材として、ギ・モレ、プレヴァン、ロベール・シューマンら歴代首相を後任として検討し失敗した後、ガイヤールを首相候補に選んだ[84]。ガイヤールはアルジェリアの事態の紛糾を認識し、アルジェリアに関しては特別権限の延長と基本法を適用するなど政治的解決を求めていた。一方、ヨーロッパ統合政策に関しては、外相ピノーと、特にローマ条約に尽力し、共同市場推進派と見られた外務担当国務大臣モーリス・フォールが留任し、自由貿易圏に対し個人的に好意的な新首相ガイヤールとバランスがとられた(85)。

五七年末にはイギリス側に妥協の姿勢が見え始める中で(86)、議長ガイヤールは五八年一月九日の閣議の際、自由貿易圏案を受け入れる状態にはないと結論付けた。しかし、それにもかかわらず、政治的オプションとして自由貿易圏が残る以上、政府として限界を確定し、六カ国の支援を得るべきだと述べた。ガイヤールは、時間的ずれ、段階論、農業部門の挿入などの原則を確認した。産業関係を管轄する諸閣僚は、時間が必要か、あるいは、該当部門を除外するような立場をとっており、これら閣僚の留保を確認したものであった(87)。海外領土の連合に関しては、海外フランス相ジェラール・ジャケ（Gérard Jacquet）は、海外領土および海外県の除外に好意的であった。またモーリス・フォールは、海外県の除外に対しては主流の見解として説明していたが、海外領土については、ガイヤールは意見表明をしなかったのである。また、従来あまり議題に上ることがなかった競争条件の平等化、特に英仏間の競争条件の検討が加えられた(88)。

海外領土・国に対するフランス政府の立場は閣議の場で論じられなかったものの、五八年一月の時点でそれは、五七年四月の作業部会での検討に沿ったものであった。海外領土、海外県は除外するものの、アルジェリアは連合に挿入しなければならないという立場を政府はとり続けていた(89)。

このようにガイヤールの自由貿易圏をめぐる路線が基本的にローマ条約調印後のモレ政権の路線を継承する中で、二月に大きな政策転換が行われることになった。この路線を明確にあらわし、さらに新たな提案を盛り込んだものとして、ガイヤールによる、いわゆる対抗提案「欧州経済協力連合（Union Européenne de Coopération Economique）」が二四日に登場したのである。そもそもはピエール・フリムラン（Pierre Pflimlin）財務相のアイデアをもとにして(90)、二月二〇日、議長をガイヤールとする限定閣議（Conseil restreint）において、この対抗提案が作成されていた。

その要点は、まず「欧州経済協力連合」と名前を改称した上で、共通通商政策、特に域外関税、外国市場へのアクセスに関するセクター別の協定、社会政策の調和、生産条件、社会的経済的均衡を加盟国間で確保し、ヨーロッパの団結を確保するための共通農業政策を含む農業問題を挿入しようとしたことであった。また時間的ずれの概念を公的に表した。[91] この構想は、内容としては従来のフランスの立場を集約したものであった。[92] 海外領土の自由貿易圏への連合に関しても、海外領土、海外県は除外、アルジェリアは含むという五七年春以来の立場を踏襲したものであった。しかし、セクターごとの競争条件を考慮したセクター別協定は、新たな要素であった。そのほか、ＯＥＥＣ加盟国がコモンウェルスの特恵システムに参加するという提案までなされた。

ところが、自由貿易論者のエアハルトにとってこのガイヤール構想は受容不可能であり、フランスはこの構想の公表を自制せざるを得なくなった。[93] 消極的な姿勢を示したのはエアハルトだけではなかった。二月末にモーリス・フォールがこの提案について知らせる目的で、六カ国の首都を訪問した際、そのほか五カ国はこの提案を後退であると受け止めたのである。[94]

なぜガイヤール構想が後退であると考えられたのか。それは、セクター別協定が、交渉期間を安易に伸ばし、合意を不可能にする可能性が高いと考えられたからであろう。

その約二週間後の三月一一日にイタリア対外通商相グイード・カルリ（Guido Carli）により提案されたカルリ・プランは、域外関税を調和させたいというフランスの提案に沿うものであった。カルリ・プランは、第一に、各国の域外関税に一定の許容範囲（band; bande）を設け、その範囲内で各国が関税を設定できる、第二に、もしその許容範囲から逸脱した場合は、補償措置として許容範囲を守っている諸国が、違反した国々の製品に課税することができるというものであった。これは、自由貿易圏構想より関税同盟の考え方により近いことから、「擬似関税同盟」を目指すものともいわれた。[95]

このカルリ・プランは、域外関税の調和と域外通商、経済政策における各国の自律性を同時に確保する巧みな案であった。[96] しかし、マクミラン首相が率いるイギリスを筆頭に、五カ国は消極的であった。イギリスやカナダは、最終的に、低関税国が高関税国に合わせる結果を招き、関税の削減を結局は生まないとして否定的であった。その背後には、コモンウェルス特恵制度がこのプランにより切り崩されかねないとする懸念もあった。[97] 共同市場加盟のその他五カ国も、カルリ・プランが全般的に適用されることを嫌ったのである。[98]

カルリ・プラン自体への短期的な反対にもかかわらず、新たな妥協策がブリュッセルから次々と出される。まず、ベルギーのOEEC代表ロジェ・オクラン（Roger Ockrent）を委員長にした特別委員会が三月末にはすでに開始されている。同特別委員会は、フランスの対抗提案を改良し、六カ国間の合意を図り、六カ国の立場としてOEECに提出することを目標とするものであった。PTOMに関しては、海外領土の連合ではなく、ガイヤールの欧州経済協力連合案において、もち込まれたコモンウェルスの連合、コモンウェルスの帝国特恵システムの問題が、この舞台で検討されていく。具体的には、イギリスの既得権益を阻害するコモンウェルスの連合、つまり帝国特恵のOEEC加盟国への拡張が議論され、セクターの特定およびオーストラリア、ニュージーランドなど対象国の特定を行うことで、より実現可能性の高いプランが模索されていく。[99]

一方、五八年一月から初代EEC委員長となったハルシュタインは、三月にはガイヤール提案の原則を認めた上で、六カ国間の妥協を図り、自由貿易圏創設を図るという立場を宣言していた。[100] そして四月末には具体的な貿易自由化に関し妥協案を提出する。それは、交渉が関税同盟第一段階の始動が予定されている五九年一月一日に終了しない場合に発効する暫定協定締結の提案であった。また、共通域外関税より高い関税の一〇％削減をOEEC全加盟国へと拡大するものであった。[101]

PTOM問題は依然、議題として残っていた。五八年三月以降、英仏間での基本的立場は海外領土の排除であったが、ベルギーなどの仲介で問題の検討が続けられる(102)。オクラン委員会においては、帝国特恵が議題に加わったことで交渉は複雑化し、そのために分野を限定することによって共通の立場を模索するという方向で交渉は続けられたのである(103)。

このように、海外領土、海外県、アルジェリア、すでに独立した諸国を含んだＰＴＯＭの連合の議論は、同時期、再燃した。その背景には、チュニジアのサキエト（Sakiet-Sidi-Youssef）村でのフランス軍とチュニジアにおけるアルジェリア独立武装グループとの間の軍事衝突後、進行するアルジェリア戦争の国際化という現実があった。このアルジェリア戦争の激化をめぐって、英米のフランス・チュニジア関係への介入、ガイヤールによる地中海連合構想の提唱、チュニジア初代大統領のハビブ・ブルギバ主導によるマグレブ連合案の提唱と、数カ月間のうちに、めまぐるしく事態が変転した(104)。そして、フランスの偵察機をＦＬＮの軍事組織として設置された国民解放軍（Armée de libération nationale: ALN）が攻撃したことから、その報復としてフランス軍が空爆を行い多くの市民の犠牲者を出したサキエト村事件をめぐって、不当な爆撃であるとして国際的な非難を浴びたガイヤール政権は四月一五日に崩壊する。アルジェリア問題をどのように解決に導くかが体制維持の要であり、その意味で、アルジェリアに対する援助、あるいは開発途上という状況を考慮した上での連合は、その一つの方策として残しておくべきものであった。

また一方で、帝国特恵の問題が新たな議題になったことも、英仏の立場が海外領土の排除という点でほぼ一致していたにもかかわらず、オランダの反対、そのほか仲介する国の存在で、遅々として進まなかったＰＴＯＭの連合交渉に新たな原動力を与えたのである。

アルジェリアにおいて内戦状態に近づく中、第四共和制が正式に発足してから在野にあったドゴールの復帰がついに実現する。

第六節　ドゴールの権力復帰と欧州自由貿易圏構想の挫折

ガイヤール政権の崩壊後、経済財政相フリムランが一九五八年五月首相に就任するが、アルジェリア戦争によってフランスの国内体制は疲弊していた。五八年五月一三日、アルジェリアでの現地軍、コロン（入植者）によるクーデターを受け、ドゴール首相就任の要請が高まる。六月一日には、下院にあたる国民議会で可決され、ドゴールの政権復帰が実現した。さらに二日に国民議会、三日に上院にあたる共和国評議会で承認され、六カ月間、国家再建のために必要な政令（décrets）、立法措置をドゴールがとることができるという、「完全権限（pleins pouvoirs）」をドゴールは意のままにできることになった。

ドゴールはアルジェリア訪問からパリに戻った後、限定閣議にて核兵器の問題、ヨーロッパ統合について立場を示した。そこで、「彼（引用者注：ドゴール）が六月一〇日に言うところの本質は、共同市場はそれ自体悪いものではない、それは特にヨーロッパの政治的、文化的機関なのである」ということであった。[105] ドゴールは、経済財政相ピネー、クーヴ・ドゥ・ミュルヴィル外相、財政問題アドヴァイザーの経済学者で新自由主義者の理論家として知られていたジャック・リュエフ（Jacques Rueff）の薦めにより、ローマ条約の措置を尊重する構えを見せたのである。[106] このことから、ドゴールは、自由貿易圏よりも共同市場を望んでいたと読み取れる。

しかし政権として、自由貿易圏に対して何らかの立場をとることが求められた。ヨーロッパ統合に対する政策に対し、外務省内の管轄部局である経済財政問題局の局長で、この問題に対する意見形成において重要な役割を担っていたヴォルムセルは、一二日、政策案を提示する。この案は、ハルシュタインによる関税削減のOEEC拡大提案を軸にしたものであった。ヴォルムセルは、共同市場を守るために、ハルシュタイン案を支持し、域内関税一〇

%の削減をOEECに拡大すること、さらにバイラテラルで定められていた輸入割当量の六カ国あるいは一七カ国への包括化（globalisation）を支持した。域内関税の拡大は、経済的に高関税国のフランスにとっては、競争を増加させ利益にはならないものであったが、国際的には米国の支持を得るために必要であった。アメリカは、新たな特恵システムの設置に不満を述べるであろうと予想されたのである。一方、ハルシュタイン提案のもう一つの重要な要素である暫定協定案は、五九年一月一日までの合意が困難であると考え始めた英国の立場に譲歩を示すものとして利点があると考えられたのである。[107] これらの措置は、共同市場の始動を確約するために必要な手段と考えられた。ドゴールはマクミラン首相の訪問の準備をするため、閣僚、官僚へと指示を出す。外相クーヴ・ドゥ・ミュルヴィルにとっても、ハルシュタイン案は検討に値するものであった。一六日、ヴォルムセルは外相クーヴ・ドゥ・ミュルヴィルから関税引き下げについてのハルシュタイン案に関するオクラン委員会での交渉に注意するよう命じられる。[108] またハルシュタイン案にかかわらず、マクミランとの首脳会談に向けた自由貿易圏に関するドゴール向けの覚書を作成するよう指令を受けたヴォルムセルは、さらなる検討を開始する。ヴォルムセルにとっては、交渉が合意に導かれることよりも、米英の合意を引き出すことができることのほうが重要であった。二日後には、ヴォルムセルは、駐英フランス大使のショーヴェルに対し、マクミランにとってこの提案が受け入れられるか意見を問うているし、[109] 六月二三日には、在仏アメリカ大使館の経済問題担当公使タットヒルに対し、関税引き下げ一〇%に対するアメリカ側の反応を問いただしているのである。[110]

六月二九、三〇日には、パリで首相、外相、駐英、駐仏大使などの出席による英仏首脳会談が開かれる。レバノン危機など、国際情勢についての意見交換が主題であったが、この中で、ドゴールが検討を進めてきた通り、マクミランとの間で自由貿易圏に関する話し合いがもたれた。そこではマクミランによってフランスが交渉を遅延させているという批判が繰り返された。交渉の失敗は、共同市場のブロック化によるヨーロッパ経済の分裂、さらには

「NATOの消滅を招く」という過激な表現で、フランスに妥協を求めて、威嚇さえした。一方、ドゴールは、自由貿易圏は排除しないがローマ条約を守る必要がある、交渉を進めるためには、ガイヤールによる欧州経済連合構想[111]により提案されたセクターごとの協定が、特に農業問題において必要であるという立場であった。結局、両者は物別れに終わった。[112]

しかし、夏の間に交渉の進展が見られた。七月一七日には、限定閣議を開き、ハルシュタイン提案のうち、EEC非加盟国への関税一〇％削減を、二三日のEEC加盟六カ国による閣僚理事会、OEEC加盟国代表からなるモードリング委員会でのフランス政府の立場として決定したのである。ただし、ハルシュタイン提案のもう一つの要素、暫定協定については、本質的に、六カ国の立場に合意が見られた後、初めて合意が可能とし譲歩の姿勢を見せなかった。[113]さらに、七月二三日に行われた六カ国閣僚理事会においては、フランスは、三年間の時間的ずれを放棄する姿勢を示した。[114]二四日、二五日に行われたモードリング委員会でも、この線に沿って、エアハルトが代表して、閣僚理事会の結論を伝えた。その結果、このフランスによる妥協的態度の表現は、ドイツを含めたOEEC加盟国から好意的に受け止められることになった。[115]

しかし、自由貿易圏交渉に臨みながらも、ドゴールは自由貿易圏を積極的に推進させるつもりはなかったのである。ドゴールの首相就任後初めて、私邸コロンベ＝レ＝ドゥ＝ゼグリーズで行われた独仏首脳会談においては、東欧諸国にまで開かれたヨーロッパ建設、というドゴール独自の欧州政治協力構想が主張され、アデナウアーの同意を得る。そしてその結果、会談後のコミュニケに「われわれは、この協力が組織され、同時に、これは両者が緊密な関係を結んできた東欧諸国も含むべきである」という文面が現れたのである。歴史家ストゥーが述べるように、これは共同市場設立の再検討を意図したものでは決してなかった。[116]しかし、一方で、アデナウアーがマクミランの意図を共同市場案に敵対的なものではないとした自由貿易圏については、ドゴールは消極的な姿勢を示したのみであった。共同市場の成立を妨害しない自由貿易圏に原則的には好意的でありながら、ドゴールはセクター別アプローチをとるべきとして、ガイヤール構想から引き継がれた従来の立場を踏襲したままであったのである。[117] 結局、この会談ではヨーロッパの自立の必要という点で、ドゴール、アデナウアーは同意したものの、自由貿易圏交渉打開に向けた解決策は特に見られなかった。[118]

自由貿易圏交渉は、山場にさしかかっていた。イギリス外務省のポール・ゴア＝ブース（Paul Gore-Booth）は、コロンベ会談の翌日、ヴォルムセルをロンドンに招き、フランスに自由貿易圏に関する合意の意志を問いただしたが、ヴォルムセルは答えられる状態にないと明言を避けたのである。[119] ヴェネツィア会議では、議事日程とは異なり、原産地規則問題、セクター別アプローチといった制度上の問題の検討に絞られ、[120] ヴォルムセルの予想通りとなった。[121] ヴォルムセルはフランスの孤立の状況に、交渉継続の意志を失いつつあった。「今日ＯＥＥＣでは、自由貿易圏をめぐって、フランスは完全に孤立している。（中略）一〇月二一日に開かれるであろうモードリング委員会においては、新たな動きがなければ、ほとんど解決の糸口が見出されないであろう」[122] と考えていたのである。

一〇月七日、八日の閣僚理事会においては、ついにＯＥＥＣに六カ国共同の立場としてオクラン報告を提出することを決定する。[123] 一〇月一七日に提出されたこの報告書は、フランスがガイヤール案で出していたセクター別アプローチなど多くの点でフランスの立場に近い報告書であったが、帝国特恵に関しては、「特定のセクターに対し、特定の解決策を模索する」という曖昧な方針のままであった。[124]

フランスの経済財政省対外経済局ＯＥＥＣ担当でロシア出身の哲学者でもあったアレクサンドル・コジェーヴ（Alexandre Kojève）の判断が、[125] ヴォルムセルが抱くフランスの孤立に対する危機感を強めることになる。ヴォルムセルとは一九四五年には、すでに経済協力をめぐる会合で顔を合わせていた旧知の間柄であり、[126] 自由貿易圏構想反対派のコジェーヴは、ＥＥＣおよびＯＥＥＣにおいて孤立に陥ったフランスの戦術の誤りを指摘したのである。第一の理由は、フランスがＯＥＥＣのほかの国の利益に考慮することなく、自国の国益のみを追求してきたと周囲に捉えられていることであり、第二にイギリスに対して補償措置を提案することなく、対抗提案を提示してきたように思える点である。

一〇月二一日には、モードリング委員会が開かれ、化学産業など具体的にセクターごとの協定の交渉が開始される。しかし、一〇月末のモードリング委員会は停滞に陥っていた。それにもかかわらず、この時期、ヴォルムセルは共同市場保護という目的のためイギリスに譲歩することを考えており、ヴォルムセルが交渉を自分から中断させるつもりがあったとは思えない。[127]

一一月六日のロンドンでの英仏外相会談は、交渉中断の前兆であった。すでにイギリス政府は交渉の中止に向けた努力を開始していた。[128] クーヴ・ドゥ・ミュルヴィル外相、ロイド英外相、モードリングらが出席し、自由貿易圏構想について話し合いがもたれたが、帝国特恵のＯＥＥＣへの拡大を要求するクーヴ・ドゥ・ミュルヴィルに対し、モードリングは、ＯＥＥＣの統合維持こそが自由貿易圏設立の目的であったと述べ、激怒したという。また、ロイドは、「一九四〇年以来、英仏関係の最も危機的な段階（au stade le plus critique）に達した」と述べ、ロイドの強い反発が露呈された。[129] 実は、それ以前から、ドゴールのイギリスに対する態度は否定的になっていた。駐仏イギリス大使のサー・グラッドウィン・ジェブ（Sir Gradwyn Jebb）に対し、ドゴールはイギリス側の恐怖は過剰であり、またモードリング委員会に対しても、その構成からは合意を促進するようなものではないと、不満を述べていたのである。[130]

その結果、一一月一三日、一四日に行われたモードリング委員会で、スーステル情報相により、フランス政府はイギリスが望んでいたような自由貿易圏を設立することができないという旨の声明が出されると、ドゴールはその翌日に、マクミランに対し、同様の内容の手紙を送り、意志を確認しているのである。[131] それに続き、モードリング委員会は交渉の中断を正式に決定し、二年半に及ぶ交渉に終止符は打たれた。

海外領土の連合に関して興味深いことには、モードリング委員会では原産地などの技術的問題や、セクター別アプローチに終始する一方、オクラン特別委員会では、PTOMの連合問題は、帝国特恵の問題に専念し、海外領土の連合自体はほとんど議論されていなかった。しかし、この問題が議題として残り続けていたために、自由貿易圏におけるアルジェリアの位置付けを検討しようという立場が見られている。一一月一二日には、外務省顧問ジャン＝ピエール・ブリュネ（Jean-Pierre Brunet）は、省間委員会で、自由貿易圏におけるアルジェリアの立場を討議することが重要であるとし、また、開発途上国への援助を主題とする第二三作業部会でのアルジェリアに対する拠出を要求すべきではないかと提案しているのである。[132]

アルジェリア情勢は、ドゴール政権の重要課題の一つであり、一〇月三日、アルジェリア五カ年計画であるコンスタンティーヌ・プラン[133]の発表など、対策が打ち出されていた。しかし、アルジェリアに対する巨額の出費のため、フランスは対アルジェリア政策を自国のみでまかなえなくなっていた。コンスタンティーヌ・プランの予算も、EECの開発援助から一部拠出されていたのである。[134]海外領土を含めて、同問題をめぐる具体的な合意はまったく見られなかったが、アルジェリア政策のためにヨーロッパ諸国の財政を利用するという態度は続いたのである。ここにフランスが共同市場へのPTOMの挿入というユーラフリック構想において追求してきた従来の立場が見てとれる。その意味では、ユーラフリック構想の部分的継続であると考えることもできる。

フランスはなぜ、交渉の断絶を決定したのであろうか。ドゴール政権になってとられた対自由貿易圏政策は、ヴォルムセルを中心に作成され、ガイヤール構想とハルシュタインの妥協案を取り入れたものであった。そもそもドゴール政権が積極的に立案したものではなく、むしろ受動的な態度の現れであったのである。ヴォルムセルやコジエーヴは、自由貿易圏のもつ政治的意味、さらに言えば外交的意味を重要視し、対英米、六カ国間の関係が悪化しないように細心の注意を払っていた。そのため、フランスが孤立するモードリング委員会で解決の糸口が見えない中、交渉を続ける意味を見出せなかったのである。当時フランスは、ドゴールが「一九五八年九月覚書」として知られるNATO改革案を発表していたが、英米独などの反応は当初否定的であった。[135] NATO改革においても、フランスは大西洋同盟における孤立を深めていたのである。

このような状況で、フランスは交渉中断にメリットを感じ始めていたが、外交関係に重きを置くフランスにとって、合意形成の可能性がある限り、交渉中断を自分から言い出せる環境にはなかった。しかし、一一月六日の英仏外相会談では、ロイド、モードリングによるフランスに対する敵対的態度が明らかになった。もはや英仏関係改善の兆しは見えなくなっていた。その結果、フランスは受動的に長期間続けてきた交渉中断に踏み切ることになった。

その後、ドゴールはOEEC諸国との関係の摩擦を最小限にしながら、ローマ条約の始動を保障する措置に向かう。一一月一八日の限定省間委員会（Comité interministériel restreint）において、「保護主義的解釈」がローマ条約に与えられないよう、五九年一月からの関税一〇％の削減、数量割当の二〇％の拡大実施を決定した。[136] 翌週、西ドイツ西部の保養地バート・クロイツナッハで会談したドゴールとアデナウアーは、共同市場が自由貿易圏によって阻害されないこと、自由貿易圏に対する六カ国間の合意をEEC委員長ハルシュタインの仲介で得る努力を行い、合意が得られるまでは、モードリング委員会が再び開かれないことで意見が一致した。

そして、一二月二一日にドゴールは七八・五％という圧倒的な多数の得票により大統領選挙で選出された後、[137] 一七・五％のフラン切り下げ、対ドル交換性回復を定めたリュエフ＝ピネー・プランの採択により、共同市場へのフランスの国内的順応を確保するに至った。[138] もう一方の当事者イギリスは、すぐに自由貿易圏創設交渉継続を放棄したわけではなかった。しかしながら、アメリカの支持が得られないことが明らかとなるや否や、マクミラン政権では、新たなより想像力に富んだ別の提案を待つよりほかないという認識に至ったのである。[139]

小括

以上、自由貿易圏創設交渉の開始から終焉に至るまでの、フランスの自由貿易圏構想に対する態度を、ＰＴＯＭの連合を中心に分析してきた。その結果、以下の結論が導き出された。

まず、フランスにとっての自由貿易圏へのＰＴＯＭの連合の意味についてである。ローマ条約が調印され、共同市場にＰＴＯＭが連合することが定められるやいなや、海外領土、海外県、アルジェリア、それぞれの位置付けが決定される。海外領土に対して保障が期待されないのに、ＯＥＥＣ加盟国に市場が開かれることにより競争が激化すること、開発援助の負担増が見込めないことから、フランスの海外領土の除外の立場は決定された。共同市場で得られた開発援助・特恵貿易など、既得権益をいかにして確保するかが焦点であった。つまり、「ユーラフリック」そのもの、あるいは「ユーラフリック」の第一段階と呼ばれることの多かった共同市場へのＰＴＯＭの連合をいかに現実的に維持するかが懸案であったのである。ユーラフリック共同市場を強力に推進したドゥフェールが、自由貿易圏への連合に関して反対したことは興味深い。このような推進者の不在の中で、自由貿易圏へのＰＴＯＭの連合をＯＥＥＣ内での多国間交渉で推進する力学は働かなかった。

一方、アルジェリアは、海外領土、海外県とは別格の例外的な扱いを受けた。アルジェリアと本土との間の「特別な絆」を維持するという政治的理由から、連合案が支持された。そしてアルジェリア戦争が五八年二月のサキエト事件を契機に国際化すると、オクラン特別委員会において、部分的ではあれ、イギリスとコモンウェルス諸国間の帝国特恵のＯＥＥＣへの拡大が新たな争点となり、行き詰まった交渉にモメンタムを与える。自由貿易圏創設の交渉自体が、農業問題を中心とした英仏の立場の違いから難航する中で、外務省顧問ブリュネのドゴールの要請に見られるように、交渉断絶直前まで争点として残り続けたのである。第三世界諸国からの批判を招いた国連だけでなく、英米の介入まで招き、特にアルジェリアにおいて激化する脱植民地化の波という国際環境が、フランスのアルジェリア政策をヨーロッパ化するという選択肢を残す契機となった。またアルジェリア戦費による財政逼迫、他国からの援助の必要という経済的動機も、アルジェリア政策をヨーロッパ諸国との協力によって遂行しようという意志の背景となった。ここにフランスの対ヨーロッパ政策と対植民地（アルジェリア）政策の連関が見られる。海外領土の自由貿易圏への加入問題と合わせて、共同市場、ユーラトムに続く、ヨーロッパ統合と海外領土問題の第三の連関が示された。

以上のようなＰＴＯＭの自由貿易圏への連合は自由貿易圏創設交渉の一大争点であったことから、自由貿易圏創設交渉およびフランスのそこにおける動機と役割を理解する上で重要な問題であった。その点で、本章で取り上げた自由貿易圏というイッシューにおけるＰＴＯＭという非ヨーロッパ世界と大陸ヨーロッパとの関わりは、自由貿易圏創設交渉の理解において不可欠であるといえる。

次に、なぜフランスにより、自由貿易圏創設交渉中断が宣言されたかである。本章での検討から、フランスの外交的孤立がその要因であったと指摘できる。フランスは、当初からサボタージュや遅延戦略をとっていたわけではないが、自由貿易圏創設交渉に関わったその中心的理由は、むしろ受動的なものであり、もし成立する可能性があるならば、何らかの立場をとらねばならないというものであった。またこの問題に関し、政策決定の中枢にあったヴォルムセルが考えていたように、周辺諸国、特に英米の機嫌を損なわないかという外交上の意義が重要であった。そのために、ドゴール政権発足後は、共同市場発足によるアメリカ、ＯＥＥＣ諸国への補償措置を検討していたのである。しかし一九五八年一〇月半ばの時点で、ＯＥＥＣ、ＥＥＣ内でのフランスの孤立が明らかになるや、自由貿易圏構想を推進する意義はほとんど失われていた。しかし、外交関係の悪化を恐れて、フランスは交渉中断のイニシアティヴをとる決定に踏み切れないでいた。このような状況下で、一一月初旬の英仏外相会談での英仏関係の亀裂は、フランスをついに交渉中断へと導いた。そして、ＯＥＥＣ加盟国との関係の摩擦を最低限におさえるべく、ヴォルムセルが提案していたような、関税一〇％削減、輸入割当の二〇％のＯＥＥＣ諸国への拡大の適用を決定したのである。

また最後に付言すると、冷戦下でＯＥＥＣの枠組みでの自由貿易圏創設はイギリスの大陸への関与を強め、西ドイツを西側へと封じ込め、ドイツに対し均衡をとるという政治的意義をもったことがフランスが自由貿易圏創設交渉を追求した一つの推進要因である。しかし、英仏関係が極度に悪化したこと、ドイツはドゴール・アデナウアー間での独仏枢軸の形成により関係が良好になったこと、ＯＥＥＣが中立国を加盟国として含んだために、西側の結束を強化するのに必ずしも有効ではないと判明したことから、冷戦戦略上の意義も失っていったのである。

第五章　ローマ条約の始動

——発効、関税同盟第一段階始動における動揺・確立とその後——

第一節　ローマ条約批准とＧＡＴＴ問題
——海外領土の連合をめぐる議論を中心に——

海外領土の欧州共同市場への連合（特恵貿易と開発援助）、ユーラトムへの統合という形で歴史上初めて制度化された「ユーラフリック」は、ローマ条約発効にあたり、いかなる状態にあったのだろうか。

ＥＥＣ、ユーラトムという両ローマ条約の批准プロセスは、比較的順調に進んだ。ジャン・モネとモネ率いるロビー団体、「欧州合衆国のための行動委員会」（以下、行動委員会）は、一九五七年秋のドイツ総選挙に間に合うように、可能な限り早いローマ条約発効を要求した。五月七日、行動委員会は、夏の休暇前の批准を要求したのである。(1) 西独首相アデナウアーが八一歳という老齢であることから引退が近いと予想され、ドイツ総選挙の実施により、野党、社会民主党（ＳＰＤ）の政権奪取の可能性が浮上していたことが不安材料であった。このシナリオにおいては、ローマ条約発効の不透明性が高まり、条約発効の可能性が危険にさらされるというリスクを回避することをモネは意図したのであった。六カ国間の交渉では、発効のための戦略を練る目的で、フランスにおける批准を突破口とする考えが出された。五四年八月にフランス国民議会での否決により挫折したＥＤＣの二の舞を避けるためである。しかし、モネの考えは、この六カ国代表の考えとは異なり、ドイツによる批准をフランスの批准と同時に行うというものであった。フランス国民議会における多数派が他国に比べて、より不安定であるとモネは認識していたからである。(2)

モネの圧力を受けて、独仏両国は五七年七月より批准プロセスを開始した。(3) 独仏同時批准というモネの考えは、実行に移されたのである。モネは、ドイツ下院である連邦議会の超党派によるローマ条約の承認が、フランス国民議会での承認を促進すると考え、行動委員会に参加するアデナウアーの側近と見られたエッツェルなど、ドイツの政治家たちの説得にかかった。そして、ついに、ドイツでは、行動委員会のメンバーが、連邦議会での承認に圧力をかけること、一方フランスでは、モレ政権が夏の休暇までに批准を行うことで合意がなされた。この合意は、モレ政権崩壊間際の五七年五月になされた。アルジェリア情勢の悪化からモレ政権は崩壊し、首相が定まらない空白の期間が生まれるが、その間も、親欧派であり、行動委員会のメンバーでもあったモーリス・フォールの働きかけにより、ブルジェス＝モヌーリ政権が発足する以前の政治的空白期間においてさえ、議会で議論が継続され、国民議会で両条約の承認が行われることとなった。[4]

　この計画において、ドイツで懸案となったのは、野党ＳＰＤの支持獲得であった。ここでも、モネの圧力は功を奏した。行動委員会メンバーでもあったＳＰＤ党首エーリッヒ・オーレンハウアー（Erich Ollenhauer）、連邦議会議員のヴェーナー（Herbert Wehner）へのモネの影響力のため、ＳＰＤは六月二五日に、条約承認の決定を行ったのである。一点目に政治的覇権・軍事的超越といったイデオロギーに支配されることなく欧州経済協力が進展してきている、二点目に関税同盟を通じて経済統合へと導かれる必要がある、三点目に部門統合よりも全般的経済協力が望ましい、四点目に自由貿易圏の創設には利点がある、五点目に両ローマ条約がドイツ再統一の重要な障害とならない、という五つの理由からであった。[5]過度のディリジスム（国家主導経済）、批准の困難、イギリスの不在、共通域外関税が過剰であるという理由からリベラル派のみが反対したものの、[6]アデナウアー率いる与党キリスト教民主同盟／キリスト教社会同盟（ＣＤＵ／ＣＳＵ）、ＳＰＤの支持があり、七月五日、連邦下院議会で、ローマ条約は批准された。

　一方、フランスでは、六月二五日にフランス連合議会で条約が承認されていた。[7]ドイツ下院での批准の追い風を受け、七月上旬に国民議会で審議された後、三四二票の賛成、二三九票の反対、三票の棄権で、批准がなされた。

しかし、フランス議会での批准に対しまったく障害がなかったわけではない。議会における政府との論戦において、反対派の中には、PTOM市場の欧州共同市場への連合に対して、疑問符を突きつける立場が少なからず見られたのである。審議においては、スーダン選出の議員フィリ＝ダボ・シソコ（Fily-Dabo Sissoko）による「ユーラフリック」実現の困難や、ローマ条約交渉時より共同市場反対の論陣を張ってきたマンデス＝フランスによる、共同市場が自由貿易へ与える弊害などが主張されるなど[8]、否決キャンペーンも見られたのである。また、海外県の一つ、カリブ海に浮かぶグアダループ出身の海外領土委員会委員長のジュール・ニニン（Jules Ninine）も、共同市場が、海外領土の利益に反するとして不安を表明し、保障（garanties）、より具体的には、工業化、投資、援助の保障、海外領土の代表への諮問なく条約を適用しないこと、を要求していたのである[9]。

さらに親欧派の票数も不十分で、批准に必要な過半数を獲得できる見通しはなかった。社会党と人民共和連合（MRP）の賛成票を合わせても、一七三票に達するばかりであった（過半数は二四七票）。首相ブルジェス＝モヌーリの演説により、浮動票が賛成票に動いたと見られる。その後、七月一九日には、ドイツ上院、連邦参議院（Bundesrat）において全会一致で批准され、ドイツが六カ国で最初のローマ条約批准国となった[10]。

ドイツ上院の批准は、下院の場合と同様に、フランス上院での批准を後押しすることになった。二三日、第四共和制下で上院にあたる共和国評議会（Conseil de la République）は、三時間にわたり議論が行われた後、条文の変更もなく、二二〇の賛成、七〇の反対で、議会でのローマ条約批准を完了した[11]。

イタリアの下院で七月三〇日に条約承認が行われたほか、そのほか加盟国での批准プロセスは、夏のヴァカンス明けになった。一〇月以降、議会での批准プロセスが実行されたイタリア、ベルギー、ルクセンブルクでも、共産党の反対が見られたほかは、賛成多数で承認されていった[12]。

加盟国中、ローマ条約に対し最も批判的であったのは、一一月末の段階でも未批准のオランダであった。オランダは、カリブ海のアンティルには海外領土をもつものの、アフリカには海外領土をもたず、海外領土の連合と開発援助の負担に、条約交渉時から反対を続けていた。そのほか、社会保障の調和と共通域外関税による生産コストの上昇を危惧、過度のディリジスム、イギリスの不在など多数の理由から反対していたのである。[13] 結局、超国家的ヴィジョンをもつ議員の同意を背景に、一二月になり上院で大幅な賛成をもって批准し、五八年一月のローマ条約発効は予定通り可能となった。[14]

さらに批准プロセスと海外領土、アルジェリアとの関係について付け加えるべきは、欧州開発基金をアルジェリアには供与しないというフランス政府による宣言である。ローマ条約の付属協定一六条によれば、欧州開発基金に関する措置は、アルジェリアおよびフランスの県に適用可能であると定められていた。元海外フランス相ドゥフェールは、この付属協定に反し、条約批准の際に、欧州開発基金からフランスに充てられる開発援助が、海外フランス省管轄地域、つまり、海外領土およびトーゴ・カメルーンにのみ適用されると主張した。そのドゥフェールの主張をフランス政府も承認し、一方的宣言として、口頭で通知していた。そもそも、この宣言は、フランス政府を拘束するものではなく、参考としての価値（valeur indicative）しかもたなかった。しかし、ドイツやオランダにおいて、欧州開発基金が最終的にアルジェリアへの投資、ひいては軍事目的の投資に使用される恐れがあることを野党が危惧しており、このフランス政府による宣言が、反対派の懐柔に機能を果たしたと考えられる。[15] このような反植民地主義勢力側の反対を回避するフランス政府の姿勢が、批准の一要因となったのである。

一方、批准プロセスと並行して、共通域外関税、特恵措置をもつ海外領土の連合などによって、共同市場が特に域外諸国に与える保護主義的性格の弊害が懸案となった。対外的には海外領土の連合に対する英米を中心とした躊躇が見られていくのである。

アメリカ側の反発を呼んだのは、アメリカが第二次世界大戦後支持し、最恵国待遇に基づいて、締約国間の関税および数量制限の削減を目的としたＧＡＴＴとの整合性、特に二四条の問題である。二四条は、例外措置として、「実質上すべての貿易」について「関税等の廃止」を「妥当な期間内」で行うことなどの一定の条件を満たす場合に、加盟国が例外的に関税同盟や自由貿易協定を設立することを認めているのである。特恵は、戦後貿易システムに関するアメリカの考えにおいて、着実に消滅させられるべきものであった。というのは、世界的な貿易の達成という真の目的が地域的貿易の保護のために歪められると考えたからである。実際、イギリスの特恵に対しても、一九四五年以降に設けられた新たな特恵、特にコモンウェルス諸国からの農業産品についての特恵の拡大をイギリスに禁じることが、アメリカの通商政策の根幹にあったのである。[16]

またイギリスもコモンウェルス諸国、英植民地が加盟国海外領土と共同市場間の特恵の創設により受ける経済的ダメージから、海外領土の連合に強固に反対していた。共同市場加盟国がもつ海外領土が生産するコーヒー、カカオといった一次産品において、イギリスから独立したガーナ、植民地の市場が、六カ国共同市場とそれらの海外領土間での特恵の創設により、欧州市場における輸出シェアが侵食されるという不当に長期的な悪影響を受けるという問題が指摘されていたのである。[17]このような経済的ダメージは、コモンウェルスとの関係を阻害するものとして、政治的なダメージも同時に与えるものであった。

ローマ条約調印後、約一カ月のうちに、ＧＡＴＴ閣僚会議が開かれることになった。この閣僚会議以前に、米国政府の立場を決定する行動がとられる。一九五四年一一月に米国の対外経済政策策定を、国務省、財務省、商務省、農務省、対外活動庁といった関係省庁間で調整するためにアイゼンハワー大統領によって新設された組織、対外経済政策会議（Council on Foreign Economic Policy: CFEP）から、国務省の立場を報告書として提示することが求められたのである。国務省は、ローマ条約の批准を優先し、条約に関する最終的な検討は、批准後に行うという立場を示した。また、共同市場の域外国にとっての諸問題のうち、特に農業問題、海外領土に関しては、適用免除

（waiver）を必要とするのがもっともであることが主張された。そして、結論として、第一に、ヨーロッパ共同市場条約が、すべてを考慮すればアメリカの西ヨーロッパにおける政策目的に一致し、アメリカの支持に値するものであること、第二に、特に農業に関して、共同市場により提起される問題はＧＡＴＴの枠組みでの議論の対象となることが主張された。この結論は、五七年四月一六日には対外経済政策会議においても承認された。ただし、条約の批准を優先することまで対外経済政策会議によって支持されたかは、管見の限り定かではない。[18]

このようにアメリカのローマ条約に対する支持が確認されたが、アメリカ政府は、決して一枚岩であったわけではない。「ユーラフリック」を支持し、ヨーロッパの後背地（Hinterland）であるアフリカを指して「南へ行きなさい、若者よ」とまで述べた国務長官ダレスのようなヨーロッパ統合推進派を中心に、[19]国務省は共同市場設立条約の提起する問題点の議論に対し批准を優先していた一方で、技術官僚らには、海外領土の欧州共同市場への連合に対する否定的な意見が多かった。[20]海外領土の連合問題は、農業問題と別に議論されることもあったが、共同市場における農業分野の保護は間接的に海外領土に有益になり得るものであった。というのは、農業分野における最低価格の設定が、海外領土市場での農産品の保護につながると考えられたからである。また政権内でも、農業分野でラテン・アメリカ諸国の輸出品を共同市場が締め出すことを危惧する声があった。[21]しかし、国務長官ダレスは、五月二六日にワシントンで行われたアデナウアーほか、政府高官との会談において、批准しなければ「アメリカのヨーロッパへの態度に悲劇的な結果がもたらされます」とし、舞台裏で六カ国による両条約の批准に圧力をかけていた。ダレスは五三年一二月に、パリ中心部にあるシャイヨー宮で行われたＮＡＴＯ理事会での演説の中で、欧州防衛共同体の批准がなされないならば、アメリカの欧州政策を「苦悶の中での再検討（Agonizing reappraisal）」しなければならないと在欧米軍の撤退まで示唆した威嚇発言をしたことで知られるが、今回も同様の手法で圧力をかけたのである。[22]

一方、イギリスの立場は、否定的なものであった。自由貿易圏創設交渉に本格的に力を入れ始めていたこともあり、フランスの立場が弱いＧＡＴＴにおいても、フランスを攻撃することで、自由貿易圏創設交渉の進展を図っていた。一九五六年までに、特恵スキームの存在は、ほとんど非現実的になっていたからである。その理由の一つが、特恵スキームはＧＡＴＴに適合しないというものであった[23]。経済関連省庁では、自由貿易圏なしに共同市場が成立すれば、敵意をもって対抗することが合意された。特に商務長官のエクルスは、四月一八日に、同僚に対して、一〇月までに自由貿易圏が頓挫すれば、ＧＡＴＴにおいて、共同市場を破壊することを検討する必要があるだろう、と述べていた[24]。それに加えて、先述した、共同市場への海外領土の連合がもたらす経済的不利益も、イギリスによる外交面での努力を促した。五七年五月から六月にかけて、イギリスはまずドイツと二国間交渉によって、そして、その後、六カ国との交渉により、コーヒー、カカオという熱帯産品が優遇措置を受けて、小欧州に参入してくることの代償措置を要求した。しかし、イギリス側代表によれば、「期待された以上の成果を六カ国から引き出すことはできず」、交渉は、一年以上、遅延されることになった[25]。結局、イギリスによる代償措置の要求という外交的ルートは絶たれ、フランスのイギリスに対する不信は依然残ることになる[26]。

ダレス

一〇月初頭には、フランスは、イギリスの代償措置の要求に対応するため、ＧＡＴＴ締約国会合に対する作業ペーパーを提出する計画を考えていた。要点は、第一に、アフリカに責任がある国々が、政治、経済上の理由でＴＯＭを連合させないことはあり得ないということ、第二に、ＴＯＭの利益にならないため、「純粋で単純なＴＯＭの加入（l'inclusion pure et simple des T.O.M.）」は避けるべきであるということ、第三に、ローマ条約第四編と適用協定は、ＧＡＴＴの二四条に合致するということ、第四に、共通域外関税に関する条項、第五に、熱帯産品（produits tropicaux）は農業に関する条項に含まれないということ、第六に、伝統的な開発援助政策は放棄せず、一次産品の価格の安定のための協定締結努力も放棄しないということであった[27]。法的側面では、GATTへの共同市場の適合性が主張された一方、熱帯産品には農業分野の最低価格の設定を行わないことにより、旧植民地ガーナ、植民地からの熱帯産品が大陸ヨーロッパの市場から締め出されるというイギリス側の不安に配慮したものであった。六カ国の上に立つ超国家機構が成立するまでの暫定委員会は、このフランスの要求を認め、六カ国代表に対して、メモランダムを提出する許可を与えた[28]。

一〇月下旬にはアメリカ代表からも法的にはフランス側の立場が弱いこと、政治経済面においても六カ国側の態度に妥協が必要であることを指摘され[29]、フランス側がアメリカの公式な支持を得られない中、第四章ですでに述べたように、国連総会においても、海外領土の連合が議論される事態になっていた。EEC域外の国々からの不満が、国連という場での不満表明にまで至っていたのである[30]。そのような中、イギリスの態度はより先鋭化していた。イギリスは、一〇月八日の閣議において、六カ国が効果的にかつ継続的にGATTにより監視されるため、GATTにおける交渉を長引かせること、海外領土市場の連合によりもたらされるであろう損害に対する代償措置を要求することを決定する。ベルギー側とフランスの駐英大使ショーヴェルはイギリス側に態度の軟化を働きかけるが、功を奏しなかった。一〇月二八日から三〇日にかけてのGATT締約国会合においては、イギリス代表は、海外領土の連合は、特恵貿易圏の延長であると捉えたのである[31]。

またこの会合では、フランス代表は、六カ国を代表して、海外領土が自由貿易圏全体の三％を占めるのみであることを挙げるなどして、海外領土の連合への支持を説いた。アメリカ代表は、曖昧な立場を述べたのみであったが、コモンウェルス諸国は、特例措置の要求が、六カ国側にとって必要なのではないかと反駁した。フランス代表とコモンウェルス諸国の代表、ブラジル代表が対立した結果、関税、数量制限、農業、海外領土をそれぞれ扱う四つの小委員会（Sous-comité）が設置され、数カ月間、討議されることになった。これは、フランス政府代表の社会党の大物政治家アンドレ・フィリップ（André Philip）が認めるように、本来なら避けたい事態であった。しかし、本質的な問題に対して参加者が立場を決定するに至らなかった点で、フランス側の遅延戦略は、アメリカの支持のもと、全般的な成功を収めていた(32)。

フランス政府がＧＡＴＴ問題に関し共同市場とＧＡＴＴの適合性を主張し続ける中、海外領土の連合を議論の主題とする小委員会では適合性を経済的次元で考えるべきだとの意見が出され(33)、ＧＡＴＴのその他締約国側が共同市場の法的適合性を問題視する姿勢には妥協しなかった。このようなフランスの非妥協的態度に加え、六カ国での協調行動とアメリカの消極的支持とが、海外領土市場を連合したままでローマ条約の批准が行われることに貢献した。アメリカ政府においては、ＧＡＴＴに共同市場が抵触することから共同市場を問題視する声もあったが、ダレスの路線に見られるように、ローマ条約の発効は国務省によって優先され、連合への反対はフランスに対する強力な圧力とはならなかったのである。結局、ＧＡＴＴ問題はローマ条約の内容に変更を及ぼすものではなかった。

以上のように、モネの要求した時期より遅れたものの、速やかな批准が行われた。そして、共同市場の保護貿易主義が域外諸国にもたらす不利益も、ローマ条約の内容に変更を及ぼすものではなく、ＰＴＯＭの共同市場への連合は保証された。調印されたローマ条約のフランスの外交戦略にとっての意義に変化はなかったのである。ローマ条約調印までに見られたように、発効までの過程においても、海外領土問題は重要な位置を占めた。海外領土の欧州共同市場への連合が域外に対してもたらすであろう国際的競争の激化が原因となる経済的ダメージのために、ＧＡＴＴ、国連など国際的な舞台において海外領土の共同市場への連合は批判の的となったのである。

第二節　ＥＥＣ委員会の発足とアフリカ問題への介入

ローマ条約批准のプロセスにおいて、海外領土の連合問題は、議論の的の一つとなった。そこでは、ジャン・モネを仲介役としたドイツ、フランスでの共同批准路線に対する合意、アルジェリア問題を少なくとも一時的には欧州開発基金（European Development Fund 以下、ＥＤＦ）から切り離すという措置などによって、フランス政府の批准に対するイニシアティヴが見られた。その結果、一九五八年一月のローマ条約発効にあたり、ブリュッセルに暫定的に置かれることになった超国家機構たるＥＥＣ委員会が発足し、(34)この組織の中に、ＥＥＣ加盟国による開発援助基金である欧州開発基金を管轄する第八総局（Diréctoire générale VIII）(35)が設けられる。しかし、フランスは、必ずしもこの動きを歓迎しなかった。本節では、ＥＥＣ委員会、特に第八総局が、五八年の段階で、フランスにとって、どのような機構として発足、発展したのか、そして、フランスのユーラフリック構想追求において、いかなる役割を担ったのかを考察する。

開発担当のＥＥＣ委員に選ばれたのは、フランス政府によって指名されたロベール・ルメニャン（Robert Lemaignen）であった。経営者組合の代表団体であるフランス全国経営者評議会（Conseil National du Patronat Français; CNPF）の副会長であったルメニャンは、政治家ではないということから、全国経営者評議会会長によって推薦された。そして閣議において、ガイヤール首相の仲介により、ルメニャンのＥＥＣ委員への指名が決定したのである。(36)

第八総局長の決定に尽力したのは、ルメニャンであった。このポストに、管轄のＥＥＣ委員と別の国籍となるのが当然となっていた中で、ルメニャンはドイツ人の起用を推薦した。それは、ドイツの開発基金に対する負担額がフランスと同じ二億計算単位であり、「ユーラフリックの経済的共生（symbiose économique eurafricaine）」においてはドイツの立場が心理的に重要だからであった。後者に関しては、ドイツの「奇跡的な」経済復興が非ヨーロッパ世界への関与の不在によるものであるという少数派が存在する中で、ドイツ世論に訴える必要があると考えたのである。この考えは、ＥＥＣ委員会によって承認された[37]。その結果、ドイツ人ヘルムート・アラルト（Helmut Allardt）が第八総局長に任命される運びとなった。このルメニャンの発言を見る限り、彼は、フランスの国益のみを守るためではなく、ヨーロッパとしての開発政策の推進を図るための政治的配慮をしていたと言える。

また、局長レベルでのルメニャンによる人選を見ると、ルメニャンの政治的配慮が窺える。四人の局長のうち二人は、オランダ、イタリアから一人ずつ選ばれたが、その人選は、オランダのシッコ・マンスホルト（Sicco Leendert Manshoit）、イタリアのピエロ・マルヴェスティーティ（Piero Malvestiti）といったほかのＥＥＣ委員との関係を配慮したものであったのである[38]。ここにおいても、ルメニャンの態度には、フランスの私猟地（chasse gardée）にほかの国を踏み入れさせないというものではなく、加盟国との協力に基づいてアフリカの開発を行うという、ユーラフリック構想に沿ったものであった。

このように新たに成立した第八総局に並行して、ＥＥＣ委員長のハルシュタイン自身も、委員会としてのアフリカ政策に積極的であった。ローマ条約交渉以来、ハルシュタインは、アフリカ開発を支持していた。モレ政権が国民議会において共同市場案に対する支持を獲得しやすくするため、海外領土の連合交渉において、エアハルトや外務省が反対する中、ハルシュタインは、カール・カルステンス（Karl Carstens）外務次官とともに海外領土の連合を支持していたのである[39]。そして、ＥＥＣ委員長に就任するや、あらゆる点で開発援助政策を支持するようになる[40]。

このようなハルシュタインが提案したのは、ＥＥＣ委員会によるアフリカ人との直接のコンタクトの拡大であった。欧州共同市場の行政機構における教育やインターンの実施に加え、ストラスブールの欧州審議会での記者会見においてハルシュタインが訴えたのは、海外領土の地方当局とＥＥＣ委員会との「直接のコンタクト」の必要であり、それが、ユーラフリック共同体実現を渇望する欧州審議会によって好意的に受け止められたことが問題であった。フランス側の常駐代表は、そのため、ＥＥＣ委員会の意図を注意深く検討する必要があると電報を送ったのであった[41]。フランスはこのようなハルシュタインの介入を好ましく受け止めなかった。その結果、フランス政府は、一九五八年以降、ヨーロッパ共同体の官僚がアフリカを訪れる際には、フランス連合を再編した機構「フランス共同体」当局により指名されたフランス人官僚一名を同行させることを要求した[42]。このフランス政府の行動は、ＥＥＣ委員会を苛立たせることになった[43]。

ローマ条約が発効し、ＥＥＣ委員会が始動した一九五八年の段階で、ＥＥＣ委員会が開発援助政策におけるアクター（主体）として登場する。ルメニャンによる第八総局内の人選は、フランスの国益に従うというよりは、ヨーロッパによるアフリカ政策にどのように正当性を確保するかという観点から、また共同体内の政治的配慮によって行われた。フランス政府の立場と一定の距離が見られるのである。それに加えて、開発援助政策に関心をもつ委員長ハルシュタイン自ら、アフリカの現地当局とのコンタクト拡大に乗り出す。これが、既得権益を脅かされることを恐れるフランス政府の不安を掻き立てることになり、ＥＥＣ委員会とフランス政府の亀裂を生むことになる。共同市場への海外領土市場の連合にトーンダウンしたユーラフリック構想推進にあたり、条約の規定で生まれた権力の分散は、「フランサフリック」と「ユーラフリック」の相容れない側面を示すこととなった。

第三節　リュエフ＝ピネー・プランの実施と関税同盟の受け入れ

(一) アルジェリア問題と欧州経済共同体

本節前半においては、植民地政策の中心となり、フランスの外交戦略の中心でもあったドゴールのアルジェリア政策とヨーロッパ政策の連関について検討する。アルジェリア政策は、一九五八年一〇月三日にアルジェリアでのドゴールの演説で公表された経済近代化計画であるコンスタンティーヌ・プランにより体現された。[44] コンスタンティーヌ・プランは、コンスタンティーヌで発表されたことから名付けられている。もちろん、コンスタンティーヌ・プランのみでアルジェリア政策を語ることはできない。アルジェリアの武装勢力との間の軍事作戦など、アルジェリア政策は多岐にわたっていた。しかし、コンスタンティーヌ・プランを中心としたアルジェリアの近代化計画は、軍に対する文民統制に加えて、ドゴールのアルジェリア政策上の二目的の一つであり、[45] 対アルジェリア政策において大きな位置を占めていたことも確かであった。

このアルジェリア五カ年計画は、具体的には、①本土で国家権力（Corps d'État）に奉仕する一〇分の一はアラブ人口とすること、②アルジェリアの給料水準を本土並みにすること、③新地のムスリムへの農地譲渡、④サハラの資源開発（ガス、石油、鉱物資源など）の利用による農工業の振興、⑤児童全体の三分の二以上に教育を与えること、⑥大衆の政治参加の増大、を定めたものであった。[46] 特に重要なのは、将来、アルジェリアが人格をもち、本土と緊密な連帯を築くとのヴィジョンが示されたことである。[47] アルジェリアの人格を認めるということは、イスラム教とアラビア語に代表されるアルジェリアの民族的個性を承認することであった。[48] フランスとの緊密な連帯が述べられたものの、このプランでは、アルジェリアの政治的地位については述べられなかった。ドゴールには、アルジェリア独立に対する明確な支持がなかったと考えられる。このように、コンスタンティーヌ・プランは、アルジェリア武装勢力側の要求する分離独立路線に適合せず、脱植民地化への解決を約束するものではなかった。クーヴ・ドゥ・ミュルヴィル外相は、コンスタンティーヌ・プランにフランスにとっての経済的利益を見出していた。まず、貿易の増大により、アルジェリアが失業した労働者を輸出することなく本土にとっての最大の市場であり続けること、サハラにおいて産出される石油から得られる収入により、フラン圏全体の国際収支に改善が見られるであろうこと、また徐々にアルジェリアが自身で再建を行っていけることである[49]。

なお、石油に関しては、五六年から五七年にかけて、天然ガスに次いで、サハラ砂漠で発見された。エジェレ（Edjeleh）油田やハシメサウド（Hassi Massaoud）油田である。読者の中には、石油というエネルギー上の利益が、ユーラフリック構想追求の隠された動機と考える方も少なからずいるだろう。しかし、アルジェリアでの石油開発は、実のところ、一九五七年一月に発足したサハラ地域共同機構（Organisation commune des régions sahariennes 以下、ＯＣＲＳ）という、ヨーロッパ統合とは別の枠組みで模索されていったのである。サハラやＯＣＲＳは、五七年六月に新しく設けられたサハラ担当省の管轄下に置かれたのである[50]。また管見の限りでは、石油の確保という動機が、一次史料のレベルでは観察できない。もちろん、間接的にはサハラ砂漠まで包含し得るユーラフリック構想は、植民地の独立後に影響を残す安全弁のようなものになっていたかもしれない。しかし、以上の二点から、石油がユーラフリック構想に及ぼした直接的な影響は小さいと考えてよいだろう。

さて話を元に戻すと、非公式であり政府の約束ではないものの最良の情報源に当たり得られた結果としてクーヴ・ドゥ・ミュルヴィル外相が発表した情報によれば、コンスタンティーヌ・プランはフランスとアルジェリアの連帯を目的としたフランス独自の計画であり、当初、支出は、アルジェリア、半公的投資、民間投資と本土からの支出で賄われることとなっていた[51]。ここでは、海外からの財政的支援は考慮されていなかった。しかし、実際には、実施予算は、国際機関、民間企業からの援助に加えて、ＥＥＣの開発援助からも拠出されることになった。五年間で総額二兆フランの予算のうち、フランスは少なくとも五〇〇〇億フランを支出するほか、国際機関からの援助、欧州経済共同体の欧州開発基金からの援助が含まれることになったのである[52]。前節で見たように、ローマ条約批准過程で、フランス政府は、アルジェリアへの配分が可能であるとするローマ条約付属協定の規定を一方的に履行しない宣言を出していたのである。しかし、結局は、フランス国家財政の決して好ましくない状況のため、[53]ヨーロッパ諸国の援助に頼ることになったと考えられる。フランスは、第二次世界大戦後から第一次石油危機までの「栄光の三〇年（Trente Glorieuses）」と呼ばれる経済成長期にあり、一九五〇年から五五年の期間に、年平均三・七％の成長率を上げていた。一方で、財政収支は年々悪化傾向にあった。一九五五年には六二億フラン、五六年には九三億フラン、五七年には一〇〇億フラン、と赤字が増大していた。さらに、国際収支の悪化が、五八年には一五％もの高いインフレを招いていたのである。

以上のように、アルジェリアは内政問題であるとしてアルジェリア独立戦争の国際化の正当性を疑問視してきたフランスであったが、そのアルジェリア政策の主軸となるコンスタンティーヌ・プランの実施において、皮肉にも欧州開発基金の支出を必要としていた。欧州開発基金では、フランスが支出する額に比べ、フランスの植民地、旧植民地に配分される援助額のほうが多く、フランスは経済的利益を得ていたことになる。フランスを除けば欧州開発基金は主にドイツの支出によって賄われていたのである。つまり、アルジェリア紛争の解決に、フランスはユーラフリック共同市場の継続を必要としていた。泥沼化するアルジェリア情勢に対し、フランスが共同体加盟国六カ国に資金を肩代わりさせることで一解決策の実施を図るというユーラフリック構想は、五八年の段階でも継続していたと思われる。

(二) ドゴールによるEECの受容——内政的側面を中心に

一九五八年一月に発効したEECをめぐる問題は、並行して交渉が行われた自由貿易圏という対抗提案の存在のみならず、フランスの国内経済体制にあった。ローマ条約の規定によって、一九五九年一月に域内関税の一〇％削減と輸入割当量の二〇％拡大を開始する関税同盟第一段階の始動が予定されていたが、アルジェリア戦争の戦費がもたらす国内経済の逼迫、巨額の貿易収支赤字により、[54]共同市場がもたらすであろうショックを受け入れる用意が万全であるとはいえなかった。しかも、対ヨーロッパ開放経済への変化は、保護主義を続けてきたフランス経済には、大変動であった。

このように発効後もEECの安定的な始動が約束されない状況で、ドゴールは条約受容の基盤を用意したのである。[55]第四章ですでに見たように、外交面においては、一九五七年二月以来、OEECの枠組みにおいて一七カ国間で自由貿易圏構想が並行して交渉されたが、[56]ドゴールは欧州経済共同体を優先し、自由貿易圏交渉が決裂の方向に向かう中、アメリカ、ドイツによる共同市場に対する支持を取り付けた。[57]しかし、外交的手段のみでは、国内経済に及ぼす影響が莫大な共同市場始動問題に対処できなかった。本項においては、フランス内政の観点から、EECの受容を検討する。

国内経済政策においても、ドゴールは、フラン切り下げによる貿易自由化に対応した経済再建策リュエフ＝ピネー・プラン（リュエフ・プラン）を関税同盟第一段階始動直前の一二月二三日に採択し、関税同盟第一段階への移行を可能にしたのである。リュエフ＝ピネー・プランは、欧州経済共同体の貿易自由化プログラムおよびOEECの完全な遵守のみならず、公的支出の削減、増税、フランの一七・五％の切り下げ、ドルとの交換性を定めたものであった。そもそも、超国家的なヨーロッパ統合に反対し、シューマン・プラン、EDC構想にも反対していたドゴールにとって、EEC委員会という超国家機構をもつEECの受容はなぜ可能になったのか。

リュエフ＝ピネー・プランの作成には、専門家が多く関わった。ドゴール政権発足当時、エリート官僚コースにあたる会計検査官（Inspecteur des Finances）であった経済学者のリュエフは、その立役者の一人である。リュエフは、財政金融政策におけるその持論とヴィシー政権期との関わりのため、第四共和制下においては、周辺的な存在であった。しかし、経済財政相ピネーが、貿易自由化を制限することによって、財政収支を改善しようと試みたのを契機に、より大規模な改革案を提案するのである。[58] リュエフは、ドゴール首相就任後初の閣議の際、ピネーに対し、書簡を送り、財政再建の諸原則について述べている。それは、インフレの鎮圧とフランの再建であった。[59]

このリュエフが議長となり、財政再建のための報告書を提出するようドゴールに命じられたリュエフ委員会が、九月三〇日に結成される。委員会のメンバーは、著名な銀行家、実業家合わせて九人であった。秘密裏に行われた議論の報告書は、五八年冬に提出される。そこでは、国内でのデフレ対策の諸政策が提案されたのに加え、OEEC内での貿易自由化を、一九五七年を最低基準として回復させることが要求された。しかし、リュエフ委員会内の対立のため、フラン切り下げについては、言及されなかった。フラン切り下げについては、ドゴールの大統領選出後に新たに付け加えられたのである。[60]

ドゴールによるリュエフ＝ピネー・プランの採択は、政府の閣僚、官僚らの反対を押し切ってのものであった。[61] もちろん、これは、自由貿易圏よりも共同市場を選択するというドゴールの立場が背景にあることは間違いない。共同市場内での自由化による国際収支の悪化がもたらす弊害を排除するには、フラン切り下げも行われるのが望ましかった。しかし、これはフランスの財政再建というより大きな目標においての決定の妥当な理由とはならない。ドゴールにとっては、プランの実行により国際収支に均衡がもたらされると訴えたリュエフの説得力、リュエフに対する信頼感が大きかった。[62]

五八年末の段階で、フランスはEECの始動の基盤を用意した。これは実は、海外領土市場の共同市場への連合を実行する前提条件であった。このようにしてユーラトム、EECにおける関税同盟第一段階は始動され、ローマ条約調印で埋め込まれたユーラフリックは、維持されることになった。[63]

フランスのアフリカ政策総体において「ユーラフリック」は、いかなる意味をもったのであろうか。この一九五八年は、植民地帝国の総体としてのフランス連合改革を図ったフランス共同体（Communauté française）が成立した年でもあった。第五共和制憲法の第一二章において規定されたフランス共同体は、一二の海外領土を「共和国」に格上げし、フランス共和国と一二の共和国との間に、外交、防衛、経済、通貨の共通政策をとるという、フランス連合を新たに再編した制度であった。このフランス共同体は、九月二八日に行われた、各海外領土、アルジェリアにおける現地の住民投票によって承認され、成立した(64)。なお、アルジェリアの第五共和制憲法への住民投票は賛成多数で可決されており、アルジェリアもフランス共和国の中に含まれると考えられるため、フランス共同体の正式メンバーではないが、フランス共同体の一部をなすと考えられる。そして、FIDESに代わって新たに設けられた援助協力基金（Fonds d'Aide et Coopération 以下、FAC）という開発援助スキームが、翌五九年七月二五日には設置される。以後、アフリカ向けのフランスの開発援助は、基本的にこのFACとEDFを通じて行われていくのである。

フランス共同体が構成諸国の独立によって崩壊を迎える前の五八年から五九年にかけては、ローマ条約において実現した海外領土市場の連合と海外領土・国への開発援助基金EDFは、フランスのアフリカ政策においてはあくまで一部分を占めるのみであった。そのような中、フランスと植民地の関係を再編するフランス共同体が成立し、フランスによる開発援助スキームFACも設けられた。ローマ条約交渉期同様に、あくまで「フランサフリック」との共存の中での、ユーラフリック協力であった。

なお、ドゴールのユーラフリックは、安全保障面でも展開されていた(65)。北アフリカ情勢が深刻さを増す中、フランス領北アフリカであるアルジェリア、チュニジア、モロッコをそこに包含する形で、ある種のユーラフリック構想の推進を図ったのである。七月に行われたダレス国務長官との会談において、ドゴールは、NATOの北アフリカやサハラ砂漠への拡大の可能性に言及したのである。もちろんその後、定式化された五八年九月覚書は、英米独ベルギーなどからの対外的支持を得ることなく、自然消滅していく(66)。

しかしながら、従来、フランスの北アフリカ政策とサブサハラ（サハラ砂漠以南）政策は分断されて検討されることが多かったが、北アフリカとサブサハラアフリカを連結する外交構想が存在したことは、興味深い事実であろう。

第四節　ユーラフリック構想の帰結
――ローマ条約以後の海外領土――

さて、ローマ条約の関税同盟第一段階は、不安定要因を克服することで一九五九年一月から始動した。それとともに、アフリカの共同開発により、ヨーロッパとしての国際的影響力を増大させるという「ユーラフリック」も、市場の連合、開発援助基金の創設によって、部分的に実現されることになった。これまで、ローマ条約における海外領土の挿入問題の交渉過程とその要因に関して、一次史料に依拠しながらミクロに論じてきた。それでは、ローマ条約は、より長いタイムスパンで見れば、どのように位置付けられるのであろうか。現代とのつながりで、この歴史的な出来事を評価するためにも、ローマ条約以降の「ユーラフリック」について概観したい。

ローマ条約調印からの五〇年間において、「ユーラフリック」を取り巻く状況は大きく変化した。一九六〇年に一七カ国が相次いで独立を果たしたいわゆる「アフリカの年」を頂点とする植民地の独立[67]、それに伴う、ソ連のアフリカへの参入と、共産圏の勢力拡大を主な理由とする、その後に続いたアメリカのアフリカ援助への参入である。開発援助を担う地域機構として、ＯＥＣＤの開発援助委員会（Development Assistance Committee：DAC）が設立された六〇年代以降、アフリカの開発の問題は、冷戦の論理と絡まりあって、アフリカにおけるフランスの覇権的地位は脅かされていくのである。そして、欧州共同体にイギリスが加盟するや、援助や貿易の拡大を目指したロメ協定が結ばれ、対象国をフランス、ベルギーの旧植民地から、旧英領を含めたアフリカ、カリブ、太平洋（Africa, Caribbean, and Pacific 以下、ＡＣＰ）諸国へと拡大した。この流れはまた、当時、喧伝された新国際経済秩序を体現するとも考えられた。これを期に、「パートナーシップ」という言葉で、ヨーロッパとアフリカを含むＡＣＰ諸国との関係の対等性が謳われるようになった。ＡＣＰは、バイラテラルな関係を個々のＥＵ加盟国ともつ一方で、しばしば、政治学者によって、一つのブロックと考えられるようになった[68]。現在、二〇二〇年まで二〇年間有効なコトヌー協定において、ＥＵとＡＣＰ諸国の貿易、投資、開発援助における協力が相互性の原則のもと定められている。

この間、ヨーロッパとアフリカの関係は、大きく変化してきた。ヤウンデ協定、ロメ協定を通した度重なる拡大を経て、前述のように、ヨーロッパとアフリカの公式な関係は、ヨーロッパとＡＣＰ諸国間のパートナーシップへと至っている。ＥＵと第三世界の関係に関する大家マーティン・ホランド（Martin Holland）によれば、二〇〇〇年六月にベナンの港湾に面する最大都市（政府官庁が集中する事実上の首都）コトヌーで締結されたことから名付けられたコトヌー協定は、このような変化においても、分水嶺となっている[69]。ホランドは、コトヌー協定において、「差異化（differentiation）」の原理が導入されたと見る。ロメ協定では、ＡＣＰは画一的に扱われたが、コトヌー協定では、経済発展の度合いに従って、ＥＵとＡＣＰ側との協力関係が異なるよう定められている。三九の最貧国（Least Developed Countries: LDCs）は、ロメ協定の伝統的アプローチである、ＥＵ市場への一方的なアクセスを二〇〇五年まで享受する一方で[70]、最貧国より経済的に豊かな国は、人権、民主主義、法の支配の尊重が促進される必要があるという新たな条件（コンディショナリティー）のもとに置かれることが定められている。ＡＣＰ諸国に含まれる最貧国三九カ国のうち三三カ国がアフリカ諸国というように、最貧国のほとんどがアフリカにある状況で、このような差異化は、ＡＣＰ諸国という傘の中で、アフリカ諸国と、それ以外のカリブ・太平洋諸国とに二分化する効用を秘めている。この差異化の効果は、再び、「ユーラフリック」というヨーロッパとアフリカからなる政治的まとまりを強化することになるのであろうか。

ここからは、「ユーラフリック」を両大戦間期から現在に至るまでの長いスパンで捉えるオーストラリアのカリス・ミュラー（Karis Muller）の議論に従って、検討する。ミュラーは、別の論考[71]で六〇年代には消滅したと論じている「ユーラフリック」の遺産として、コトヌー協定、アフリカにおける共通通貨ＣＦＡフラン、フランス語圏国際組織（Organisation Internationale de la Francophonie: OIF）、通称フランコフォニーの三つを挙げている。[72]ミュラーが二番目に挙げているＣＦＡフランは、ＥＵにおける単一通貨ユーロの導入によりフランスフランが消滅した後も、アフリカで流通し続けている通貨である。欧州委員会は、ＣＦＡフランが特別な通貨レジームの先例とならないよう決定を下しているが、フランスの国庫は、ＣＦＡフランとユーロとの交換可能性を保障している。フランス植民地帝国の残滓を示す例として興味深いが、ヨーロッパとアフリカを結ぶ概念として「ユーラフリック」を狭義で捉えた場合、ＣＦＡフランはむしろ「フランサフリック」で理解するほうが適当であるように思われる。

第三のフランコフォニーはフランス語を媒介にした政治、経済、文化的共同体であるが、その名前が示すフランス語圏という言葉とは裏腹に、確かに「ユーラフリック」の側面を残している。フランコフォニーは、現在では、五五の加盟国・政府、一三のオブザーヴァーから構成されているが、フランス語圏アフリカを中心としたアフリカ諸国のみならず、フランス、ベルギーといったフランス語圏の正式メンバーに加え、オーストリア、ポーランド、チェコ、スロヴァキア、スロヴェニアなどの中東欧諸国がオブザーヴァー（発言権はあれど、議決権はない）となっており、[73]ヨーロッパ・アフリカ諸国、諸機構間の機関であるといえる。ただし、より厳密にいえば、地理的には、「ユーラフリック」とは異なる。というのは、ヨーロッパ、アフリカだけでなく、北米カナダのケベックや、ヴェトナムなどアジア、太平洋の一部までその中に含まれるからである。しかし、フランコフォニーは、その構成国の点から見て、「フランサフリック」というよりは、「ユーラフリック」により近い機関であるといえる。

それでは、第一章における歴史的検討から抽出した、アフリカの資源へのアクセスと共同開発と、国際的影響力の増大という「ユーラフリック」の二つの側面から考えれば、フランコフォニーはどのように位置付けられるであろうか。

一点目の資源へのアクセスと共同開発については、フランコフォニーが「ユーラフリック」の要素をもたないことはほぼ自明である。フランコフォニーは、今日、「開発と連帯」をひとつの活動領域に挙げている一方で、この機関は、アフリカの資源開発を主目的としたものではないからである。アフリカの開発を梃子としてフランスの影響力を維持する機関というよりは、むしろ、フランス語を媒介にした文化的影響力を拡大するためのツールであると考えられる。

一方、二点目の国際的影響力の増大という目標については、フランコフォニーは、「ユーラフリック」の要素をもっている。冷戦下において、ヨーロッパとアフリカの間の連携は、片方の超大国、あるいは二つの超大国から身を守る手段であったし、フランコフォニーは、世界的な文化的側面における勢力争いの戦場となったアフリカにおいて、ある一定の機能を果たしたのである。フランコフォニーは、ソ連に対しては常に、アメリカに対しては初期において、その後は、イギリスとの間において文化的争いの道具となったのである(74)。最近は、フランコフォニーは、マルチラテラルな援助を行い、その三三カ国のメンバーがＡＣＰ諸国でもあることから、コトヌー協定と重なる機能ももち始めている。このように、フランコフォニーにはローマ条約とは制度上の直接的なつながりはないが、「ユーラフリック」の遺産を半分引き継ぐものであるといえるであろう。

最後に、制度的な連続性をもつロメ協定、コトヌー協定において、ユーラフリック構想が、どの程度、実現したのかを検討したい。その際、「ユーラフリック」の基準として設けた、ヨーロッパによる資源へのアクセス、アフリカの共同開発、国際的影響力の増大といった視角から考察する。当事者として考えられるのが、ヨーロッパ、アフリカ諸国であることから、開発の成功といった客観的基準に加えて、アフリカ側の協定に対する態度についても言及したい。

アフリカの開発に関しては、EUは開発援助を通して、多大な努力を積み重ねてきた。ローマ条約以来、二度にわたるヤウンデ協定、四度にわたるロメ協定、現行のコトヌー協定において、漸次的に開発援助額の総額は増大してきた。二〇〇〇年に調印されたコトヌー協定による第九次EDFに至っては、ドゥフェール海外フランス相が五六年に共同市場としてユーラフリック共同体構想を提案した当初に、要求した一〇億計算単位をはるかに超え、一五二億ユーロに達している。加盟国によるバイラテラルな援助を含めれば世界最大のドナーであるEUは、その援助の約半分をブラックアフリカに割いており、アフリカにおいても最大のドナーとなっている。[75]その上、二〇〇六年のリスボン欧州理事会においては、今後、国民総生産比での援助総額を、二〇一〇年までに〇・五六％、二〇一五年までに〇・七％へと拡大する方向性が決定されている。これは、一九七〇年代から国連などで目標とされていた数値である。

また、貿易を通じた経済発展、開発というロメ協定のコンセプトに従い、様々な貿易スキームを通じて、アフリカ開発のための外交的努力がなされてきた。逆特恵（reverse preferences）[76]の廃止や、一次産品輸出所得安定化制度（STABEX）と呼ばれる輸出安定スキームがその代表である（なお、STABEXは、コトヌー協定により廃止されたとされている）。しかし、ミルワードの指摘するように、EUにとってアフリカが貿易においてもつ重要性は、むしろ一九八〇年代から二〇〇〇年にかけて減少している。絶対値を見た場合、アフリカの貿易パートナーとしてのプレゼンスの小ささはより明らかになる。二〇〇〇年において、アフリカを含んだACP諸国全体が、EUの輸出相手として占める割合は、一・五三％、輸入相手として占める割合も、わずか一・七一％にすぎないのである。[77]ロメ協定においては、関係するACP諸国、また英仏の利害対立の調整など、取引費用を多大に要する交渉となってきた。このような多大な外交的努力は、貧弱な経済的結果しか残さなかったのである。[78]また最貧国のほとんどがアフリカに位置するという事実から鑑みて、ローマ条約以降の開発政策は、全体として成功を収めなかったと考えてよいであろう。

このような開発政策は、経済的帰結は別として、ヨーロッパとしての国際的影響力の増大に貢献したのであろうか。まず指摘されるのが、EUの開発援助は増大しているものの、ここ五〇年間、アフリカに対する二国間援助の総和にははるかに満たないものであり続けたという点である。第二章で見たように、ローマ条約第四編での規定による第一次EDFにおけるフランスの植民地に対する拠出が、バイラテラルな援助の五分の一ほどの拠出であった当初から、「ユーラフリック」は、「フランサフリック」と共存し、「補完的な」役割を担うことになった。現在においても、二国間援助の影に隠れているのである。

第二に、ヨーロッパが、アフリカにおいて、どれほどのプレゼンスをもっているのかという問題である。確かに、開発においては、道路や橋を中心にした「輸送・通信」分野（インフラ）、「農業生産」、「工業化」の三部門に重点的に資源配分がなされ、間接的な効果として、アフリカの経済成長率も五・八％（二〇一三年）に至っている。しかし、最貧国という段階から脱出するほど画期的な成果を生むには至っていない。この点で、二国間援助と多国間援助を合わせれば最大のドナーとなるEUの開発における絶対的プレゼンスはそれほど大きくないといえるであろう。

国際的影響力を考える場合、絶対的なプレゼンスのみならず、相対的なプレゼンスを考えるのが妥当であろう。とするならば、EUの相対的プレゼンスはいかなるものであろうか。アフリカにおいて、時代ごとに、プレゼンスをもつアクターに変化が見られるものの、全般的にアクターは多様化している。まずソ連である。ソ連は、一九五六年春の第二〇回党大会において、アフリカの進歩、ブルジョワ勢力との関係強化の必要を公的に認めた後、奨学金の増加、研究所の創設などを行った。次にアメリカの介入も見られるようになる。アイゼンハワー期にはフランスが独立を与える方向に進んでいる限り、フランスによる統治を認めていたが、ケネディ（John F. Kennedy）政権期から、アメリカも本格的にアフリカに参入するようになった[79]。途上国への基金を管理するアメリカ合衆国国際開発庁（Uniteds States Agency for International Development; USAID）や、若者がボランティアとして途上国支援に協力する「平和部隊（Peace Corps）」、世界銀行グループの一組織として、長期で低金利の融資を行う国際開発協会（International Development Association; IDA）の創設などを行ったのである。

冷戦下での米ソのアフリカ参入開始以降、アフリカにおける開発援助は、フランスやヨーロッパ共同体の独占物ではなくなった。もちろん、経済大国となった中国や、各国別では最大のドナーであった時期もある日本がプレゼンスを増す現在でも、ヨーロッパの二国間援助と共同体による援助を合わせると、援助総額の半分以上を占めており、世界最大のドナーとなっている。しかし、これらの援助に一体性が見られなければ、ヨーロッパとしてのプレゼンスとは呼べないのではないだろうか。

そこで、ヨーロッパという顔で援助がなされている共同体レベルでの拠出について検討する。二〇〇三年現在、アフリカへの政府開発援助による拠出額において、共同体は依然として、アフリカ全体に対する援助の一〇%を占めるにすぎない。アメリカの一八%、国際連合の二九%に比べ、はるかに少なくなっている[80]。相対的プレゼンスの点からすると、ヨーロッパは覇権的地位を築けず、米国の影響力を排除するという目標を実現できなかったのである。米ソなど超大国から自立した国際的影響力の源泉として構想された外交ツールとしての、「ユーラフリック」は十分に機能しなかったと考えてよい。

以上、概観してきたように、アフリカの資源の活用によりヨーロッパが国際的影響力を増大させるという極めてヨーロッパ中心主義的な考え方に基づいて構想され、追求された「ユーラフリック」は、フランコフォニー、コトヌー協定という機構上の遺産を残した。しかし、もはや歴史的に共通した遠大な構想は影を潜め、アフリカの開発にも、ヨーロッパとしての国際的影響力の増大にも貢献しているとはいい難いものとして残されているのである。

小括

ローマ条約調印から関税同盟第一段階に至る約二一カ月間は、「ユーラフリック」の結実としての海外領土市場の連合、ＰＴＯＭ向けのＥＤＦが、条約、付属協定通りに機能するか、未だ不確定な時期であった。ローマ条約調印間際の最後の懸案として盛り込まれた海外領土市場の連合は、条約批准段階では、イギリス、ラテン・アメリカ諸国など域外諸国の反発を招くことになった。また条約発効から関税同盟第一段階が発効するまでの一年間においては、第四章で扱った自由貿易圏交渉でローマ条約非加盟のヨーロッパ諸国との間での貿易自由化の圧力により共通域外関税の意味が骨抜きになる可能性があった。そのほか、加盟国域内市場での関税削減がもたらす経済的ショック、特に国際収支の悪化に対する準備をフランス政府は行う必要があった。これらは、それぞれ、条約の批准を最優先するフランスのＧＡＴＴでの遅延戦略、フランスの財政改革案、リュエフ＝ピネー・プランによるフラン切り下げが主な要因となって、解決されていく。その結果、一九五九年一月一日に域内での関税削減一〇％、輸入割当量の二〇％拡大を定める関税同盟第一段階が始動する際、海外領土の連合、ＥＤＦは維持されたのである。このように、海外領土の連合は、フランスの外交的・内政的努力によって保護されたのである。ローマ条約調印から関税同盟第一段階の始動のプロセスにおいても、フランスの脱植民地化対応戦略とヨーロッパ統合政策は密接に連関していたのである。

海外領土市場の連合、ＥＤＦの設置は、ユーラフリック構想をモレ首相、ドゥフェール海外フランス相、ピノー外相らが六カ国との交渉において積極的に推進した一つの結実であるといえるが、いかなる結果を残したのであろうか。本章第四節では、現在に至るまでの長期的な影響を概観してきた。ローマ条約の第一段階が始動する中で、一九五六年春に目指されていた海外領土市場が欧州共同市場に統合される共同体の創設は「連合」に縮小し、さらにコンスタンティーヌ・プラン、フランス共同体などのフランスのアフリカ政策との共存のもとに成り立っていた。「ユーラフリック」は、あくまでフランスのアフリカ政策の補完的存在となったのである。そして、多くの文献が指摘するように、ユーラフリックは一九六〇年代には死滅した。このことは、しばしばフランスとローマ条約により設立された超国家機構、EEC委員会との対立に現れた。そして、制度的連続性をもち、EUとアフリカ、カリブ、太平洋諸国に拡大された貿易、投資、開発に関するパートナーシップを定める現行のコトヌー協定においても、ユーラフリック構想が残滓としてのみ残っているという状況である。五〇年代後半の当時、メディアや政治家は、ローマ条約におけるヨーロッパとアフリカの包括的な協力を「ユーラフリック」と呼び、ローマ条約によって「ユーラフリック」が誕生するという声も多かった[(81)]。翻って、今日ではどうだろうか。そもそも、EDF設立に見られるフランスの開発援助を肩代わりさせるというフランスの国益に基づいたユーラフリック構想推進の動機が、ヨーロッパの機構によるアフリカ政策の進展を妨げる限界を最初から内包していたのではないだろうか。

終章

本書においては、脱植民地化、冷戦という国際環境のコンテクストを意識した上で、フランスのヨーロッパ統合政策とアフリカ政策をリンケージする「ユーラフリック」に焦点を当てて、フランスがそれを推進した動機と果たした役割について分析してきた。そのため、当該時期におけるフランスのヨーロッパ政策全般およびヨーロッパ統合における政策決定過程全体に関しては、カヴァーし切れなかった。しかしながら、このような対象の限定によって、本書のタイトルにつけたようにヨーロッパ統合のふたつの重要な側面が浮かびあがってきたように思われる。

第一に、ヨーロッパ統合において、加盟国の海外領土・国（ＰＴＯＭ）の参加問題が大きな位置を占め、フランスの脱植民地化に対応する戦略とヨーロッパ統合政策が密接に有機的な連関を見せていた点である。モレ首相、ピノー外相、ドゥフェール海外フランス相らは、脱植民地化の波が押し寄せる中、これを避けがたい現実として受容しながらも、アフリカにおけるフランスの影響力低下に対し危機意識を抱き、自国のＰＴＯＭに対し、新たな連携の構築により影響力の維持を図ったのである。またＥＥＣ委員会とフランスの間で、すでに一九五八年から対立が始まる。ここに各国が独自で対応できない問題にヨーロッパの枠組みで対応するという「ヨーロッパ的解決」としてのユーラフリック構想には両義性がみられた。フランス政府首脳部が推進したこの脱植民地化対応戦略は、加盟六カ国交渉において海外領土の加入を条約成立の「必要条件」とし、ベルギーとの協調を行うことによって海外領土の連合は、ＥＥＣ（欧州経済共同体）設立条約の交渉の最後の争点となった。その結果調印されたローマ条約において、ＰＴＯＭとの制度的関係を初めて公式に構築することになった。ローマ条約の第四編が土台となって、今日、ＥＵ（欧州連合）は、ロメ協定、コトヌー協定などＡＣＰ（アフリカ、カリブ海、太平洋）諸国とのパートナーシップ関係を築き、加盟国の二国間援助を合わせれば、対アフリカの最大のドナーとなっている。ローマ条約交渉において、ＰＴＯＭの加入問題は極めて重要だったのである。このことは、「再出発期」のヨーロッパ統合は、脱植民地化の中での加盟国の海外領土国との関係を除外しては、理解が不十分になるということを示唆している。

　第二に冷戦の影響に関して述べると、一九五〇年代半ばにおいて、東側との対立の中で、ヨーロッパ統合を重要と考えるダレス国務長官などアメリカの戦略的利益と一致し、仏独を中心としたヨーロッパ統合が進められた。アメリカの基本路線は植民地からの独立という自身の歴史に起因する反植民地主義であったが、脱植民地化対応のためのユーラフリックについては、アメリカは反対しなかったのである。一方で、ダレスの思惑とずれたのがヨーロッパ側の認識である。ＥＣＳＣ加盟の六カ国、特にフランスは、西側陣営の一員でありながら、モレの訪ソの際に明らかにされたように、国際的第三勢力という米ソから自立した勢力の形成のため、ヨーロッパ統合を推進していったのである。歴史のイフは禁物であるが、冷戦がなければ、アメリカやその外交を率いるダレスは、植民地主義的要素をもつユーラフリックを、支持することはなかったかもしれない。その意味で、冷戦はユーラフリック構想追求の追い風となったのである。脱植民地化よりもその影響は比較的小さいとはいえ、冷戦という国際環境のもつ欧州統合へのインパクトはやはり無視できないのである。また、スエズ危機・戦争の中で、冷戦の緩和がもたらした欧州統合への影響、つまり冷戦構造への「反動」ともいうべき影響も指摘できる。それは、スエズ戦争の際に、米ソが英仏イスラエルに反対して、軍事行動の中止を求めた際に、ドイツのアデナウアーを中心に対米不信から、ヨーロッパ統合を進める仏独枢軸が形成されていくからである。これを契機に、停滞していたローマ条約の交渉は進んでいくのであり、スエズ危機・戦争の影響は見逃せない。ただし、フランス外交に関していえば、それ以前の五六年春からモレ政権のユーラフリック構想追求の意思は強く、スエズ危機・戦争の影響を強調しすぎる立場をとることには慎重になる必要がある。

さて、より細かな本書の意義について整理しておこう。ローマ条約発効によって成立することになったこのEECへの海外領土市場の連合について、すでに研究の蓄積がある。本書では、欧州共同市場への海外領土の連合に関して、背後にあったアルジェリア問題の重要性をさらに指摘した。しかし、本書において最も重要であると思われるのは、「ユーラフリック」の射程を検討したことである。海外領土が制度上統合されたユーラトム（欧州原子力共同体）、そしてローマ条約第一段階の発効によって、イギリスなどEEC非加盟の七カ国から構成されるEFTA（欧州自由貿易連合）へと形を変えて成立することになる欧州自由貿易圏創設交渉において、海外領土問題がどのように扱われたかを検討することで、当該時期におけるユーラフリックのもった意味を再構成しようと試みたのである。

このような試みによって、ヨーロッパ統合史において、主に三つのことが明らかになった。一点目は、ユーラトムについてである。ユーラトムにおける海外領土問題は、今までほとんど論じられてこなかった。それには、従来、ユーラトムそのものが失敗してきたと評価され、ローマ条約イコールEECという立場さえあるように、ユーラトムの歴史的研究自体が、全体としてあまり研究者の注目を集めてこなかったことがある。しかしながら、ユーラトムにおける海外領土の位置付けは、ウラン供給というだけでなく、ユーラフリック構想実現の具体的目標の一つとして追求されていったのである。ドゥフェール海外フランス相は、濃縮ウランの供給がアイゼンハワー大統領によって提案され、ウラン供給源としてベルギー領コンゴのユーラトムへの参加の意義が薄れていく中、ユーラフリック共同市場案とともに、原子力分野における海外領土の挿入を図ったのである。ユーラトムは、実際は、ユーラフリック構想と極めて密接な関係にあったのである。

二点目は、自由貿易圏創設交渉におけるＰＴＯＭ問題についてである。イギリスによる自由貿易圏設立提案に対するフランスの対応についても、すでにかなりの研究蓄積がある。この問題に特化していない諸研究において、フランスは、海外領土の加入を排除するという立場を早い段階から固めていたという解釈がなされてきた。しかし、より詳細な検討を行うことで、ＰＴＯＭ問題は、一九五八年前半までに完全に合意されたわけではなかったことが明らかになった。イギリスがコモンウェルス諸国との間で形成していた帝国特恵の拡大については、五八年春に設けられたオクラン特別委員会において検討がなされ、交渉が中断される前の秋頃まで議論されていたし、具体的な条項は今後検討するとされながらも、アルジェリアの加入については、五七年以降、断続的に検討されてきたのである。フランスは、共同市場との関連で、自由貿易圏を捉えていた。それは海外領土についても同様であった。自由貿易圏への海外領土の連合は、欧州共同市場への海外領土の連合により保障された特恵の効果を無意味にすると考えられた。そのような政治・経済的計算が一つの要因となって、海外領土の連合は、フランスに支持されなかった。しかし、それでもなお、ＰＴＯＭの連合という自由貿易圏創設交渉の一大争点において、何らかの結果を追求していった。自由貿易圏創設交渉においては、フランス政府による「ユーラフリック」追求の結実である欧州共同市場への海外領土の連合を保護する動機が見られたほか、ユーラフリックをそれとは別の新たな形で模索する行動も同時に見られたのである。

三点目は、一点目、二点目と関係するが、ユーラフリック構想の全体に対する解釈についてである。すでに述べたように、一九五五年から五八年にかけてのユーラフリック構想の研究は、欧州共同市場への海外領土の参加という問題に集中してきた。このような立場には、一般に「ユーラフリック」と呼ばれていたのがＥＥＣへの加盟国海外領土の連合であったという妥当な理由がある。しかしながら、本書で考察してきたように、当時のフランスのヨーロッパ統合政策全体の中で、海外領土の位置付けを検討することにより、「ユーラフリック」の射程がより明らかになったと思われる。まず、明らかになるのは、海外領土の挿入による「ユーラフリック」の部分的形成が、EEC、ユーラトム、欧州自由貿易圏創設交渉というフランスのヨーロッパ統合政策の全体においても、重要であったという事実である。

ユーラトムにおいて海外領土の参加を促す実利的意味を失いつつあったのにもかかわらず、フランスは、最終的に条約への統合を図った。そこには、ユーラフリック構想の追求がもたらす象徴的価値があった。一方、自由貿易圏交渉においては、ローマ条約での海外領土での連合、PTOMへの開発援助であるEDF（欧州開発基金）は既得権益となっていた。そのため、「ユーラフリック」のもたらした恩恵、制度そのものを保護するためにも、フランスの海外領土を連合させないという方針を確立していくのである。しかし、この中でアルジェリアに関してだけは、海外領土、海外県と違い、アルジェリアの政治的観点からの自由貿易圏への連合が望まれた。EEC交渉のみを分析すれば、フランスのPTOMに対する開発援助をパートナー国に対し負担させることで得られるその経済的価値に目を奪われがちである。しかし、このようにユーラトム、欧州経済共同体、自由貿易圏交渉と視野を広げて検討すれば、海外領土市場の連合がもつ経済的意義の大きさに加え、経済的利益にとどまらない象徴的価値と政治的価値が「ユーラフリック」に求められたことが明らかとなった。フランスは、このような複合的動機から「ユーラフリック」推進に携わったのであった。

次に、フランス外交史上の本研究の意義についても振り返っておきたい。本論での検討から、ヨーロッパ政策とアフリカ政策に限定した上での結論ではあるが、第四共和制後期のフランス外交の特徴も浮かび上がったであろう。この再出発からローマ条約での関税同盟第一段階始動に至る時期において特徴的なのは、「ユーラフリック」の戦略的展開だと思われる。ヨーロッパとアフリカを一まとまりとするユーラフリック構想は、共同市場、ユーラトム、自由貿易圏創設交渉において追求された。このユーラフリック構想の具体的政策としての追求は、第四共和制後期以後にも見られる。ただし、ドゴールが大統領として舵取りをしたドゴール外交において、安全保障領域にも踏み込んだ独自のユーラフリック構想が展開されたという研究においてさえ、フランス共同体の崩壊を契機に、ユーラフリック構想は放棄されていったとされている。[1] それは、一〇年間以上続いたドゴール外交のうちの短い一定期間を占めたにすぎないのである。その意味で、植民地かヨーロッパかという二者択一の選択ではなく、両者を一つに統合する試みとしても、ユーラフリック構想を政策として追求した第四共和制後期のフランス外交の特殊性が明らかになったと思われる。フランス外交史の大家モーリス・ヴァイスがいうような第四共和制後期外交とドゴール外交との連続性は、スエズ危機の高まりを機に強まる対米自立の模索という点で確かに見られる。しかし、そのような連続性にかかわらず、断絶性も明らかである。対米自立を目標としながらも、フランスは、ダレス国務長官など米政府高官と個人的に親交のあったモネを媒介として、ダレスらのヨーロッパ統合への支持を背景に、ユーラフリック構想を推進していった。モレ政権も第三勢力を目指していたが、西側陣営の一因としての意識が強く、その中で同盟の再均衡を求めただけであり、対米関係に関しては、ドゴール大統領期よりやはり密であるといえる。一般にフランスの「自立・独立（indépendence）」を目標としたとして語られるドゴール外交と、[2] 第四共和制後期の外交との間には、この点で違いが見られる。第四共和制後期にドゴール外交の起源を求めるよりは、その範疇を超える第四共和制後期フランス外交の特殊性が明らかになったといえよう。

さて、この時期のフランス外交の評価を行いたい。まず、フランス外交に対する「ユーラフリック」の意義について述べたい。再出発期のフランスのユーラフリック構想の追求が、結果的には、ローマ条約以降の統合ヨーロッパとアフリカとの多国間関係の制度的基礎を作った。もちろん、その成果については、賛否両論あるし、筆者は五章において、当初の目標を達成できなかったとして、むしろ厳しい評価を下している。しかしながら、自国のみでは対アフリカ援助の負担が不可能となっていたフランスにとっては、ほかの加盟国の援助を引き出す道具となり、それが現在のアフリカ開発援助におけるEUの一〇％のシェア（加盟国の二者間援助を除く委員会のみによる拠出）をもたらしている。ここに垣間見えるのは、窮地を脱するのに他国の協力、特にドイツの協力を引き出した、フランス外交のしたたかさである。

しかし、この時期を検討するならば、フランス外交の限界にも目を向けざるを得ないように思う。五五年から五八年にかけて、フランスの植民地主義的動機が、アフリカ政策をヨーロッパ政策に連結させることになった。海外フランス相ドゥフェールは、ユーラフリック共同市場を提案した際、フランスの海外領土に対する主権をパートナー国と共有するというリスクを把握していた。それにもかかわらず、フランス一国の開発援助をヨーロッパ化することで、フランスの財政的負担を減らそうとした。しかし、五八年には、すでにこのような構想の矛盾が現れた。西欧六カ国によるヨーロッパ大での開発基金EDFを管理する主体が、EEC委員会となることは、すでにEEC設立条約第四編第一三二条によって定められていた。主権の部分的な委譲を受け入れた上での、開発援助基金の創設であった。それにもかかわらず、EEC委員会という新たな主体が存在し始めるや否や、フランス政府とEEC委員会の間で主導権争いが行われるのである。フランスにとって、アフリカは依然として「私猟地（chasse gardée）」にすぎなかったのではないだろうか。

この「フランス問題」は、何もローマ条約交渉時に始まったことではなかった。一九五四年八月にフランスの国民議会が否決し、ヨーロッパ統合を停滞させることになったEDC（欧州防衛共同体）は、フランスによって提案されたものであった。提案が葬られた時期には、もちろん提案がなされた時期とは異なる国際情勢にフランスは置かれていた。フランスの軍隊を超国家機構の管理に置くこと、フランス独自の核開発の制限がかけられることなど(3)

が、軍事分野での超国家的統合を放棄させる原因となった。それにしても、フランスの手により放棄されていったのである。

フランス問題の背景としてあったのは、フランスのヨーロッパにおける主導的地位であろう。特に、フランスはヨーロッパ統合を外交の基盤として、大きな力を注ぎながら、ビドーの「フランス、あるいはフランス連合に害を与えることなく、ヨーロッパを建設せよ」という言葉に象徴的なように、フランスやフランス連合の権益を守った上での、ヨーロッパ統合推進を行っていた。フランスには、自国の利益に対する犠牲を伴って、ヨーロッパ統合を推進させる覚悟はなかったと思われる(4)。

外交によって達成できる目標には限界があることを(5)、フランスはもっと強く自覚すべきだったのではないだろうか。脱植民地化の波が押し寄せる中、フランスが、独立後を見据えて緊密な持続的協力関係を担っていくことが望まれた。その時、フランスがより大規模な協力を行うならば、ヨーロッパの資源を導入すべく、主権の放棄を甘受すべきであったと思われる。第四共和制期のフランス外交は「ユーラフリック」の政策的追求という特殊性をもちながらも、核開発、対米自立、その一つとしての欧州共同市場など、ドゴール外交の土台の多くを築いた。その点で、ドゴール外交をモデルとする通史的解釈は誇張であるように思える。実際、第四共和制後期のフランス外交を、フランス外交を理解する際の一つの参照軸とすることは、意味があるのではないだろうか。しかしながら、外交上の遺産を多く残したその第四共和制をもってしても、植民地帝国に関する主権をほかの主体と共有することは簡単ではなかった。フランスのような中央集権的なシステムを維持してきた植民地パワーとしての歴史の重さであろう。

国際関係史、国際政治学上の意義付けについてもまとめておきたい。終章の冒頭で述べたように、本書は、冷戦、脱植民地化、欧州統合という三つの大きな国際環境上の流れが交錯した事例を扱った(6)。最後にやや異なる角度から図式的にまとめておくと、フルシチョフにより「平和共存」と当時呼ばれたものの七〇年代の「デタント（緊張緩和）」には程遠い東西冷戦の中で、欧州統合が西側の盟主アメリカの支持のもと、フランス主導で推進された。脱植民地化は、冷戦が一九四七年に本格化する前のウィルソンの民族自決提案期から、冷戦とはある程度異なった独自の論理で追求されていた。その脱植民地化に対応するため、アフリカを「連合」させることで欧州統合に植民地主義的要素が埋め込まれたのである。脱植民地化の波に対応するツールとして、欧州統合がフランスによって利用されたのである。開発援助の金額で言えば、フランスが独自で拠出している金額に比べると少ない「補完的な」位置付けに落ち着いたが、それでも、それまで欧州かアフリカかと二者択一的に捉えられてきた状況を脱却し、そのリンケージを生み出す端緒となったことは重要であった。その後、ユーラフリック構想は時に「死亡した」と論じられるほど明らかに収縮したが、その遺産は現在の国際関係にもみられる。今日EUが対アフリカ最大ドナーとなっている状況を生んだのは、この部分的に実現されたユーラフリック構想なのである。

さらに、二〇世紀国際政治よりも視野を広げた本書のインプリケーションも考えてみたい。その時のキーワードは、国際秩序である。[7] イギリス外交史家、ヨーロッパ国際関係史家の細谷雄一が指摘するように、国際秩序（世界秩序）には、四つの層がある。第一に水平的秩序、第二に帝国的秩序、第三に海洋世界の秩序、第四にトランスナショナルな活動空間である。本書で多く取り上げたのは、ヨーロッパ諸国間の統合内部での「水平的秩序」であり、そして「帝国的秩序」がどのように「水平的秩序」に組み込まれたのか、ということであった。植民地の政治的独立により、「帝国的秩序」は形を消していくのであるが、ある意味「帝国の残滓」という形で、ユーラフリック構想の追求と部分的実現によって、分断されていた水平的秩序に垂直的な帝国的要素が吸収されていったのである。この点では、英国学派の論者アダム・ワトソンの見方を検討するのも有用であろう。[8] ワトソンによれば、欧州国際秩序は、異なる秩序をも時には模索する脱植民地化の流れにもかかわらず、最近までひとつのグローバルな国際秩序であり続けたとされる。ユーラフリック構想は、アフリカの欧州国際秩序への再編というフランスの目標に、武力を行使しない、よりソフトな手段をもって一定の機能を果たしたと解釈できるのかもしれない。

最後に、現代のEU理解との関連について述べたい。二〇〇八年七月一三日パリにおいて、地中海連合設立首脳会合が開催された。(9) これによって、以下の六つのプロジェクトからなる機構が発足した。第一に、地中海の汚染除去という環境分野である。第二に、貿易を増大させ、人々、財の自由移動を促進する海上・地上の高速道路網である。第三に、地域レベルでの「市民保護」を目標とする自然災害への対応である。第四に、太陽光発電計画など代替エネルギー計画である。そして第五に、スロヴェニアに本拠を置くEU地中海大学であり、第六に、ビジネスの発展のための地中海イニシアティヴという経済分野である。議長の一人、サルコジ大統領は、そのサミットを、（エジプトのムバラク大統領との）共同議長に象徴的な南北の平等への意志、具体的なプロジェクトに見出される意志という「二つの新しさ」をもち「成功」であると評価し、メルケル首相も、地中海連合にとっての「非常によいスタート」と評価している。今日、地中海連合がメディアで取り上げられることは少ない。しかし、「動く目標」である地中海連合を理解するためには、今後の注視が必要となろう。その点で、本書で歴史的先例として描き出した「ユーラフリック」、地中海協定構想が、現段階でのわれわれの理解の一助となれば幸いである。

そして、近年、ウクライナ危機、ユーロ危機は一旦収束したものの、難民危機、ブレグジットなど、EUは未だに幾重の危機に苛まれている。ヨーロッパ共同体は、危機をいかに脱したのか、という歴史的先例として、必ずしも完全なサクセス・ストーリーではないこの事例から、様々な教訓をわれわれが得る機会となれば幸いである。

あとがき

本書は、慶應義塾大学大学院法学研究科博士学位取得論文を大幅に加筆修正したものである。慶應義塾大学大学院修士課程に入学して以来、六年あまりの月日が経過したのち、博士論文をまがりなりにも提出する機会に恵まれた。そして、その博士論文を土台に単著を上梓することができた。ひとえに、恵まれた研究環境と多くの方の指導と支えがあってのことである。

本書は一次史料の閲覧と分析に基づく外交史研究の一端であることから、海外での史料収集に対する研究助成には非常に助けられた。慶應義塾大学大学院の高度化助成、そして財団法人松下国際財団に改めて感謝の意を述べたい。特に時間、財政的資源など多大な資源を必要とする歴史研究を遂行するのに、このような財政的援助は不可欠であった。

そのほか、フランス、スイス、イタリア、ベルギー、イギリス等、ヨーロッパでの史料収集の際には、史料管理者（アーキヴィスト）、保存係には多くの助力をいただいた。ここではお名前すべてを挙げられないが、社会党研究大学機関（パリ）のフランソワ・セペード氏、国立公文書館パリ本館のカロリーヌ・ピケティ氏、同海外領土分館（エクサンプロヴァンス）のアンドレ・ブロシエ氏、ヨーロッパのためのジャン・モネ財団（ローザンヌ）のフランソワーズ・ニコ氏には、史料に関する有益な情報、調査方法に関するアドヴァイスをいただき、資料に関する理解を深めるとともにより効率の良い資料収集を行うことができた。

本研究は、さかのぼれば、大学学部時代にその発端が見られる。しかし、はじめから周到に計画されたわけでは毛頭なく、漂泊と貴重な邂逅によって一応の完成を見たものである。京都大学総合人間学部に所属した大学学部時代には、様々な学問分野の大海の中で、自身の関心を武器に何らかの着陸を遂げることなど思いもよらなかった。教養学部という何でもありの雰囲気の中、国際政治より、むしろ環境倫理学やナショナルアイデンティティは人を幸せにするのかといった、倫理的な問題に当時、関心があった。ただ、スケールの大きさと国際政治論という分野に何となく惹かれて、国際政治論の唯一の講座であった中西輝政先生のゼミ選考試験を受験することにした。中西輝政先生が提示された「グローバリゼーションの中での国民国家」というゼミ選考試験の課題に準備した際、主権国家とは自明の存在なのか、という疑問を明確に抱くことになった。その後、環境倫理を専門にした先生は学部内には特にいなかったため、先生のゼミに入らせていただくことにした。実は、この時の疑問を背景として、第二次世界大戦後のヨーロッパで主権国家を超えようとする試みがなぜ行われたのか、という漠然とした問題関心を抱き、卒業論文のテーマとしてEUの一起源をアメリカ外交から考察した研究テーマを選択するに至った。この間、歴史的視野から国際関係を検討する面白さに触れることができた。まったく出来の悪い弟子であったが、本書をふくめた研究成果において、先生から学んだ歴史的アプローチのもつ魅力を少しでも表現できていれば幸いに思う。

その後、関心をもったEUという研究対象と歴史的アプローチでの検討ということを漠然と念頭に置きながら、選んだ先は、EU研究で知られ、政治学、特に国際関係論で多くの魅力的なスタッフを抱える慶應義塾大学大学院であった。指導教授である田中俊郎先生のゼミは、「多様性の中の統一」をモットーとするEUのごとく、現状分析、理論研究、歴史研究を専門とする先生方、先輩方との遭遇の機会を多く与えてくださった。そのような場において特に刺激となったのは、宮下雄一郎、金子新らという先輩方が、EU加盟国として内側から舵取りを進めてきたフランス、ドイツ、イギリスなどを中心に外交史的アプローチから研究されていることであった。当初は、語学の不安もありアメリカを中心とした米仏関係史をテーマにしようと安易に考えていた私だが、思いきって、フランス外交をその分析の中心に据えることを決心した。またしても、予期せぬ邂逅が、研究上の道筋を示してくれたのであった。

大学院においては、中でも、研究上の自由を認めてくださりながらも、研究の軸がぶれがちな私に対し、折を見計らって適切な軌道修正してくださった指導教授の田中俊郎先生に、まず感謝の意を述べなければならない。先生のご縁を大切にされる懐の深さと寛大さには、人間的にも学ぶべきところが多かった。また、同門である細谷雄一先生には、指導教授ではないものの、外交史の研究者として学問上の刺激を常に与えてくださる「ロールモデル」としてのみならず、多忙な中、多大な励ましと研究上のご指導をいただいた。いわばイギリス政治における「影の指導教授」を務めてくださったのが、細谷先生であった。細谷先生のご助力がなければ、本書を完成させることは不可能だった。そのほか、法学研究科の田所昌幸先生、赤木完爾先生、久保文明先生（現・東京大学）、法務研究科の庄司克宏先生には、時にはユーモアを交えながら、知的好奇心を刺激する授業の数々を通して、国際政治学、政治学、ＥＵ法の基礎を教えていただいた。

慶應義塾大学大学院では、多くの優れた先輩、同輩、後輩に恵まれた。東史彦、市毛きよみ、井上淳、今井真士、大久保明、川上洋平、河越真帆、合六強、小島真智子、島田昌幸、白鳥潤一郎、杉浦康之、鈴木宏尚、鶴岡路人、西川賢、林大輔、速水淑子、東野篤子、福井英次郎、松元雅和、宮田智之、山口仁の各氏と同じ大学院時代を共有し、時には切磋琢磨できたことは、研究を進める上で大きな励みとなった。

そのほか、私は、幸運にも大学院時代に留学する機会に恵まれた。留学先のフランスでの指導教授、ジェラール・ボスア名誉教授（セルジー・ポントワーズ大学）からはその著作から統合史とは何か、を学んだ。直接の指導以外でも、ヨーロッパ統合史関係の多くのシンポジウムに誘ってくださるなど、ご指導いただいてきた。また慶應義塾の派遣制度の恩恵にあずかってのパリ政治学院留学時代においては、大学院の演習において、外交史の大家、モーリス・ヴァイス名誉教授（パリ政治学院）やエリザベート・デュ・レオ名誉教授（パリ第三大学）の薫陶を賜ることができた。研究に直接関連する指導を受けたわけではないが、パリ留学時代は知的刺激の波にのみ込まれそうなくらい刺激的な毎日の連続であった。

またパリ留学時代に出会った、ヴィルフリート・ロート先生、ギド・ティーマイヤー先生、ミシェル・ヴァイナハテル先生、ジェニ・ラフリック先生、トーステン・オレセン教授、ロベール・フランク先生、エレーナ・カランドリ先生、ルートヴィク・ロジェ、ポーリーヌ・ボニノ、ジュリアーノ・ガラヴィーニ、エマニュエル・コント、ローラン・ワルルゼ、カチヤ・サイデル、エマニュエル・ムルロン＝ドゥルオル、モーテン・ラスムッセン、トマ・グロニエ、マルコ・ラポーヴァ、フィリップ・バジョン、マリジュリ・シュナール、エミル・ボヨグュエノ、アミナ・ブービア、ナディア・ダグラス、エリック・ザンガー、また日本館やドイツ館での友人たちとの出会いは、ともすれば孤独になりがちな研究生活に彩りを与えてくれた。

そして、フランスからの帰国後、日本学術振興会の特別研究員として、京都大学に研究室をもち、古巣のネットワークに触れることができた。受入研究員となってくださった中西寛先生には、説得力をもった議論をどのように展開していくのか、ということを数々の厳しいコメントとともに教わった。また唐渡晃弘先生、奈良岡聰智先生、濵本正太郎先生にも、定期的なご指導をいただき、研究に関する真摯な姿勢を教わり、学問的刺激を受けることができた。また、京都大学で出会った、鈴木多聞、樋口敏弘、塚田鉄也、津崎直人、菅原健志、久保田裕次、越智萌、仲宗根卓、山下朋子、長久明日香、西村真彦、岩崎総則、高坂博史、西山由理花、土井翔平、柳へリム、宇治梓紗、奥田俊介、デイヴィッド・アデバー、張帆、董延命の各氏との時には私的な面にわたった日々の知的交流がなければ、研究生活をつつがなく送ることはかなわなかっただろう。

さて、学外に目を向ければ、諸先生方から数々のご指導、ご教示をいただいている。草稿の全体にわたって批判的かつ貴重なコメントをいただいた山本健、西村真彦、大野直樹の各氏には感謝してもしきれない。また専門分野が完全に一致するカリス・ミュラー先生（元オーストラリア国立大学）からは、文献の紹介、博士論文の一部に関する詳細なコメントまでいただいた。上原良子先生、川嶋周一先生には、大学院の修士課程の時から折に触れて、研究者の世界を覗かせていただいただけでなく、学問的な刺激をいただいてきた。そして、遠藤乾、鈴木一人、廣田功というEU研究、経済史の第一線で活躍されている先生方には、研究会への参加を許していただき、多くの知的刺激を賜ってきた。そのほか、それぞれヨーロッパ政治、ヨーロッパ統合史、フランス史、外交史、植民地史などの分野で活躍されている、青野利彦、池田亮、池本大輔、石山幸彦、板橋拓己、稲永祐介、井原伸浩、岩間陽子、上垣豊、太田正登、大原俊一郎、岡本宜高、小川浩之、奥和義、奥田泰広、河崎信樹、杵淵文夫、北村厚、木畑洋一、葛谷彩、工藤芽衣、倉科一希、神江沙蘭、小窪千早、小久保康之、小西杏奈、小林正英、小堀聡、小山俊樹、齋藤嘉臣、佐々木太郎、菅原歩、鈴木均、関誠、高津智子、立川京一、田中延幸、谷川稔、鳥潟優子、長井伸仁、中村民雄、中屋宏隆、中山洋平、能勢和宏、野澤丈二、服部春彦、平野千果子、廣田愛理、福田宏、藤井篤、藤田憲、益田実、三島武之介、三牧聖子、百瀬宏、森靖夫、森田吉彦、八十田博人、藪田有紀子、山口航、山影進、山添博史、山本直、湯川志保、吉崎知典、渡邊昭夫、渡辺和行、渡邊啓貴の各先生には、多くのご指導、学問的刺激をいただいている。

本書をまとめる過程では、吉田書店の吉田真也さんから多大なる助力をいただいた。その的確なコメントと密度の濃い打ち合わせでの相談がなければ、本書の完成は不可能であっただろう。また慶應法学会から出版助成をいただくという僥倖にも恵まれた。この場を借りて、深謝申し上げたい。

また筆者が二〇一七年四月より奉職する帝京大学では、数々の魅力的な同僚に恵まれた。中でも、文字通り右も左もわからない私を導いてくださった北見良嗣先生、甲斐祥子先生には、この場を借りて深く感謝する次第である。そして最後に、私事にわたり恐縮であるが、これまで私を支えてくれた家族に感謝の気持ちを述べたい。両親そして兄は、研究者という不安定な道を選んだ私に絶え間ない応援を与えてくれた。ここに感謝の意を記したい。

黒田　友哉

著者紹介

黒田 友哉（くろだ・ともや）

1979年生まれ。2003年京都大学総合人間学部卒業。2009年、パリ第一大学／セルジー＝ポントワーズ大学大学院ヨーロッパ統合論修士課程修了（Master Recherche）。2010年慶應義塾大学大学院法学研究科より博士（法学）を取得。日本学術振興会特別研究員（PD）を経て、現在、帝京大学法学部講師。

専門は国際関係史、ヨーロッパ統合論、フランス外交史、ヨーロッパ・アジア関係。

主著：『複数のヨーロッパ——欧州統合史のフロンティア』（共著、北海道大学出版会、2011年）、『戦後アジア・ヨーロッパ関係史』（共著、慶應義塾大学出版会、2015年）、「EC／アセアン関係の制度化　1967－1975年——EU－アジア関係の一起源をめぐって」『国際政治』第182号（2015年）（日本国際政治学会、第９回奨励賞受賞）。

ヨーロッパ統合と脱植民地化、冷戦

第四共和制後期フランスを中心に

2018年11月１日　初版第１刷発行

著　者　黒田友哉

発行者　吉田真也

発行所　合同会社 吉田書店

102-0072　東京都千代田区飯田橋2-9-6 東西館ビル本館32

Tel：03-6272-9172　Fax：03-6272-9173

http://www.yoshidapublishing.com

装幀　野田和浩

DTP　アベル社

印刷・製本　モリモト印刷株式会社

定価はカバーに表示してあります。

ISBN978-4-905497-67-7

人名索引

【ア行】

アイゼンバーグ，マックス　Isenberg, Max　110
アイゼンハワー，ドワイト　Eisenhower, Dwight D.　90, 96, 110, 120, 121, 143, 147, 177, 197, 203
アヴィ，デジレ　Avit, Désirée　26
アチソン，ディーン　Acheson, Dean　3, 49
アデナウアー，コンラート　Adenauer, Konrad　3, 7, 50, 51, 85 87, 97, 100, 101, 111, 119, 125, 143, 162, 163, 166, 173, 174, 178, 202
アノトー，ガブリエル　Hanotaux, Gabriel　38
アラルト，ヘルムート　Allardt, Helmut　183
アルファン，エルヴェ　Alphand, Hervé　145
アルマン，ルイ　Armand, Louis　110, 117, 125
アンフォンタン，バルテレミー・プロスペール　Enfantin, Barthélémy Prosper　36
イーデン，アンソニー　Eden, Anthony　2, 45, 46, 79, 80, 90, 96, 97, 140-143, 145
イルシュ，エティエンヌ　Hirsch, Étienne　49
ヴァイス，モーリス　Vaïsse, Maurice　17, 206
ヴァイレマン，ペーター　Weilemann, Peter　117
ヴァルゾーリ，アントニオ　Varsori, Antonio　107
ヴォルムセル，オリヴィエ　Wormser, Olivier　102, 160, 161, 163-165, 168, 169
ヴァン・エルモン，ジャック　van Helmont, Jacques　118
ヴィグニ，ピエール　Wigny, Pierre　52, 54
ウィナン，パスカリーヌ　Winand, Pascaline　108
ウィルソン，ウッドロー　Wilson, Woodrow　7, 38, 39, 209
ヴェーナー，ハーバート　Wehner, Herbert　174
ウフエト＝ボワニ，フェリックス　Houphouët-Boigny, Félix　100
エアハルト，ルートヴィッヒ　Erhard, Ludwig　147, 157, 162, 183
エクルス，デイヴィッド　Sir Eccles, David　147, 179
エッツェル，フランツ　Etzel, Franz　125, 174
エリオ，エドゥアール　Herriot, Édouard　40
エリザベス二世　Elizabeth II　142
オクラン，ロジェ　Ockrent, Roger　158（「オクラン特別委員会」は事項索引参照）
オーレンハウアー，エーリッヒ　Ollenhauer, Erich　174

【カ行】

カイザー，ヴォルフラム　Kaiser, Wolfram　138
ガイヤール，フェリックス　Gaillard, Félix　21, 112, 116, 137, 155-160, 162, 163, 165, 182
カトルー，ジョルジュ　Catroux, Georges　67, 70
カルステンス，カール　Carstens, Karl　183
カルリ，グイード　Carli, Guido　157
ギヨーマ，ピエール　Guillaumat, Pierre　117, 121
ギレン，ピエール　Guillen, Pierre　23, 24, 108
クーヴ・ドゥ・ミュルヴィル，モーリス　Couve de Muriville, Maurice　100, 164
クーデンホーフ＝カレルギー，リヒャルト　Coudenhove-Kalergi, Richard Nikolaus　38, 39, 41
クラピエ，ベルナール　Clappier, Bernard　49
グランサー，アルフレッド　Gruenther, Alfred　64
ケナン，ジョージ　Kennan, George F.　42
ケーニグ，ピエール　Koenig, Pierre　64
ゴア＝ブース，ポール　Gore-Booth, Paul　163
コジェーヴ，アレクサンドル　Kojève, Alexandre

163
コティ，ルネ　Coty, René　65, 70, 155
ゴードン，フィリップ　Gordon, Phlip　17
コネリー，マシュー　Connelly, Matthew　64
コペ，アルベール　Coppé, Albert　115
ゴールドシュミット，ベルトラン　Goldschmidt, Bertrand　117
コンスタム，マックス　Kohnstamm, Max　126

【サ行】

サヴァリ，アラン　Savary, Alain　68
サルコジ，ニコラ　Sarkozy, Nicolas　21, 210
サロー，アルベール　Sarraut, Albert　40, 41
サンゴール，レオポール・セダール　Senghor, Léopold Sédar　52-60
ジェブ，グラッドウィン　Sir Jebb, Gradwyn　164
シソコ，フィリ＝ダボ　Sissoko, Fily-Dabo　175
ジャケ，ジェラール　Jacquet, Gérard　156
シュトラウス，フランツ・ヨーゼフ　Strauss, Franz Josef　119, 123, 124
シュペングラー，オズヴァルト　Spengler, Oswald　38
ショーヴェル、ジャン　Chauvel, Jean　46, 145, 161, 180
ジョルダーニ，フランチェスコ　Giordani, Francesco　126
ジョンソン，ステファン　Johnson, Stefan　26
ジロー，ルネ　Girault, René　23-25
スーステル，ジャック　Soustelle, Jacques　67, 133, 164
スタッセン，ハロルド　Stassen, Harold E.　80
スターリン，ヨシフ　Stalin, Joseph　7
ストゥー，ジョルジュ＝アンリ　Soutou, Georges-Henri　15, 17, 18, 162
スノワ，ジャン・シャルル　Snoy et d'Oppuyers, Jean Charles　147
スパーク，ポール＝アンリ　Spaak, Paul-Henri　74, 83, 100, 110, 111, 114, 119-121, 124, 126, 147
（「スパーク報告」は事項索引参照）
ズーボック，ヴラディスラフ　Zubok, Vladislav M.　97
スマッツ，ヤン　Smuts, Jan Christian　45
セゼール，エメ　Aimé, Césaire　53
セルヴァン＝シュレベール，ジャン＝ジャック　Servan-Schreiber, Jean-Jacques　98
セルジャン，ルネ　Sergent, René　133, 138, 139
ソーニークロフト，ピーター　Thorneycroft, Peter　147, 151
ゾーリ，アドーネ　Zoli, Adone　147

【タ行】

タットヒル，ジョン　Tuthill, John Wills　102, 161
ダレス，ジョン・フォスター　Dulles, John Foster　12, 29, 126, 178, 181, 190, 202, 206
ティーマイヤー，ギド　Thiemeyer, Guido　101
デ・ガスペリ，アルチーデ　de Gasperi, Alcide　51, 52
テトジャン，ポール＝アンリ　Teitgen, Paul-Henri　53, 72
デュシェーヌ，フランソワ　Duchêne, François　2, 110
ドゥフェール，ガストン　Defferre, Gaston　12, 24, 28, 29, 72-78, 90, 91-96, 100, 101, 104, 108, 111, 127, 128, 149, 167, 176, 195, 198-200, 203, 207
ドゥブレ，ミシェル　Debré, Michel　52, 55
ドゴール，シャルル　de Gaulle, Charles　17, 18, 21, 45, 159-163, 166-169, 185, 187-190, 206, 208
トラクテンバーグ，マーク　Trachtenberg, Marc　108
ドリース，ウィレム　Drees, Willem　101
トルーマン，ハリー　Truman, Harry S.　43

【ナ行】

ナセル　Nasser, Gamal Abdel　66, 88-91, 103, 151

ニニン，ジュール　Ninine, Jules　175
ノエル，エミール　Noël, Émile　76

【ハ行】

バトラー，リチャード　Butler, Richard　145
ハルシュタイン，ヴァルター　Hallstein, Walter　82, 83, 113, 114, 124, 137, 158, 160, 161, 165, 166, 183, 184
パルースキ，ガストン　Palewski, Gaston　109, 116
ハンセン，ペオ　Hansen, Peo　26
ビスマルク，オットー・フォン　Bismarck, Otto von　ii, 37
ビドー，ジョルジュ　Bidault, Georges　46, 55, 58, 60,　208
ヒトラー，アドルフ　Hitler, Adolf　40, 41, 89
ピニョン，レオン　Pignon, Léon　74
ピネー，アントワーヌ　Pinay, Antoine　79, 111-116, 166, 184, 188, 189, 198
ピノー，クリスチャン　Pineau, Christian　24, 29, 66-68, 75, 77-83, 89-92, 100, 104, 115, 119, 121, 141, 142, 148, 149, 155, 198
ビュイスレ，オーギュスト　Buisseret, Auguste　78
フィリップ，アンドレ　Philip, André　181
フェリー，ジュール　Ferry, Jules　37, 59
フォール，エドガー　Faure, Edgar　57, 63, 112, 116, 118
フォール，モーリス　Faure, Maurice　84, 103, 123, 124, 126,　151, 154, 156, 157, 174
フォン・ブレンターノ，ハインリッヒ　von Brentano, Heinrich　97, 120, 126
藤田憲　25
ブリュネ，ジャン＝ピエール　Brunet, Jean-Pierre　165, 167
フリムラン，ピエール　Pflimlin, Pierre　156, 160
フルシチョフ，ニキータ　Khrushchev, Nikita Sergeyevich　79-81, 209
ブルガーニン，ニコライ　Bulganin, Nikolay Alexandria　80, 125
ブルギバ，ハビブ　Bourgiba, Habib　68, 69, 159
ブルジェス＝モヌーリ，モーリス　Bourgès-Maunoury, Maurice　90, 91, 152, 155, 174, 175
ベイエン，ヨハン　Beyen, Johan Willem　83, 110, 111, 114, 115
ベヴィン，アーネスト　Bevin, Ernest　35
ベッシュ，ヨーゼフ　Bech, Joseph　82
ペテル，ジョルジュ　Peter, Georges　43
ペラン，フランシス　Perrin, Françis　117
ペレス，シモン　Peres, Simon　90
ボスア，ジェラール　Bossuat, Gérard　17, 18, 23-25, 134
ボゾ，フレデリク　Bozo, Frédéric　17
細谷雄一　125, 209
ホフマン，ヨハネス　Hoffmann, Johannes　85
ボリス，ジョルジュ　Boris, Georges　98, 99, 145

【マ行】

マイエル，ダニエル　Mayer, Daniel　91
マイエル，ルネ　Mayer, René　50, 51, 60
マクミラン，ハロルド　Macmillan, Harold　79, 137, 145, 147, 148, 153, 158, 161, 162, 164-166
マシグリ，ルネ　Massigli, René　64
マーシャル，ジョージ　Marshall, George　42
マソン，ジャン　Masson, Jean　75, 76
マーフィー，ロバート　Murphy, Robert　64
マルヴェスティーティ，ピエロ　Malvestiti, Piero　183
マルジョラン，ロベール　Marjolin, Robert　95
マルセイユ，ジャック　Marseille, Jacques　41
マルティーノ，ガエタノ　Martino, Gaetano　82, 111
マンデス＝フランス，ピエール　Mendès-France, Pierre　65, 66, 85, 98, 99, 145, 175
ミガーニ，グイーア　Migani, Guia　24

ミュラー，カリス　Muller, Karis　193
ムサ，ピエール　Moussa, Pierre　74, 93, 95
モーザー，トーマス　Moser, Thomas　23, 24, 26
モック，ジュール　Moch, Jules　79
モードリング，レギナルド　Maudling, Reginald　153-155, 164, 166
モネ，ジャン　Monnet, Jean　2, 12, 31, 49, 50, 107, 109-112, 115, 117-120, 125, 126, 173, 174, 206
モハメド五世　Mohammed V　67
モラヴチック，アンドリュー　Moravcsik, Andrew　6
モリス，アンドレ　Morice, André　152
モレ，ギ　Mollet, Guy　7, 13, 14, 29, 65-81, 84-98, 100, 102-104, 107, 108, 118-122, 125, 127, 128, 137, 140-143, 145, 148, 149, 151, 155, 156, 174, 183, 198, 201-203, 206
モントゴメリー，バーナード　Montgomery, Bernard Law　45

【ヤ行】

ユゴー，ヴィクトル　Hugo, Victor　36, 37, 59
ユリ，ピエール　Uri, Pierre　25, 49, 110, 111, 154

【ラ行】

ラコスト，ロベール　Lacoste, Robert　70, 71, 91
ラマディエ，ポール　Ramadier, Paul　46, 47, 86, 135, 144, 147
リュエフ，ジャック　Rueff, Jacques　160, 188, 189
ルシュール，ルイ　Loucheur, Louis　36
ルジュンヌ，マックス　Lejeune, Max　70, 91
ルメニャン，ロベール　Lemaignen, Robert　182-184
ルロワ＝ボリュー，ポール　Leroy-Beaulieu, Paul　153
ロイド，セルウィン　Lloyd, Selwyn　80, 141, 148, 164, 166
ローズヴェルト，フランクリン　Roosevelt, Franklin D.　46
ロート，ヴィルフリート　Loth, Wilfried　4, 100
ロンメル，エルヴィン　Rommel, Erwin　45

事項索引

※本文に頻出する語句については、本索引の対象から外している。

【サ行】

【タ行】

【ナ行】

関連年表

1955年

4月18日－24日	バンドン会議
5月5日	西ドイツ，主権回復
5月14日	西欧同盟（WEU）設立
6月1日－3日	シチリアで，メッシーナ6カ国外相会談
6月9日	モネ，高等機関委員長，辞任
7月9日	スパーク委員会（専門家委員会）発足（～56年4月20日まで）
7月18日－23日	ジュネーヴで英米仏ソ四巨頭会談
9月6日	ノールトヴェイク6カ国外相会談
10月12日	モネ率いる欧州合衆国のための行動委員会がパリで発足
10月23日	ザールの帰属を問う住民投票の実施
11月	イギリス，ブリュッセルの政府間委員会から撤退

1956年

2月1日	モレ政権発足
2月6日	トマトの日事件（モレ，アルジェでトマトを投げつけられる）
2月11日－12日	ブリュッセル6カ国外相会談
2月22日	アイゼンハワー大統領，海外に向け，民生用濃縮ウラン提供を発表
3月2日	モロッコ独立
3月20日	チュニジア独立
4月21日	スパーク報告提出
5月15日－19日	モレ，ピノー，ソ連訪問
5月17日	ユーラフリック共同市場構想
5月29日，30日	ヴェネツィア6カ国外相会談
6月23日	ドゥフェール基本法成立
7月17日	イギリス，OEECでG計画（自由貿易圏構想）を提出
7月18日	フランス・ベルギー，植民地大臣間で会談
7月26日	エジプト大統領ナセル，スエズ運河国有化宣言
7月30日－8月1日	英米仏首脳会談
9月4日	仏，省間委員会・ヴェレ委員会覚書

9月10日	モレ，イーデン首相に英仏連合構想案提案
10月11日	連合に関するフランス・ベルギー報告書作成
10月20日－22日	パリ6カ国外相会談
10月22日－24日	セーヴル秘密会談（英仏イスラエル）
10月24日	ソ連，ハンガリーに第一次軍事介入
10月27日	ザール条約締結（ザールのドイツへの帰属確定）
10月29日	イスラエル軍，エジプト侵攻
10月30日	英仏軍，スエズ運河侵攻
10月30日	スエズ侵攻をめぐる安保理決議，仏英の拒否権発動
11月2日	国連総会，スエズ停戦決議
11月6日	仏独首脳会談
12月	英仏軍，スエズから撤兵

1957年

2月18日	パリ6カ国外相会談
2月19日－20日	パリ6カ国首相・外相級会談
3月25日	ローマ条約（EEC，EURATOM二条約）署名
7月19日	ローマ条約，西ドイツで批准
7月23日	ローマ条約，フランスで批准
10月4日	ソ連，人工衛星スプートニクを打ち上げ
10月9日	ローマ条約，イタリアで批准
10月16日	OEEC加盟17カ国，FTA構想の交渉開始
11月26日	ローマ条約，ルクセンブルクで批准
11月28日	ローマ条約，ベルギーで批准
12月4日	ローマ条約，オランダで批准

1958年

1月1日	ローマ条約発効
2月8日	サキエト事件
5月13日	アルジェリアでクーデター発生
5月22日	レバノン危機勃発（～11月2日まで）
6月1日	ドゴール首相就任
8月－10月	第二次台湾海峡危機
9月17日	ドゴールによる9月覚書
10月4日	第五共和制憲法制定
11月14日	フランス，自由貿易圏交渉から離脱を発表
12月23日	リュエフ＝ピネー・プラン（リュエフ・プラン）の発表

引用・参考文献

I　一次資料

1　未刊行史料

フランス外務省（Archives du Ministère des Affaires étrangères, Paris）

〔2018年９月現在，外務省の主要な史料はラ・クルヌーヴに保存されている。その場合，史料表記には，Archive du ministère des Affaires étrangères, La Courneuve（AMAE-La Courneuve）という書き方が一般的である。しかし，史料収集は，概ねパリの本省内の文書室があるときに実施した。そのため，史料表記の混乱や誤りを避けるため，本書ではすべて旧表記で統一した。〕

Europe　ヨーロッパ局文書

Secrétariat Général　事務総長文書

Direction des affaires économiques et financières, coopération économique　経済財政問題局経済協力課文書

Cabinet du Ministre　大臣官房文書

Tunisie et Maroc　チュニジア・モロッコ問題

Papiers Olivier Wormser　ヴォルムセル文書

Papiers Bruneau　ブルノー文書

Services de Pactes　条約課（ブリュッセル条約，NATO 関係）

フランス国立公文書館，パリ館（Archives nationales, Paris）

SGCICEE　欧州経済協力のための省間委員会事務総局文書

AP 580, Papiers Christian Pineau　クリスチャン・ピノー文書

フランス国立公文書館，フォンテーヌブロー館（Centre des Archives Contemporaines, Fontainebleau）

SGCICEE　欧州経済協力のための省間委員会事務総局文書〔このフォンテーヌブロー館には，1958年以降のものを主に保管していた。ただし，フォンテーヌブロー館が2018年９月現在，実質的に閉鎖中で，その史料の多くは，ピエールフィット＝シュル＝セーヌ館とパリ館に移管されている。〕

フランス国立公文書館，海外領土文書分館（Centre des Archives d'Outre-Mer, Aix-en-Provence）

FM21/affpol　政治関係文書

FM21/affeco　経済関係文書

社会党研究大学機関（L' Office Universitaire de Recherche Socialiste, Paris）
Archives Guy Mollet　モレ文書
Conseil national　全国評議会文書
マルセイユ市文書館（Archives de Marseille, Marseille）
100 II, Papiers Gaston Defferre　ドゥフェール文書
フランス経済財政文書館（Centre des archives économiques et financières, Savigny-Le-Temple）
1A
B
アヴェロン県文書館（Archives départementales de l'Aveyron, Rodez）
52J, Papiers Paul Ramadier　ラマディエ文書
ヨーロッパのためのジャン・モネ財団（Fondation Jean Monnet pour l'Europe, Lausanne）
AMK　欧州合衆国のための行動委員会関連文書
ピエール・マンデス＝フランス研究所（Institut Pierre Mendès-France, Paris）
Archives de Pierre Mendès-France　ピエール・マンデス＝フランス文書
欧州連合閣僚理事会事務総局中央文書館（Archives centrales du Conseil de l'Union Européenne, Bruxelles）
CM3 NEGO　閣僚理事会文書（ローマ条約関連交渉）
イギリス国立公文書館（National Archives, Kew）
FO 371　外務省一般ファイル
CAB21　内閣文書

2　刊行史料

Commission de publication des Documents diplomatiques français, *DDF (Documents Diplomatiques Français), 1955-1958,* (Paris: Imprimerie nationale, 1987-1993)

L'Année politique, [Ser. 2]: Revue chronologique des principaux faits politiques, diplomatiques, economiques et sociaux de la France 1955-1958, (Paris: Grand Siècle, 1955-1958)

U.S. Department of States, *Foreign relations of the United States, [FRUS], 1955-1957,* (Washington: U.S.G.P.O.)

U.S. Department of States, *Foreign relations of the United States, [FRUS], 1958-1960,* (Washington: U.S.G.P.O.)

The Royal Institute of International Affairs, *Documents on International Affairs,* 1955-1958, (London: Oxford University Press, 1955-1958)

Historischen Kommission bei der Baerischen Akademie der Wissenschaften und dem Institut für Zeitgeschichte (Hrsg.), *Bundesrepublik Deutschland und Frankreich: Dokumente 1949-1963 [BDF]* (Bd 1-4.), (München: K.G. Saur, 1997-1999)

3　回顧録・日記・演説集等

Adenauer, Konrad, *Erinnerungen 1955-1959*, (Stuttgart: Deutsche Verlags-Anstalt, c1967)

Ailleret, Charles, *L'Aventure atomique française*, (Paris: Editions Bernard Grasset, 1968)

Bousquet, Raymond, *Force et stratégie nucléaire du monde moderne*, (Paris: Lavauzelle, 1974)

Cooper, Duff, *Old men forget: the autobiography of Duff Cooper*, (London: Rupert Hart-Davis, 1957)

de Gaulle, Charles, *Discours et Messages, Avec le renouveau, mai 1958-juillet 1962*, (Paris: Plon, 1970)

———, *Mémoires d'Espoir, tome I, Le renouveau 1958-1962*, (Paris: Plon, 1970)

Eden, Anthony, *Full Circle*, (London: Cassel, 1960)

Eisenhower, Dwight D., *Waging peace, 1956-1961*, (Garden City: Doubleday, 1965)

Faure, Edgar, *Mémoires, tome 1, Avoir toujours raison... c'est un grand tort*, (Paris: Plon, 1982)

———, *Mémoires tome 2, si tel doit être mon destin ce soir...* (Paris: Plon, 1984)

Fondation Guy Mollet, *Témoignages: Guy Mollet 1905-1975*, (Arras: Editions du Pas-de-Calais, 1977)

Goldschmidt, Bertrand, *Le complexe atomique*, (Paris: Fayard, 1980) バートランド・ゴールドシュミット〔一本松幹雄訳〕『回想アトミック・コンプレックス――核をめぐる国際謀略』（電力新報社，1984年）

Lamb, Richard, *The Macmillan Years*, (London: John Murray, 1995)

Lefebvre, Denis, *Guy Mollet, Texte Choisis. Le socialiste et le républicain 1945-1975*, (Bruno Leprince Editeur, 1995)

Lemaignen, Robert, *L'Europe au berceau*, (Paris: Plon, 1964)

Marjolin, Robert, *Le travail d'une vie*, (Paris: R. Laffont, c1986)

Massigli, René, *Une comédie des erreurs, 1943-1956 : souvenirs et réflexions sur une étape de la construction européenne*, (Paris: Plon, 1978)

Monnet, Jean, *Mémoires*, (Paris: Fayard, c1976), (Paris: Plon, c1978)

Moussa, Pierre, *La roue de la fortune*, (Paris: Fayard, 1989)

Pineau, Christian, *1956 Suez*, (Paris: Editions Robert Laffont, 1976)

——— et Christiane Rimbaud, *Le Grand Pari: L'Aventure du traité de Rome*, (Paris: Fayard, 1991)

Spaak, Paul-Henri, *Combats inachevés*, (Paris: Fayard, 1969)

Strauss, Franz Josef, *Die Erinnerungen*, (Siedler, 1989), traduction française: *Mémoires*, (Paris: Critérion, 1991)

Uri, Pierre, *Penser pour l'action: un fondateur de l'Europe*, (Paris: O. Jacob, 1991)

Ⅱ　新聞

Le Monde
Le Figaro
L'Express
Le Populaire

Ⅲ　二次資料

1　伝記

Auffret, Dominique, *Alexandre Kojève: la philosophie, l'Etat, la fin de l'Histoire*, (Grasset, 1991) ドミニック・オフレ〔今野雅方訳〕『評伝　アレクサンドル・コジェーヴ――哲学，国家，歴史の終焉』(パピルス出版，2001年)

Bullock, Alan, *Ernest Bevin: foreign secretary, 1945-1951*, (New York : W.W. Norton, 1983)

Duchêne, François, *Jean Monnet: The First Statesman of Interdependence*, (New York: W.W. Norton Company, 1994)

Dumoulin, Michel, *Spaak*, 2e édition, (Bruxelles: Editions Racine, c1999)

Grah Mel, Frédéric, *Félix Houphouët-Boigny*, (Paris: Maisonneuve et Larose, 2003)

Irving, Ronald, *Adenauer: Profiles in Power*, (London: Longman, an imprint of Pearson Education, 2002)

Lafon, François, *Guy Mollet*, (Paris: Fayard, 2006)

Le Douarec, François, *Félix Gaillard 1919-1970: un destin inachevé*, (Paris: Economica, 1991)

Lefebvre, Denis, *Guy Mollet: le mal aimé*, (Paris: Plon, 1992)

Roussel, Eric, *Jean Monnet, 1888-1979*, (Paris: Fayard, 1996)

————, *De Gaulle, tome II. 1946-1970*, (Paris: Gallimard, 2002)

Schwarz, Hans-Peter, *Adenauer*, (Stuttgart: Deutsche Verlags-Anstalt, c1986-c1991)

Vaillant, Janet G., *Vie de Léopold Sédar Senghor: Noir, Français et Africain*, (Paris: Editions Karthala, 2006)

2　外国語研究書・論文等

Adamthwaite, Anthony, « Marianne et John Bull: la mésentente cordiale 1945-1957 », *Matériaux pour l'histoire de notre temps*, Vol. 18, No. 1 (1990)

————, "Britain, France and the United States and Euro-Africa, 1945-1949," in Marie-Thérèse Bitsch et Gérard Bossuat, *L'Europe Unie et l'Afrique*, (Bruxelles: Bruylant, 2006)

Adebajo, Adekeye and Kaye Whiteman (eds.), *The EU and Africa: from Eurafrique to Afro-Europa*, (London: Harst & Company, 2012)

Ageron, Charles-Robert, « L'idée d'Eurafrique et le débat colonial franco-allemand de l'entre-deux-guerres », *Revue d'histoire moderne et contemporaine*, (1975)

———. (dir.), *Les Chemins de la décolonisation de l'Empire coloniale français*, (Paris: Centre National de la Recherche Scientifique, 1986)

———, « L'Algérie, dernière chance de la puissance française, étude d'un mythe politique (1954-1962) », *Relations Internationales*, no. 57. printemps, (1989)

———, « Les États africains de la Communauté et la guerre d'Algérie (1958-1960) », dans Charles-Robert Ageron et Marc Michel (dir.), *L'Afrique noire francaise: l'heure des independances*, (Paris: CNRS Editions, 1992)

———, *La Guerre d'Algérie et les Algériens 1954-1962*, Actes de la table ronde organisée à Paris, 26-27 mars 1996, (Paris : Armand Colin, 1997)

Andreani, Ginerva, "EURATOM: An Instrument to Achieve a Nuclear Deterrent? French Nuclear Independence and European Integration during the Mollet Governement (1956)," *Journal of European Integration History*, Vol. 6, No. 1, (2000), pp. 109-128.

Aron, Raymond et Danierl Lerner (dir.), *La Querelle de la C.E.D.*, (Armand Colin, 1956),

Avit, Désirée, « La question de l'Eurafrique dans la construction de l'Europe de 1950 à 1957 » in Gérard Bossuat, (dir.), Europe et Afrique au tournant des indépendances: un nouvel avenir, *Matériaux pour l'histoire de notre temps*, (janvier-mars 2005), no. 77.

Badel, Laurence, Stanislas Jeannesson et N. Piers Ludlow (dir.), *Les administrations nationales et la construction européenne: une approche historique, 1919-1975*, (Bruxelles: Peter Lang, 2005)

Barbier, Collette, « Les Négociations franco-germano-italiennes en vue de l'Etablissement d'une Coopération militaire nucléaire au cours des années 1956-1958 », *Revue d'histoire diplomatique*, no.104. (1990)

Becker, Jean-Jacques, et de Gilles Candar (dir.), *Histoire des gauches en France*, (Paris: Découverte, c2004)

Bell, Philip M.H., *France and Britain 1940-1994: The Long Separation*, (New York: Longman, 1997)

———, "Entente broken and renewed: Britain and France, 1940-1945," in Alan Sharp and Glyn Stone (eds.), *Anglo-French Relations in the Twentieth Century: Rivalry and cooperation*, (London: Routledge, 2000)

Birmingham, David, Muriel Chamberlain et Chantal Metzger, *L'Europe et l'Afrique de 1914 à 1970*, (Paris: SEDES, c1994)

Bitsch, Marie-Thérèse, *Histoire de la construction européenne de 1945 à nos jours*, Nouvelle édition mise à jour, (Bruxelles: Editions Complexe, 2008)

——— et Gérard Bossuat, (dir.), *L'Europe unie et l'Afrique: De l'idée d'Eurafrique à*

la convention de Lomé 1, (Bruxelles: Bruylant, 2005)

———, *La Construction Européenne: Enjeux politiques et choix institutionnels*, (Bruxelles: Peter Lang, 2007)

Bloemen, Erik, "A Problem to every solution. The Six and the Free Trade Area," in Thorsten Olesen, (ed.), *Interdependence versus Integration, Denmark, Scandinavia and Western Europe 1945-1960*, (Odense: Odense University Press, 1996)

Bossuat, Gérard, « Guy Mollet: la puissance française autrement », *Relations Internationales, no. 57*, (printemps 1989)

———, « La vraie nature de la politique européenne de la France (1950-1957) », in Gilbert Trausch (Hrsg.), *Die Europäische Integration vom Schuman-Plan bis zu den Verträgen von Rom*, (Baden-Baden: Nomos Verlag, 1993)

———, « La France et la zone de libre-échange, le jeu du pouvoir politique et des intérêts économiques (1956-1959) », in Andrea Ciampi (a cura), *L'altra via per l'Europa. Forze sociali e organizzazione degli interessi nell' integrazione europea (1947-1957)*, (Milan: Franco Angeli, 1995)

———, « Le choix de la petite Europe par la France (1957-1963). Une ambition pour la France et pour l'Europe », *Relations internationales*, No. 82, (1995)

———, *L'Europe des Français, 1943-1959: La IVe République aux sources de l'Europe communautaire*, (Paris: Publications de la Sorbonne, 1996)

——— et Wilkens, Andreas, (dir.), *Jean Monnet, l'Europe et les chemins de la paix*, (Paris: Publications de la Sorbonne, 1999)

———, (dir.), « Europe et Afrique au tournant des indépendances: un nouvel avenir », *Matériaux pour l'histoire de notre temps*, Numéro spécial (2005-01/03) n° 77, pp.1-67.

———, *Faire l'Europe sans défaire la France: 60 ans de politique d'unité européenne des gouvernements et des présidents de la République française (1943-2003)*, (Bruxelles: Peter Lang, 2005)

Bouvier, Jean, René Girault et Jacques Thobie, *L'impérialisme à la française 1914-1960*, (Paris: Editions la Découverte, 1986)

Bozo, Frédéric, *Deux stratégies pour l'Europe: De Gaulle, les Etats-Unis et l'Alliance Atlantique 1958-1969*, (Paris: Plon, 1996)

Brusse, Asbeek Wendy, "Euratom," in Richard T. Griffiths, *The Netherlands and the integration of Europe 1945-1957*, (Amsterdam: NEHA, 1990)

———, *Tariffs, trade, and European integration, 1947-1957: from study group to Common Market*, 1st ed., (New York: St. Martin's Press, 1997)

Calandri, Elena, "Unsuccessful Attempts to Stabilize the Mediterranean: the Western powers and the Mediterranean Pact (1948-1958)," in Antonio Varsori (ed.), *Europe, 1945-1990s: the end of an era?* (New York: St. Martin's Press, 1995)

Camps, Miriam, *Britain and the European Community*, (London: Oxford University Press, 1964)

Cantoni, Roberto, *Oil Exploration, Diplomacy, and Security in the early Cold War*, (New York: Routledge, 2017)

Cesari, Laurent, *Le problème diplomatique de l'Indochine 1945-1957*, (Paris: Les Indes savantes, 2013)

Chabot, Jean-Luc, *Aux origines intellectuelles de l'Union européenne: l'idée d'Europe unie de 1919 à 1939*, (Grenoble: Presses Universitaires de Grenoble, 2005)

Chafer, Tony, *The End of Empire in French West Africa: France's successful decolonization?* (Oxford: Berg, 2002)

Chipman, John, *French Power in Africa*, (Oxford: Basil Blackwell, 1989)

Cohen, Samy, « Les pères de la bombe atomique », *L'Histoire*, no 117, (décembre 1988)

Connelly, Matthew, *A Diplomatic Revolution: Algeria's fight for independence and the origins of the post-Cold War era*, (New York: Oxford University Press, c2002)

Courrière, Yves, *La guerre d'Algérie. Tome 1, 1954-1957: Les fils de la Toussaint. Le temps des Léopards, et Tome 2, L'heure des colonels, les feux du désespoir*, (Paris: Fayard, 2001)

d'Abzac-Epezy, Claude and Phillipe Vial, "In search of a European Consciousness: French Military Elites and the Idea of Europe, 1947-54," in Anne Deighton (eds.), *Building Postwar Europe: National Decision-Makers and European Institutions, 1948-63*, (New York: San Martin's Press, 1995), pp.1-20.

Davis, Mariam Halen, "'The Transformation of Man' in French Algeria: Economic Planning and the Postwar Social Sciences, 1958-62," *Journal of Contemporary History*, 2017, Vol 52 (1), pp.73-94.

Deighton, Anne, « Ernest Bevin and the idea of Euro-Africa », in Marie-Thérèse Batch et Gérard Bossuat (dir.), *L'Europe Unie et l'Afrique*, (Bruxelles: Bruylant, 2005)

——— and Alan S. Milward (eds.), *Widening, Deepening and Acceleration: the European Economic Community, 1957-1963*, (Baden-Baden: Nomos-Verlag, 1999)

Dietl, Ralph, "In Defence of the West: General Lauris Norstad, NATO Nuclear Forces and Transatlantic Relations, 1956-1963," *Diplomacy & Statecraft* 17, 2 (Spring 2006), pp. 347-392.

Dimier, Véronique, « Du bon usage de la tournée: propagande et stratégies de légitimation au sein de la Direction Générale Développement, Commission Européenne (1958-1970) », *Pôle Sud*, vol. 15, no. 1, (2001), pp. 19-32.

———, « Négocier avec les rois nègres: l'influence des administrateurs coloniaux français sur la politique européenne de développement », dans Marie-Thérèse Bitsch et Gérard Bossuat (dir.), *L'Europe Unie et l'Afrique*, (Bruxelles:

Bruyalant, 2005)

———, « Construire l'association entre l'Europe communautaire et l'Afrique indépendante », Gérard Bossuat (dir.), Europe et Afrique au tournant des indépendances, un nouvel avenir, *Matériaux pour l'histoire de notre temps*, janvier-mars 2005, no. 77.

———, *The Invention of European Development Aid Bureaucracy: Recycling Empire,* Houndmills: Palgrave Macmillan, 2014.

Dinan, Desmond, *Europe Recast,: a history of European Union,* (Boulder: L. Rienner, 2004)

———, *Ever Closer Union: An Introduction to European Integration,* (Lynne Rienner Publ., 2005)

Dockrill, Saki, *Eisenhower's New-Look National Security Policy, 1953-61* (London: MacMillan, 1996)

Dumoulin, Michel (ed.), *European Commission, 1958-72: History and Memories,* (Brussels: European Commission, 2007)

Du Réau, Élisabeth, *L'Idée d'Europe au XXe siècle, des mythes aux réalités,* (Bruxelles: Editions Complexe, 2001)

Duroselle, Jean-Baptiste, *La décadence 1932-1939,* (Paris: Seuil, 1979)

Duvernois, Guy, "The Evolution of the Franco-African Community," *Civilisations,* vol. 10, no.1, (1960)

Eck, Jean-François, *Histoire de l'économie française depuis 1945,* 7 éd., (Paris: Armand Colin, 2004)

Elgey, Georgette, *La République des illusions 1945-1951,* (Paris: Fayard, 1965)

———, *La République des contradictions 1951-1954,* (Paris: Fayard, 1992)

———, *La République des tourmentes 1954-1959, tome.1,* (Paris: Fayard, 1992)

———, *Malentendu et passion. La République des tourmentes 1954-1959, tome 2,* (Paris: Fayard, 1997)

Ellison, James, *Threatening Europe: Britain and the Creation of the European Community, 1955-1958* (Basingstoke: Palgrave Macmillan, 2000)

Fink, Carole, "The Great Powers and the New International System, 1919-1923," in Paul Kennedy and William I. Hitchcock (eds.), *From War to Peace: Altered Strategic Landscapes in the Twentieth Century,* (New Haven: Yale University Press, 2000)

Fleury, Antoine, « Paneurope et l'Afrique », in Bitsch et Bossuat, (dir.), *L'Europe unie et l'Afrique.*

Fukuyama, Francis, "The End of History?" *The National Interest* (Summer 1989)

Garavini, Giuliano, translated by Richard R. Nybakken, *After Empires: European Integration, Decolonization, & the Challenge from the Global South 1957-1986,* Oxford: Oxford University Press, 2012.

Gerbet, Pierre, *La Construction de l'Europe*, (Paris: Imprimerie nationale, 1983)
Giauque, Jeffrey Glen, *Grand Designs and Visions of Unity: The Atlantic Powers and the Reorganization of Western Europe, 1955-1963*, (Chapel Hill: The University of North Carolina Press, 2002)
Gillingham, John, *Coal, Steel, and the rebirth of Europe, 1945-1955: The Germans and French from Ruhr conflict to economic community*, (Cambridge: Cambridge University Press, 1991)
———, *European Integration, 1950-2003: Superstate or New Market Economy?*, (Cambridge: Cambridge University Press, 2003)
Girault, René, « La France entre l'Europe et l'Afrique », Enrico Serra (ed.), *Il Relantio Dell'Europa e i Trattati di Roma*, (Bruxelles: Bryuant, 1989)
——— et Gérard Bossuat (dir.), *Europe brisée, Europe retrouvée: nouvelles réflexions sur l'unité européenne au XXe siècle*, (Paris: Publications de la Sorbonne, 1994)
Golani, Motti, *Israel in search of a war: the Sinai Campaign 1955-1956*, (Brighton: Sussex Academy Press, 1998)
Gordon, Philip H., *A certain idea of France: French security policy and the Gaullist legacy*, (Princeton, N.J.: Princeton University Press, c1993)
Granieri, Ronald, J., *The Ambivalent Alliance: Konrad Adenauer, the CDU/CSU, and the West, 1949-1966*, (New York: Berghahn, 2003)
Greenwood, Sean, *Britain and European Integration Since the Second World War*, (Manchester: Manchester University Press, 1996)
———, "The most important of the Western Nation's: France's Place in Britain's post-war foreign policy," in Alan Sharp and Glyn Stone (eds.), *Anglo-French Relations in the Twentieth Century: Rivalry and Cooperation*, (London: Routledge, 2000)
Griffiths, Richard T., *The Netherlands and the integration of Europe 1945-1957*, (Amsterdam: NEHA, 1990)
———, "The Beyen Plan," in Griffiths (eds.), *The Netherlands and the integration of Europe 1945-1957*.
———, *Explorations in OEEC History*, (Paris: Organisation for Economic Co-operation and Development, c1997)
———, *Europe's First Constitution: the European Political Community, 1952-1954*, (London: I.B. Tauris, 2001)
Güenter Bischof and Saki Dockrill, (eds.), *Cold War Respite*, (Baton Rouge: Louisiana State University Press, 2000)
Guillaume, Sylvie, « Guy Mollet et l'Allemagne », dans Bernard Ménager (dir.), *Guy Mollet: Un camarade en république*, (Lille: Presses Universitaires de Lille, 1987)
Guillen, Pierre, "La France et la négociation du traité d'Euratom," *Relations internationales*, no 44, hiver. (1985)

――――, « Les vicissitudes des rapports franco-italiens: de la rencontre de Cannes (décembre 1948) à celle de Santa Margherita (février 1951)», Jean Baptiste Duroselle ed Enrico Serra (a cura di), *Italia e Francia (1946-1954)*, (Milano: F. Angeli, c1988)

――――, « L'avenir de l'Union française dans la négociation des traités de Rome », *Relations Internationales*, no. 57, (printemps 1989)

――――, Vaïsse, Maurice, et Dumoulin, Michel, (dir.), *L'énergie nucléaire en Europe: des origines à Euratom: actes des journées d'études de Louvain-la-Neuve des 18 et 19 nov. 1991*, (Berne: Peter Lang, 1994)

Haas, Ernst, *The uniting of Europe: political, social, and economic forces, 1950-1957*, (Stanford : Stanford University Press, 1958)

Hansen, Peo and Jonsson, Stefan, *Eurafrica: the Untold History of European Integration and Colonialism*, London: Bloomsbury, 2014.

Hargreaves, John D, *Decolonization in Africa*, (London: Longman, 1988)

Harryvan, Anjo G and Albert E. Kersten, "The Netherlands, Benelux and the relance européenne, 1954-1955," Enrico Serra (a cura di), *Il rilancio dell'Europa e i trattati di Roma; La relance européenne et les traités de Rome, The relaunching of Europe and the Treaties of Rome*, Actes du Colloque de Rome 25-28 mars 1987, vol.3, (Milano: Guiffré, 1989)

――――, Jan van der Harst, "A Bumpy Road to Lomé," in Bitsch et Bossuat (dir.) *Europe Unie et l'Afrique*.

Hermon, Elly, « A propos du plan Félix Gaillard de Pacte Méditerranéen », *Revue d'histoire diplomatique*, (1995)

Heuser, Beatrice, *NATO, Britain, France, and the FRG: nuclear strategies and forces for Europe, 1949-2000*, (Houndmills: Macmillan Press, 1997)

Hitchcock, William I., "Reversal of Fortune: Britain, France, and the Making of Europe, 1945-1956," Paul Kennedy and William I. Hitchcock, (ed.), *From War to Peace: altered strategic landscapes in the twentieth century*, (New Haven: Yale University Press, 2000)

Hoffman, Stanley, « De Gaulle et le monde », dans Stanley Hoffmann, *Essais sur la France: Déclin ou renouveau?* (Paris: Seuil, 1974)

Hogan, Michael J., *The Marshall Plan: America, Britain, and the reconstruction of Western Europe, 1947-1952*, (Cambridge: Cambridge University Press, 1987)

Holland, Martin, "'Imagined' interregionalism: Europe's relations with the Africa, Caribbean and Pacific states (ACP)," in Heiner Hänggi, Ralf Roloff and Jürgen Rüland, *Interregionalism and Internatioanl Relations*, (London: Routledge, 2006)

Holland, Robert F., *European Decolonization 1918-1981: An Introductory Survery*, (Houndmills: MacMillan, 1985)

Institut Charles de Gaulle Université de Franche-Comté, *L'aventure de la bombe*, (Paris:

Plon, 1985)

Kaiser, Wolfram, *Using Europe, Abusing the Europeans*, Reprint, (Houndmlls: MacMillan, 1999)

———, "Culturally Embedded and Path-Dependent: Peripheral Alternatives to ECSC/EEC 'Core Europe' since 1945," *Journal of European Integration History*, Vol. 7, no. 2. (2001)

Kane, Liz, "European or Atlantic Community? The Foreing Office and 'Europe' 1955-1957," *Journal of European Integration History*, Vol.3, No.2, (1997), pp. 83-98.

Kent, John, "Bevin's Imperialism and the idea of Euro-Africa, 1945-1949", in Michael Dockrill and John W. Young (eds.), *British foreign policy, 1945-56*, (Basingstoke: Macmillan, 1989)

———, *The Internationalization of Colonialism: Britain, France, and Black Africa, 1939-1956*, (Oxford: Clarendon Press, 1992)

———, "Informal Empire and the Defense of the Middle East," in Roy Bridges, (ed.), *Imperialism, Decolonization and Africa*, (London: MacMillan, 2000)

Kim, Yoo Joung, "Identité et conscience europénne à travers les relations de Jean Monnet et l'elite américaine 1938-1963," Thèse de doctorat (Université de Cergy-Pontoise) sous la direction de Prof. Gérard Bossuat.

Krakovitch, Raymond, *Edgar Faure, Le virtuose de la politique*, (Paris: Economica, 2006)

Kuroda, Tomoya, « Projets régionaux et position française en Afrique du Nord: Analyse croisée des projets euro-méditerranéens et euro-africains, 1955-1958 » in Houda Ben Hamouda et Mathieu Bouchard (dir.), *La construction d'un espace euro-méditerranéen: Genèse, mythes et perspectives*, Bruxelles: Peter Lang, 2012, pp. 33-41.

Küsters, Hanns Jürgen, *Fondements de la Communauté économique européenne*, (Bruxelles: Labor, 1990), mise à jour et corrigé, p. 337. du texte original de l'auteur, *Die Gründung der Europäischen Wirtschaftsgemeinschaft*, (Baden-Baden: Nomos Verlag, 1982)

———, "Die Verhandlungen über das instituionelle System zur Gründung der Europäischen Gemeinschaft für Kohle und Stahl," in Klaus Schwabe, *Die Anfänge des Schuman-Plans, 1950/51, Beiträge des Kolloquiums in Aachen, 28-30 Mai 1986*.

———, "Zwischen Vormarsch und Schlagenfall. Das Projekt der Europäischen Politischen Gemeinschaft und die Haltung der Bundesrepublik Deutschland (1951-1954)," in Gilbert Trausch (Hrsg.), *Die Europäische Integration vom Schuman-Plan bis zu den Verträgen von Rom*, (Baden-Baden: Nomos, 1993)

———, "Hallstein and Negotiations on the Rome Treaties," in Loth, Wallace and Wessels (eds.), *Walter Hallstein, the fotgotten European?*

Kyle, Keith, *Suez*, (London: Weidenfeld and Nicolson, 1991)

Lacroix-Riz, Annie, *Les Protectorats d'Afrique du Nord entre la France et Washington, Maroc et Tunisie 1942-1956*, (Paris: Editions L'Harmattan, 1988)

Lappenküper, Ulrich, "Der Schuman-Plan," *Vierteljahrshefte für Zeitgeschichte*, 42. 3, (1994)

Leffler, Melvyn P., *For the Soul of Mankind: the United States, the Soviet Union, and the Cold War*, (New York: Hill and Wang, 2007)

Levy, Daniel, Max Pensky and John Torpey, "Editors's introduction," pp. xx-xxi. in Daniel Levy, Max Pensky, John Torpey (eds.), *Old Europe, New Europe, Core Europe: Transatlantic Relations after the Iraq War*, (New York: Verso, 2005)

Liniger-Goumaz, Max, *Eurafrique: bibliographie générale*, (Genève: Les Ed. du Temps, 1970)

Lipgens, Walter, *A history of European integration*, vol. 1, translated from the German by P.S. Falla and A.J. Ryder, (Oxford: Clarendon Press, 1982) Original. *Die Änfange der europäischen Einigungspolitik 1945-1950*, (Stuttgart: Klett, 1977-)

Lister, Marjorie, *The European Community and the developing world: the role of the Lomé Convention*, (Aldershot: Avebury, c1988)

Louis, William Roger and Roger Owen, (eds.), *Suez 1956: The Crisis and its consequences*, (Oxford: Oxford University Press, 1989)

Loth, Wilfried, *Sozialismus und Internationalismus: Die französischen Sozialisten und die Nachkriegsordnung Europas 1940-1950*, (Stuttgart: Deutsche Verlags-Anstalt, 1977)

———, *The Division of the World 1941-55*, (London: Routledge, 1988)

———, William Wallace, and Wolfgang Wessels (eds.), *Walter Hallstein, the Forgotten European?* translated from the German by Bryan Ruppert, (Houndmills: MacMillan, 1998)

———, *Der Weg nach Europa: Geschichte der europäischen Integration, 1939-1957*, 3., durchgesehene Auflage, (Göttingen: Vandenhoeck und Ruprecht, 1996)

———, (ed.), *Europe, Cold War and Coexistence, 1953-1965*, (London: Frank Cass, 2004)

———, *Europas Einigung: eine unvollendetet Geschichte*, (Frankfurt: Campus Verlag, 2014)

———, *Building Europe*, (Oldenbourg: De Gruyter, 2015) translated from *Europas Einigung: eine unvollendetet Geschichte*, (Frankfurt: Campus Verlag, 2014)

Ludlow, Piers N. (ed.), *European Integration and the Cold War: Ostpolitik-Westpolitik, 1965-1973*, (London: Routledge, 2007)

Lundestad, Geir, *"Empire" by Integration: The United States and European Integration, 1945-1997*, (Oxford: Oxford University Press, 1998) ゲア・ルンデス

タッド〔河田潤一訳〕『ヨーロッパの統合とアメリカの戦略——統合による「帝国」への道』(NTT 出版, 2005年)

Lynch, Frances M.B., *France and the International Economy: From Vichy to the Treaty of Rome*, (London: Routeledge, 1997)

————, “De Gaulle's First Veto: France, the Rueff Plan and the Free Trade Area,” in *Contemporary European History*, vol. 9, no. 1 (2000), pp. 111-135.

Mallard, Grégoire, *Fallout: Nuclear Diplomacy in an Age of Grobal fracture*, (Chicago: The University of Chicago Press, 2014)

Manela, Erez, *The Wilsoninan Moment: Self-Determination and the International Origins of Anticolonial Nationalism*, (Oxford: Oxford University Press, 2007)

Marseille, Jacques, *L'Empire colonial et capitalisme français: Histoire d'un divorce*, (Paris: Albin Michel, 1984)

Mayall, James, “The Shadow of Empire: the EU and the Former Colonial World,” in Christopher Hill and Michael Smith (eds.), *International Relations and the European Union*, (Oxford: Oxford University Press, 2005)

Melandri, Pierre, *Les États-Unis face à l'unification de l'Europe, 1945-1954*, (Paris: Editions A. PEDONE, 1980)

Ménager, Bernard, (dir.), *Guy Mollet: Un camarade en République*, (Lille: Presses Universitaires de Lille, 1987)

Metzger, Chantal, « Les deux Allemagnes: témoins ou acteurs de l'évolution du continent africain depuis 1949 », *Relations Internationales*, no. 77 (1994)

————, « L'Allemagne et l'Eurafrique », dans Marie-Thérèse Bitsch et Gérard Bossuat (dir.), *L'Europe Unie et l'Afrique*, (Bruxelles: Bruylant, 2005)

Michel, Marc, « La coopération intercoloniale en Afrique noire, 1942-1950: un néo-colonialisme éclairé » , *Relations internationales*, no. 34, (été 1983)

————, “The Decolonization of French Africa and the United States and Great Britain, 1945-58,” in Roy Bridges, (ed.), *Imperialism, Decolonization and Africa*, (London: MacMillan, 2000)

Migani, Guia, (la thèse en cotutelle pour Università degli Studi di Firenze et Institut d'Etudes Politiques de Paris, soutenue en septembre 2004), « La France et l'Afrique sub-saharienne, 1957-1963: histoire d'une décolonisaiton entre idéaux eurafricains et politique de puissance»

————, « L'association des TOM au Marché Commun: Histoire d'un accord européen entre cultures économiques différentes et idéaux politiques communs, 1955-1957 », in Marie-Thérèse Bitsch et Gérard Bossuat, (dir.), *L'Europe unie et l'Afrique*, (Bruxelles, Bruyant, 2005), pp. 233-252.

————, *La France et l'Afrique sub-saharienne, 1957-1963: histoire d'une décolonisaiton entre idéaux eurafricains et politique de puissance*, (Bruxelles: Peter Lang, 2008)

Milward, Alan S, *The United Kingdom and the European Community, Volume 1:*

The Rise and Fall of a National Strategy, 1945-1963, (Oxon: Frank Cass, 2002)

———, *The Reconstruction of Western Europe, 1945-1951*, (London: Methuen, 1984)

———, *The European Rescue of the Nation-State*, (London: Routledge, 1992)

———, *Politics and Economics in the History of European Union*, (Oxon: Routledge, 2005)

Mollet, Guy, *Du français à l'anglais*, (Paris: Hachette, 1949)

Mongin, Dominique, *La bombe atomique française 1945-1958*, (Bruxelles: Bruylant. 1997)

Montarsolo, Yves, « Albert Sarraut et l'idée d'Eurafrique », in Bitsch et Bossuat, *L'Europe Unie et l'Afrique*, (Bruxelles: Bruylant, 2005)

———, Yves, *L'Eurafrique, contrepoint de l'idée d'Europe*, (Aix-en-Provence, Publication université Provence, 2010)

Moravcsik, Andrew, *The Choice for Europe: social purpose and state power from Messina to Maastricht*, (Ithaca Cornell University Press, 1998)

Morizet, Jacques, "Coopération franco-allemande et intégraiton européenne," Robert Picht und Wolfgang Wessels (Hrsg.), *Motor für Europa? Deutsch-französischer-Bilateralismus und europäische Integration*, (Bonn: Europa Union Verlag, 1991)

Moser, Thomas, *Europäische Integration, Dekolonisation, Eurafrika: eine historische Analyse über die Entstehungsbedingungen der Eurafrikanischen Gemeinschaft von der Weltwirtschaftskrise bis zum Jaunde-Vertrag, 1929-1963*, (Baden-Baden: Nomos-Verlag, 2000)

Muller, Karis, "The Birth and Death of Eurafrica," *International Journal of Francophone Studies*, Vol. 3, No. 1, (2000)

———, « Reconfigurer l'Eurafrique », dans Gérard Bossuat (dir.), Europe et Afrique au tournant des indépendances, *Matériaux pour l'histoire de notre temps*, No. 77 (janvier-mars 2005)

Nolfo, Ennio Di, (ed.), *Power in Europe? II*, (Berlin: Walter de Gruyter, 1992)

Palayret, Jean-Marie, « Les mouvements proeuropéens et la question de l'Eurafrique du congrès de la Haye à la convention de Yaoundé », dans Marie-Thérèse Bitsch et Gérard Bossuat, (dir.)., *L'Europe unie et l'Afrique*, (Bruxelles, Bruyant, 2005), pp.185-229.

Parsons, Craig, *A certain idea of Europe*, (Ithaca: Cornell University Press, 2003)

Peron, Amélie, « Gaston Palewski et l'arme nucléaire française (1955-1965) », sous la dir. de Maurice Vaïsse, mémoire de Master de recherche, IEP Paris (2005)

Pervillé, Guy, *De l'Empire français à la décolonisation*, (Paris: Hachette, c1991)

———, *L'Europe et l'Afrique de 1914 à 1974*, (Paris: Ophrys, c1994)

Picht, Robert und Wolfgang Wessels (Hrsg.), *Motor für Europa? Deutsch-französischer-Bilateralismus und europäische Integration*, (Bonn: Europa Union Verlag, 1991)

Poidevin, Raymond, « René Mayer et la politique extérieure de la France, 1943-1953 », *Revue d'Histoire de la deuxième guerre mondiale et conflits contemporains*, no. 134. (1984)

———, *Robert Schuman: Homme d'Etat*, (Paris: Impremerie nationale, 1986)

Ranieri, Ruggero, "The Italian Iron and Steel Industry and European Integration," EUI Working Paper No. 84/109.

Reyels, Lili, *Die Entstehung des ersten Vertrags von Lomé im deutsch-französischen Spannungsfeld 1973-1975*, (Baden-Baden: Nomos Verlag, 2008)

Rioux, Jean-Pierre, *La France de la Quatrième République, vol. 2. L'expansion et l'impuissance (1952-1958)*, (Paris: Editions du Seuil, 1983)

Roche, Christian, *L'Europe de Léopold Sédar Senghor*, (Toulouse: Editions Privat, 2001)

Ruane, Kevin, *The Rise and Fall of the European Defense Community: Anglo-American Relations and the Crisis of European Defense, 1950-1955*, (Houndmills: MacMillan, 2000)

Sagnes, Jean, *Edgar Faure, homme politique et homme d'Etat (1938-1988): acte du colloque tenu à Montpellier le 3 octobre 1988*, édité par les Presses universitaires de Perpignan.

Sanderson, Claire, *L'Impossible alliance? France, Grande-Bretagne et défense de l'Europe 1945-1958*, (Paris: Publications de la Sorbonne, 2003)

Scheinman, Laurence, *Atomic Energy Policy in France under the Fourth Republic*, (Princeton: Princeton University Press, 1965)

Schenk, Catherine R., "Decolonization and European Economic Integration: The Free Trade Area Negotiations, 1956-58," *Journal of Imperial and Commonwealth History*, vol. 24, No.3, (September 1996)

Schirmann, Sylvain, *Quel ordre européen?: de Versailles à la chute de la troisième Reich*, (Paris: Armand Colin, c2006)

Schmidt, Gustav (ed.), *A History of NATO: the First Fifty Years*, Vol. 1, (Houndmills: Palgrave, 2001)

Schmitt, Bunkard, *Frankreich und die Nukleardebatte der Atlantischen Allianz 1956-1966*, (Oldenbourg: Wissenschaftsverlag, 1988)

Schreurs, Rik, « L'Eurafrique dans les négotiations du Traité de Rome, 1956-1957 », *Politique Africaine*, vol. 49, (mars 1993)

———, "A Marshall Plan for Africa? The Overseas Territories Committee and the Origins of European co-operation in Africa," in Richard T. Griffiths, *Explorations in OEEC History*, (Paris: Organisation for Economic Co-operation and Development, c1997)

Schwabe, Klaus (Hrsg.), *Die Anfänge des Schuman-Plans, 1950/51, Beiträge des Kolloquiums in Aachen, 28-30 Mai 1986, The Beginnings of the SCHUMAN-*

Plan, Contributions to the Symposium in Aachen, May 28-30, 1986, vol. 2, (Baden-Baden: Nomos-Verlag, 1988)

Segers, Mathieu, L.L., "Zwischen Pax Americana und Pakt Atomika. Das Deutsch-amerikanische Verhältnis während der EURATOM-Verhandlungen 1955-1957," *Vierteljahrshefte für Zeitgeschichte*, 54.3 (2006), S.433-458.

———, *Deutschlands Ringen mit der Relance: Die Europapolitik der BRD während der Beratungen und Verhandlungen über die Römischen Verträge*, (Frankfurt am Main: Peter Lang, 2008)

Serra, Enrico (a cura di), *Il rilancio dell' Europa e i trattati di Roma; La relance européenne et les traités de Rome, The relaunching of Europe and the Treaties of Rome*, Actes du Colloque de Rome 25-28 mars 1987, vol.3, (Milano: Guiffré, 1989)

Skogmar, Gunnar, *The United States and the Nuclear Dimension of European Integration*, (Houndmills: Palgrave MacMillan, 2004)

Smith, Tony, "The French Colonial Consensus and People's War, 1946-58," *Journal of Contemporary History*, Vol. 9, No. 4 (Oct., 1974), pp. 217-247.

Soutou, Georges-Henri, « La France, l'Allemagne et les Accords de Paris », *Relations Internationales*, n° 52, (hiver 1987)

———, « La politique nucléaire de Pierre Mendès-France », dans Maurice Vaïsse (dir.), *La France et l'Atome*, (Bruxelles: Bruylant. 1994)

———, *L'Alliance incertaine: Les rapports politico-stratégiques franco-allemands, 1954-1996*, (Paris: Fayard, 1996)

———, *La Guerre de Cinquante Ans: les relations Est-Ouest 1943-1990*, (Paris: Fayard, 2001)

Spierenburg Dirk et Raymond Poidevin, *Histoire de la Haute Autorité de la Communauté européenne du charbon et de l'acier*, (Bruxelles: Bruylant, 1993)

Stirk, Peter M.R., *A History of European Intergation sicne 1914*, (London: Pinter, 1996)

Stora, Benjamin, *La gangrène et l'oubli: la mémoire de la guerre d'Algérie*, (Paris: La Découverte, 1991)

Suzuki, Hitoshi, "*Digging for European Unity: the Role Played by the Trade Unions in the Schuman Plan and the European Coal and Steel Community from a German Perspective 1950-1955*," Ph.D. (History and Civilization), European University Institute, Florence, December 2007.

Thiemeyer, Guido, "West German Perceptions of Africa and the Association of the Overseas territories with the Common Market, 1956-1957," in Bitsch et Bossuat (dir.), *L'Europe unie et l'Afrique*

Thobie, Jacques, Gilbert Meynier, Catherine Coquery-Vidrovitch, Charles-Robert Ageron, *Histoire de la France coloniale 1914-1990*, (Paris: Armand Colin, 1991)

Thomas, Martin, *The French North African Crisis: Colonial Breakdown and Anglo-French Relations, 1945-1962*, (London: MacMillan, 2000)

———, "France Accused: French North Africa before the United States, 1952-1962," *Contemporary European History*, vol. 10. part 1, (2001)

Trachtenberg, Marc, *A Constructed Peace: the Making of the European Settlement 1945-1963*, (Princeton: Princeton University Press, 1999)

Trausch, Gilbert (dir.), *Die Europäische Integration vom Schuman-Plan bis zu den Verträgen von Rom. Beiträge des Kolloquiums in Luxemburg 17.-19. Mai 1989; The European Integration from the Schuman-Plan to the Treaties of Rome, Contributions to the Symposium in Luxembourg, 17-19 May 1989*, vol. 4, (Bruxelles: Bruylant, 1993)

Vaïsse, Maurice, "Post-Suez France," in William Roger Louis & Roger Owen (eds), *Suez 1956: The Crisis and its Consequences*, (Oxford: Clarendon Press, 1989)

———, "France and the Suez Crisis," in Louis and Owen, (eds.), *Suez 1956*.

———, (dir.), *La France et l'Atome*, (Bruxelles: Bruylant, 1994)

———, "Le Choix Atomique de la France," in Maurice Vaïsse, (ed.), *La France et l'Atome*, (Bruxelles: Bruylant, 1994)

———, « La Coopération Nucléaire en Europe, (1955-1958) », in Pierre Guillen, Maurice Vaïsse, et Michel Dumoulin (dir.), *L'Énergie Nucléaire en Europe: des Origines à Euratom, actes des journées d'études de Louvain-la-Neuve des 18 et 19 nov. 1991*, (Berne: Peter Lang, 1994)

———, (dir.), *La France et l'opération de Suez de 1956*, (ADDIM, 1997)

———, Pierre Mélandri et Frédéric Bozo, (dir.), *La France et l'OTAN, 1949-1996*, (Paris: Editions Complexe. 1997)

———, *La Grandeur: Politique étrangère du général de Gaulle 1958-1969*, (Paris: Fayard, 1998)

Varsori, Antonio, *Europe 1945-1990s: The End of an Era?* (New York: Sr. Martin's Press, 1995)

———, « Euratom: une organisation qui échappe à Jean Monnet », in Gérard Bossuat et Andréas Wilkens, (dir.), *Jean Monnet, l'Europe et les chemins de la Paix*, (Paris: Publications de la Sorbonne, 1999)

———, (ed.), *Inside the European Community: actors and policies in the European integration, 1957-1972*, (Baden-Baden: Nomos, 2006)

Von der Groeben, Hans, "Walter Hallstein as President of the Commission," in Wilfried Loth, William Wallace, and Wolfgang Wessels (eds.), *Walter Hallstein, the Forgotten European?* translated from the German by Bryan Ruppert, (Houndmills: MacMillan, 1998)

Wall, Irwin, *France, the United States, and the Algerian War*, (Berkeley: University of California Press, 2001)

———, "France, NATO and the Algerian War," in Wilfried Loth (ed.), *Europe, Cold War and Coexistence 1953-1965*, (London: Frank Cass, 2004)

———, « Les États-Unis et la décolonisation de l'Afrique. Le mythe de l'Eurafrique », dans Marie-Thérèse Bitsch et Gérard Bossuat (dir.), *L'Europe Unie et l'Afrique*, (Bruxelles : Bruylant, 2005), pp. 132-147.

Warlouzet, Laurent, *Le choix de la CEE par la France. Les débats économiques de Pierre Mendès-France à Charles de Gaulle (1955-1969)*, Paris, CHEFF, 2011.

Warner, Geoffrey, "Labour Government and the Unity of Western Europe," in Michael Dockrill and John W. Young (eds.), *British foreign policy, 1945-56*, (Basingstoke: Macmillan, 1989)

Weilemann, Peter, *Die Anfänge der Europäischen Atomgemeinschaft: Zur Gründungsgeschichte von EURATOM 1955-1957*, (Baden-Baden: Nomos Verlagsgesellschaft, 1983)

Westad, Odd Arne, *The Global Cold War: Third World Interventions and the Making of Our Times*, (Cambridge: Cambridge University Press, 2005) O・A・ウェスタッド〔佐々木雄太監訳〕『グローバル冷戦史——第三世界への介入と現代世界の形成』(名古屋大学出版会, 2010年)

Whiteman, Kaye, "The Rise and Fall of Eurafrique: From the Berlin Conference of 1884-1885 to the Tripoli EU-Africa Summit of 2010," in Adekeye Adebajo and Kaye Whiteman (eds.), *The EU and Africa: from Eurafrique to Afro-Europa*, London: Hurst & Company, 2012.

Wilkens, Andreas, « L'Allemagne et l'Afrique, 1949-1963 », in Marie-Thérèse Bitsch et Gérard Bossuat, *l'Europe unie et l'Afrique*, (Bruxelles: Bruylant, 2005)

Winand, Pascaline, *Eisenhower, Kennedy and the United States of Europe*, (New York: St. Martin's Press, 1993)

———, « De l'usage de l'Amérique par Jean Monnet pour la construction européenne », in Bossuat et Wilkens (dir.), *Jean Monnet, l'Europe et les chemins de la Paix*.

———, Marika Vicziany and Poonam Datar, *The European Union and India: Rhetoric or Meaningful Partnership?*, (Cheltenham: Edward Elgar, 2015)

Wurm, Clemens (ed.), *Western Europe and Germany: The Beginnings of European Integration 1945-1960*, (Oxford: Berg Publishers, 1995)

Yamamoto, Takeshi, "Détente or Integration? EC Response to Soviet Policy Change towards the Common Market, 1970-75," *Journal of Cold War History* 7/1 (2007), pp.75-94.

Yondorf, Walter, "Monnet and the Action Committee: The Formative Period of the European Communities," *International Organization*, Vol. 19, No. 4 (Autumn, 1965)

Young, John W., *Britain, France and the unity of Europe, 1945-1951*, (Leicester:

Leicester University Press, 1984)
Zielonka, Jan, *Europe as empire: the nature of the enlarged European Union*, (New York Oxford University Press, 2006)
Zubok,Vladislav, *A Failed Empire: The Soviet Union in the Cold War from Stalin to Gorbachev*, (Chapel Hill: The University of North Carolina Press, 2009)

3　邦語研究書・論文

赤木完爾『ヴェトナム戦争の起源――アイゼンハワー政権と第一次インドシナ戦争』(慶應通信, 1991年)
池田亮「フランスとモロッコ独立――「公式の帝国」から「非公式の帝国」へ」『一橋法学』第6巻第1号(2007年3月)
――――「フランスの対チュニジア脱植民地化政策とフランス連合」山内進編『フロンティアのヨーロッパ』(国際書院, 2008年)
――――『植民地独立の起源――フランスのチュニジア・モロッコ政策』(法政大学出版局, 2013年)
石井修「冷戦の「五五年体制」」『国際政治』第100号(1992年)
石山幸彦「シューマン・プランとフランス鉄鋼業(1950－1952年)――ヨーロッパ石炭鉄鋼共同体の創設」『土地制度史学』第140号(1993年7月)
――――「戦後西ヨーロッパの再建と経済統合の進展(1945－1958)――連邦主義の理想と現実」『土地制度史学』第159号(1998年)
――――『ヨーロッパ統合とフランス鉄鋼業』(日本経済評論社, 2009年)
板橋拓己『黒いヨーロッパ――ドイツのおけるキリスト教保守派の「西洋(アーベントラント)」主義, 1925～1965年』(吉田書店, 2016年)
伊藤頌文「キプロス危機とイギリス外交――東地中海の「帝国の残滓」と同盟の狭間, 一九七四年」『国際政治』184号(2016年)
今林直樹「ドゴールのアルジェリア政策の理念――コンスタンティーヌ・プランを中心に」『六甲台論集』第42巻第1号(1995年)
岩間陽子『ドイツ再軍備』(中央公論社, 1993年)
上原良子「フランスのドイツ政策――ドイツ弱体化政策から独仏和解へ」油井大三郎, 中村政則, 豊下楢彦編『占領改革の国際比較――日本・アジア・ヨーロッパ』(三省堂, 1994年)
――――「フランスのキリスト教民主主義勢力とヨーロッパ統合――MRP(人民共和運動), 1947年から1950年」『現代史研究』第44号(1998年)
――――「フランス社会党の欧州統合構想と欧州審議会」『西洋史学』第198号(2000年)
――――「ヨーロッパ統合の生成　1947－1950年」遠藤乾編『ヨーロッパ統合史(増補版)』(名古屋大学出版会, 2014年)
梅本哲也『核兵器と国際政治――1945－1995』(日本国際問題研究所, 1996年)
遠藤乾「拡大ヨーロッパの政治的ダイナミズム――「EU－NATO－CE 体制」の終焉」

『国際問題』（拡大ヨーロッパ特集号）2004年12月号
――――編『原典　ヨーロッパ統合史』（名古屋大学出版会，2008年）
――――編『ヨーロッパ統合史（増補版）』（名古屋大学出版会，2014年）
――――「ヨーロッパ統合とは何だったのか」遠藤編『ヨーロッパ統合史』
――――，板橋拓己編『複数のヨーロッパ――欧州統合史のフロンティア』（北海道大学出版会，2011年）
――――『欧州複合危機――苦悶するＥＵ，揺れる世界』（中央公論新社，2016年）
大隈宏「EEC VS ACP――第二次ロメ協定締結交渉過程の分析」『成城法学』第８号（1980年12月）
――――「ローマ，そしてヤウンデへの道――黎明期のEU開発協力政策」山内進編『フロンティアのヨーロッパ』（国際書院，2008年）
小川浩之「戦後イギリス対外政策の再編と第一回EEC加盟申請への道　1955～61年」京都大学提出博士論文（2006年）
――――『イギリス帝国からヨーロッパ統合へ――戦後イギリス対外政策の転換とEEC加盟申請』（名古屋大学出版会，2008年）
――――「コモンウェルスの絆」細谷雄一編『戦後アジア・ヨーロッパ関係史』（慶應義塾大学出版会，2015年）
勝俣誠「アルジェリアの石油政策」『アジア経済』20巻９号（1979年）
金子新「ドイツ統一と「欧州＝大西洋共同体」1953～1955年」『日本EU学会年報』第27号（2007年）
――――「戦後ドイツ外交の形成――アデナウアーと「欧州＝大西洋共同体」1949年～1955年」慶應義塾大学法学研究科提出博士論文（2007年）
川嶋周一「フランス外交の〈三つのサークル〉？――ユーラフリック，ヨーロッパ，世界政策」『日仏政治研究』第２号（2006年）
――――『独仏関係と戦後ヨーロッパ国際秩序――ドゴール外交とヨーロッパの構築1958－1969』（創文社，2007年）
菅英輝編『冷戦と同盟』（松籟社，2014年）
菊池孝美「フランスの近代化計画と植民地」廣田功，森健資編『戦後再建期のヨーロッパ経済――復興から統合へ』（日本経済評論社，1998年）
北村厚『ヴァイマル共和国のヨーロッパ統合構想――中欧から拡大する道』（ミネルヴァ書房，2014年）
木畑洋一「国際関係史のなかのヨーロッパ統合――非ヨーロッパ世界との関わりから」木畑洋一編『ヨーロッパ統合と国際関係』（日本経済評論社，2005年）
――――『イギリス帝国と帝国主義――比較と関係の視座』（有志舎，2008年）
紀平英作編『ヨーロッパ統合の理念と軌跡』（京都大学学術出版会，2004年）
葛谷彩『20世紀ドイツの国際政治思想――文明論・リアリズム・グローバリゼーション』（南窓社，2005年）
工藤芽衣「1950年代における英仏対立と欧州統合の進展――自由貿易地域（FTA）交渉から欧州主要通貨交換性回復を中心に」『国際関係学研究』第30号（2004年）

倉科一希『アイゼンハワー政権と西ドイツ――同盟政策としての東西軍備管理交渉』（ミネルヴァ書房，2008年）
黒田友哉「モレ政権と欧州経済共同体の成立」『法学政治学論究』第68号，2006年春季号
――――「モレ政権の対フランス連合政策――ユーラフリック共同体構想を中心に」『法学政治学論究』第72号，2007年春季号
――――「フランスとユーラトム（欧州原子力共同体）――海外領土の加入を中心に（1955－1958年）」『日本EU学会年報』第28号（2008年）
――――「ヨーロッパ統合の裏側で――脱植民地化のなかのユーラフリック構想」遠藤，板橋編『複数のヨーロッパ』
高坂正堯『高坂正堯著作集　第六巻　古典外交の成熟と崩壊』（都市出版，2000年）
小窪千早「フランス外交とデタント構想――ドゴールの「東方外交」とその欧州観」京都大学『法学論叢』153巻第３，４号（2003年）
小久保康之「欧州統合過程におけるP＝H・スパークの役割」『慶應義塾大学法学研究科論文集』第21号（1985年）
小島健「設立期におけるEECの低開発国政策――植民地支配から連合関係への転換を中心にして」『経済科学』名古屋大学経済学部紀要，第36巻１号（1988年）
――――『欧州建設とベルギー』（日本経済評論社，2007年）
権上康男「戦後フランスにおける新自由主義の実験（1958－1972年）――三つのリュエフ・プラン」権上康男編著『新自由主義と戦後資本主義』（日本経済評論社，2006年）
佐々木卓也『アイゼンハワー政権の封じ込め政策――ソ連の脅威，ミサイル・ギャップ論争と東西交流』（有斐閣，2008年）
佐々木雄太『イギリス帝国とスエズ戦争』（名古屋大学出版会，1997年）
ジェルジュ，リトヴァーン〔田代文雄訳〕『1956年のハンガリー革命――改革・蜂起・自由闘争・報復』（現代思想新社，2006年）
庄司克宏『欧州の危機――Brexitショック』（東洋経済新報社，2016年）
杉本淑彦『文明の帝国――ジュール・ヴェルヌとフランス帝国主義文化』（山川出版社，1995年）
鈴木均「欧州横断ネットワークの先駆――欧州統合初期において労働組合が開いた可能性と限界」『現代史研究』第52号（2006年）
セベスチェン，ヴィクター〔吉村弘訳〕『ハンガリー革命』（白水社，2008年）
高﨑春華「EUの対地中海政策とマグレブ諸国――モロッコへの直接投資を中心に」九州大学提出博士論文（2013年）
高島忠義『ロメ協定と開発の国際法』（成文堂，1991年）
高津智子「欧州政治共同体条約をめぐるトランスアトランティック・ネットワーク――統一ヨーロッパ・アメリカ委員会とヨーロッパ運動」『史林』第98巻第５号
田中俊郎「シューマン・プランをめぐる英国の政治過程――英仏交渉を中心にして（一），（二）」『法学研究』第48巻第７・８号（1975年）

――――，庄司克宏編『EU 統合の軌跡とベクトル――トランスナショナルな政治社会秩序形成への模索』（慶應大学出版会，2006年）
――――，小久保康之，鶴岡路人編『EU の国際政治――域内政治秩序と対外関係の動態』（慶應義塾大学出版会，2007年）
田中延幸「ヨーロッパ石炭鉄鋼共同体成立過程と西ドイツ鉄鋼業界――カルテル・企業集中問題を中心に」『歴史と経済』第58巻１号（2015年）
――――「シューマン・プランと西ドイツ鉄鋼業界――生産・投資・価格へのヨーロッパ石炭鉄鋼共同体の介入をめぐって」『歴史と経済』第236号（2017年）
塚田鉄也『ヨーロッパ統合正当化の論理』（ミネルヴァ書房，2013年）
津崎直人「核拡散防止条約の起源（1955－1961年）（一）・（二）・完」『法学論叢』第159巻第５号－第161巻第１号（2006年８月，2007年４月）
――――「IAEA―ユーラトム協定に関する西ドイツ外交（1970－73年）」『国際政治』第176号（2014年）
戸澤英典「パン・ヨーロッパ運動の憲法体制構想」『阪大法学』第53巻３・４号（2003年）
――――，上原良子「ヨーロッパ統合の胎動――戦間期広域秩序論から戦後構想へ」遠藤編『ヨーロッパ統合史』
中村民雄編『EU 研究の新地平――前例なき政体への接近』（ミネルヴァ書房，2005年）
中屋宏隆「第二次世界大戦後初期ヨーロッパ統合の史的展開――シューマン・プラン登場の背景をめぐって1945－1951年」京都大学大学院経済学研究科，博士論文（2007年）。
中山洋平『戦後フランス政治の実験』（東京大学出版会，2002年）
――――「フランス第四共和制の政治体制：二つのモネ・プランと53年危機――「近代化」と〈国家社会関係〉の歴史的展開」『国家学会雑誌』第105巻３・４号（1992年）
能勢和宏「FTA 交渉と欧州統合（1956－1959）――フランスの対応を手がかりにして」『史林』第95巻３号（2012年）
平野千果子『フランス植民地主義の歴史――奴隷制廃止から植民地帝国の崩壊まで』（人文書院，2002年）
――――『フランス植民地主義と歴史認識』（岩波書店，2014年）
廣田愛理「フランスのローマ条約受諾」『歴史と経済』第45巻１号（2002年）
――――「EEC 成立期における自由貿易圏構想へのフランスの対応」『社会経済史学』第70巻１号（2004年）
廣田功『現代フランスの史的形成――両大戦間期の経済と社会』（東京大学出版会，1994年）
――――「フランスの近代化政策とヨーロッパ統合」廣田功，森建資編『戦後再建期のヨーロッパ経済――復興から統合へ』（日本経済評論社，1998年）
――――，森建資編『戦後再建期のヨーロッパ経済――復興から統合へ』（日本経済評論社，1998年）

藤井篤「第四共和制下のアルジェリア政策（二）――レジームの崩壊との関連で」『法学雑誌』大阪市立大学紀要，第36巻１号（1989年）
――――「冷戦と脱植民地化――アルジェリア戦争と仏米関係」『国際政治』第134号（2004年）
藤木剛康「核不拡散レジームと EURATOM の形成（一・二）」『経済理論』307号，309号（2002年）
藤作健一「ドゴールによるローマ条約の受容」『日仏政治研究』第１号（2005年）
藤田憲「フランス海外領土政策と欧州経済共同体設立交渉――ユーラフリカ秩序の構築をめぐって」『アジア・アフリカ研究』通巻362号（2001年）
――――「欧州経済共同体設立過程におけるユーラフリカ「統合」構想とフランス―ベルギー会談――本国海外領土間経済関係に関する共同研究をめぐって」『アジア・アフリカ研究』通巻372号（2004年）
――――「ヨーロッパ経済共同体設立交渉とピエール・ユーリ――海外領土包摂問題をめぐる仲介」木畑洋一編『ヨーロッパ統合と国際関係』（日本経済評論社，2005年）
――――「戦後期フランス海外領土政策と欧州経済共同体設立交渉――ユーラフリカ秩序の構築をめぐって」名古屋大学大学院経済学研究科提出博士論文（2005年）。
細谷雄一『戦後国際秩序とイギリス外交――戦後ヨーロッパの形成　1945～1951年』（創文社，2001年）
――――『外交による平和』（有斐閣，2005年）
――――「イギリスと EU――独仏枢軸との関係を軸に」田中俊郎，庄司克宏編『EU 統合の軌跡とベクトル』（慶應義塾大学出版会，2006年）
――――『外交』（有斐閣，2007年）
――――「冷戦と欧州統合」田中俊郎，小久保康之，鶴岡路人編『EU の国際政治』（慶應義塾大学出版会，2007年）
――――「シューマン・プランからローマ条約へ，1950－58年――EU－NATO－CE 体制の成立」遠藤編『ヨーロッパ統合史』
――――『国際秩序――18世紀ヨーロッパから20世紀アジアへ』（中央公論新社，2012年）
――――『迷走するイギリス――EU 離脱と欧州の危機』（慶應義塾大学出版会，2016年）
前田啓一『EU の開発援助政策――ロメ協定の研究：パートナーシップからコンディショナリティーへ』（御茶の水書房，2000年）
増島建「フランスの対アフリカ政策の新展開――冷戦後世界への適応」『獨協法学』第43巻（1996年）
益田実「メッシナ提案とイギリス――ヨーロッパ共同市場構想への初期対応決定過程，1955年（一）－（四・完）」『法経論叢』第17巻２号－第19巻１号（2000年－2001年）
――――「自由貿易地帯構想とイギリス――ヨーロッパ共同市場構想への「対抗提案」決定過程，1956年（一）－（五・完）」『法経論叢』第21巻２号－第24巻２号

（2004年－2007年）
――――『戦後イギリス外交と対ヨーロッパ政策――「世界大国」の将来と地域統合の進展，1945～1957年』ミネルヴァ書房，2008年。
――――，池田亮，青野利彦，齋藤嘉臣編『冷戦史を問いなおす』（ミネルヴァ書房，2015年）
松岡完「1950年代アメリカの同盟再編戦略――統合の模索」『国際政治』第105号（1994年）
マヨーネ，G〔庄司克宏監訳〕『欧州統合は行きすぎたのか（上・下）』（岩波書店，2017年）
宮城大蔵『バンドン会議と日本のアジア復帰――アメリカとアジアの狭間で』（草思社，2001年）
宮下雄一郎「自由フランスと戦後秩序をめぐる外交　1940－1944年」『国際安全保障』第33巻第２号（2005年）
――――「ジャン・モネと欧州統合」田中俊郎，小久保康之，鶴岡路人編『EUの国際政治』（慶應義塾大学出版会，2007年）
――――『フランス再興と国際秩序の構想――第二次世界大戦期の政治と外交』（勁草書房，2015年）
宮島喬『移民社会フランスの危機』（岩波書店，2006年）
メイ，アーネスト〔進藤榮一訳〕『歴史の教訓――アメリカ外交はどう作られたか』（岩波書店，2004年）
森聡『ヴェトナム戦争と同盟外交』（東京大学出版会，2009年）
森千香子『排除と抵抗の郊外』（東京大学出版会，2016年）
山本健「ヨーロッパ石炭鉄鋼共同体（ECSC）の成立をめぐる国際政治過程　1950－51年――仏・米・西独関係を中心に」『一橋法学』第１巻２号（2002年）
――――『同盟外交の力学――ヨーロッパ・デタントの国際政治史　1968－1973年』（勁草書房，2010年）
吉田真吾『日米同盟の制度化』（名古屋大学出版会，2012年）
吉田徹「フランスと欧州統合過程」『聖学院大学総合研究所紀要』第41号（2007年）
ルイス，ウィリアム・ロジャー「スエズ危機」緒方貞子，半澤朝彦編『グローバル・ガヴァナンスの歴史的変容――国連と国際政治史』（ミネルヴァ書房，2007年）
ローマックス，ビル〔南塚信吾訳〕『終わりなき革命――ハンガリー1956』（彩流社，2006年）
ワース，アレクサンダー〔野口名隆，高坂正堯訳〕『フランス現代史（一），（二）』（みすず書房，1958年，1959年）
渡辺和行『ド・ゴール――偉大さへの意志』（山川出版社，2013年）
渡邊啓貴「フランス――ヨーロッパ統合への理念と政策の変遷」大島美穂編『EUスタディーズ　国家・地域・民族』（勁草書房，2007年）
――――『シャルル・ドゴール――民主主義の中のリーダーシップへの苦闘』（慶應義塾大学出版会，2013年）

注

序　章

（1）　条約否決の動議（motion）に対する投票の結果は，319票の賛成，269票の反対であった。

（2）　Élisabeth du Réau, *L'idée d'Europe au XXe siècle, des mythes aux réalités*, (Bruxelles: Editions Complexe, 2001), p. 210.

（3）　François Duchêne, *Jean Monnet: The First Statesman of Interdependence*, (New York: W.W. Norton Company, 1994), p. 256.

（4）　Marie-Thérèse Bitsch, *Histoire de la construction européenne de 1945 à nos jours*, Nouvelle édition mise à jour, (Bruxelles: Editions Complexe, 2004), p. 98.

（5）　Wilfried Loth, *Der Weg nach Europa: Geschichte der europäischen Integration 1939-1957*, 3., durchgesehene Auflage (Göttingen: Vandenhoeck & Ruprecht, 1996), S.113.

（6）　Dirk Spierenburg et Raymond Poidevin, *Histoire de la Haute Autorité de la Communauté européenne du charbon et de l'acier*, (Bruxelles: Bruylant, 1993); 廣田功「フランスの近代化政策とヨーロッパ統合」廣田功，森建資編『戦後再建期のヨーロッパ経済』（日本経済評論社，1998年）156頁。なお廣田の論文は，シューマン・プランの経済的な意義について詳しく論じている。なお，シューマン・プランからECSC条約調印の過程でのドイツ政府やドイツ鉄鋼業界の役割については，田中延幸「シューマン・プランと西ドイツ鉄鋼業界――生産・投資・価格へのヨーロッパ石炭鉄鋼共同体の介入をめぐって」『歴史と経済』第236号（2017年）17－26頁が詳しい。

（7）　Wilfried Loth, *Building Europe*, (Oldenbourg: de Gruyter, 2015), p. 32.

（8）　Wilfried Loth, *Europas Einigung: Eine unvollendete Geschichte*, (Frankfurt: Campus Verlag, 2014), S.74.

（9）　アフリカ研究の大家メイヨールは，ヨーロッパ国際システムと植民地の関係というより広範な関係の起源に関してはさかのぼって第二次世界大戦後に求めているが，この時期を今日のEUとACP諸国の関係の起点としている。その他の諸研究においても，ローマ条約がEUとACP諸国の関係の起源とされている。James Mayall, "The Shadow of Empire: the EU and the Former Colonial World", in Christopher Hill and Michael Smith (eds.), *International Relations and the European Union*, (Oxford: Oxford University Press, 2005), p. 295, p. 297; Alan Milward, *Politics and Economics in the History of the European Union*, (Oxon:

Routledge, 2005); Martin Holland, "'Imagined' interregionalism: Europe's relations with the Africa, Caribbean and Pacific states (ACP)," in Heiner Hänggi, Ralf Roloff and Jürgen Rüland (eds.), *Interregionalism and International Relations*, (London: Routledge, 2006), p. 256.

(10) この点に注目した論考としては，木畑洋一「国際関係史のなかのヨーロッパ統合――非ヨーロッパ世界との関わりから」木畑洋一編『ヨーロッパ統合と国際関係』（日本経済評論社，2005年）；紀平英作編『ヨーロッパ統合の理念と軌跡』（京都大学学術出版会，2004年）。

(11) ヨーロッパ統合初期における加盟国海外領土の位置付けに関してはアヴィの論文を参照。ECSC，EDC において，海外領土の連合が排除され，本国による代理での代表が行われていた。ただし，第一章に見るように，EDC の挫折と共に葬り去られた EPC については，海外領土の連合問題が議論されていた。Désirée Avit, « La question de l'Eurafrique dans la construction de l'Europe de 1950 à 1957 », in Gérard Bossuat (dir.), "Europe et Afrique au tournant des indépendances: un nouvel avenir," *Matériaux pour l'histoire de notre temps*, janvier-mars 2005, no. 77, p. 18. また欧州審議会における海外領土の加入を検討するプラン（その一つがコモンウェルスを含めた連合案たるストラスブール・プラン）については，パレレによる論文を参照。Jean-Marie Palayret, « Les Mouvements Proeuropéens et la question de l'Eurafrique du Congrès de La Haye à la Convention de Yaoundé », in Marie-Thérèse Bitsch et Gérard Bossuat (dir.), *L'Europe unie et l'Afrique: de l'idée d'Eurafrique à la convention de Lomé*, (Bruxelles: Bruylant, 2005).

(12) 池田亮『植民地独立の起源』（法政大学出版局，2013年）20頁。

(13) Alan Milward, *The European Rescue of the Nation-State*, (London: Routledge, 1992).

(14) Andrew Moravcsik, *The Choice for Europe: Social Purpose and State Power from Messina to Maastricht*, Ithaca, (Cornell University Press, 1998).

(15) 1950代の半ばの冷戦に関して，冷戦の「政治経済戦争」化を指摘する研究もある。吉田真吾『日米同盟の制度化』（名古屋大学出版会，2012年）36頁。なお，オーストリアやスイス，スウェーデン，アイルランドなどは中立を保っていた。

(16) Marc Trachtenberg, *A Constructed Peace: the Making of the European Settlement 1945-1963*, (Princeton: Princeton University Press, 1999).

(17) 石井修「冷戦の「五五年体制」」『国際政治』100号（1992年）。

(18) Trachtenberg, *A Constructed Peace*, pp. 144-145.

(19) 本書での「脱植民地化」は植民地の独立という狭義においてである。もちろん，脱植民地化には様々な定義が存在する。脱植民地化を，政治的独立のみならず，経済的・文化的・精神的独立という広義において捉えた場合，独立を果たしても，経済的独立は果たせず，依然として脱植民地化を未だに果たしていないという見方もある。木畑洋一『イギリス帝国と帝国主義――比較と関係の視座』（有志舎，2008年）212-217頁。

(20) Erez Manela, *The Wilsoninan Moment: Self-Determination and the International Origins of Anticolonial Nationalism,* (Oxford: Oxford University Press, 2007). マネラによれば，ウィルソン自身が考えたことよりも民族自決を打ち出したことは影響が大きく，韓国，中国，インド，エジプトなどではその原理が独立運動に利用されたり，反発を生んだりしたのである。マネラは，ウィルソン的時代を「帝国的秩序の終わりの始まり」としている。特に225頁を参照。

(21) Odd Arne Westad, *The Global Cold War: Third World Interventions and the Making of Our Times,* (Cambridge: Cambridge University Press, 2005), p. 99. 邦訳は，佐々木雄太監訳『グローバル冷戦史』(名古屋大学出版会，2010年)。

(22) 2015年末には，『冷戦史を問いなおす』という冷戦史研究の最先端の論文集が上梓されたが，そのなかでも，冷戦，脱植民地化，統合の三つの交錯を分析する視角は抜け落ちている。益田実，池田亮，青野利彦，齋藤嘉臣編『冷戦史を問いなおす』(ミネルヴァ書房，2015年)。

(23) SGCIまた経済関係のアクター等に注目した論文集としては，Laurence Badel, Stanislas Jeannesson et N. Piers Ludlow (dir.), *Les administrations nationales et la construction européenne: une approche historique, 1919-1975,* (Bruxelles: Peter Lang, 2005).

(24) 独仏枢軸をヨーロッパ統合推進の原動力とする見方は，神話かあるいは真実かという問いにより相対化されている。特に昨今では，EU拡大による加盟国の増大と多様性が，独仏をモーターとしたコンセンサス形成を困難にしていることが指摘されている。Jacques Morizet, "Coopération franco-allemande et intégraiton européenne," Robert Picht und Wolfgang Wessels (Hrsg.), *Motor für Europa? Deutsch-französischer-Bilateralismus und europäische Integration,* (Bonn: Europa Union Verlag, 1991), p. 268. モネがヨーロッパ統合の父の一人である点に関しては，多くの文献が一致している。Eric Roussel, *Jean Monnet, 1888-1979,* (Paris: Librairie Artheme Fayard, 1996); Peter M.R. Stirk, *A History of European Integration since 1914,* (London: Pinter, 1996); Desmond Dinan, *Ever Closer Union: An Introduction to European Integration,* (Lynne Rienner Publ., 2005) など。

また，もちろん統合概念を広くとって，OEECを含めて考えた場合，ヨーロッパ統合の父としてギリンガムのように新古典派の経済学者フリードリヒ・ハイエクを挙げる見方も可能である。John Gillingham, *European Integration, 1950-2003: Superstate or New Market Economy?,* (Cambridge: Cambridge University Press, 2003). また英仏協調が，ヨーロッパ統合推進において中心的役割を果たした時期も，確かに存在していた。この点については，John W. Young, *Britain, France and the Unity of Europe, 1945-1951* (Leicester: Leicester University Press, 1984); Sean Greenwood, *Britain and European Integration Since the Second World War,* (Manchester: Manchester University Press, 1996); 細谷雄一『戦後国際秩序とイギリス外交――戦後ヨーロッパの形成　1945年～1951年』(創文社，2001年)。

(25) 冷戦史とヨーロッパ統合史の総合を試みた意欲的な近年の著作として，N.

Piers Ludlow, *European Integration and the Cold War: Ostpolitik-Westpolitik, 1965-1973* (London: Routledge, 2007); Takeshi Yamamoto, "Détente or Integration? EC Response to Soviet Policy Change towards the Common Market, 1970-75," *Journal of Cold War History* 7/1 (2007), pp.75-94. またその先駆的な研究としては，Wilfried Loth, *The Division of the World 1941-55* (London: Routledge, 1988); Idem, *Der Weg nach Europa.* イギリス外交の立場や役割を中心に，同様の立場から冷戦史とヨーロッ統合史を総合した研究としては，細谷『戦後国際秩序とイギリス外交』。

(26) Irwin M. Wall, *France, The United States, and the Algerian War* (Berkeley, CA: University of California Press, 2001); Matthew Connelly, *A Diplomatic Revolution: Algeria's Fight for Independence and the Origins of the Post-Cold War Era* (New York: Oxford. University, 2002).

またフランスの立場から，冷戦と脱植民地化の連関を議論した邦語論文としては，藤井篤「冷戦と脱植民地化――アルジェリア戦争と仏米関係」『国際政治』134号（2004年）70-85頁。

(27) このような例外的研究としては，Guia Migani, *La France et l'Afrique sub-saharienne, 1957-1963: Histoire d'une décolonisation entre idéaux eurafricains et politique de puisssance*, (Bruxelles : P.I.E. Peter Lang, 2008)

(28) Pascaline Winand, *Eisenhower, Kennedy and the United States of Europe* (New York: St. Martin's Press, 1993). 松岡によれば，ダレスの地域統合への支持は，国家主権に対する疑問に支えられた経済的繁栄と政治的安定であった。松岡完「1950年代アメリカの同盟再編戦略――統合の模索」『国際政治』第105号（1994年）86-87頁。

(29) アイゼンハワー政権の冷戦戦略の研究としては，以下の研究が代表的である。佐々木卓也『アイゼンハワー政権の封じ込め政策――ソ連の脅威，ミサイル・ギャップ論争と東西交流』（有斐閣，2008年），Saki Dockrill, *Eisenhower's New-Look National Security Policy, 1953-61* (London: MacMillan, 1996).

(30) ロメ協定に関しては，初期の研究に加え，一次史料に基づく歴史研究が刊行されている。Lili Reyels, *Die Entstehung des ersten Vertrags von Lomé im deutsch-französischen Spannungsfeld 1973-1975*, (Baden-Baden: Nomos Verlag, 2008). 邦語の研究としては，前田啓一『EU の開発援助政策――ロメ協定の研究：パートナーシップからコンディショナリティーへ』（御茶の水書房，2000年），高島忠義『ロメ協定と開発の国際法』（成文堂，1991年）。

(31) Georges-Henri Soutou, *L'Alliance incertaine: Les rapports politico-stratégiques franco-allemands, 1954-1996* (Paris: Fayard, 1996); Kevin Ruane, *The Rise and Fall of the European Defense Community: Anglo-American Relations and the Crisis of European Defense, 1950-1955*, (Houndmills: MacMillan, 2000); Thomas Moser, *Europäische Integration, Dekolonisation, Eurafrika: eine historische Analyse über die Entstehungsbedingungen der Eurafrikanischen Gemeinschaft von der Weltwirtschaftskrise bis zum Jaunde-Vertrag, 1929-1963*, (Baden-Baden: Nomos-

Verlag, 2000), pp.192-198. Laurent Cesari, *Le problème diplomatique de l'Indochine 1945-1957*, (Paris: Les Indes savantes, 2013). また第一次インドシナ戦争をめぐる米国と同盟国関係を扱った研究としては，赤木の以下の研究を参照。赤木完爾『ヴェトナム戦争の起源――アイゼンハワー政権と第一次インドシナ戦争』（慶應通信，1991年）。

(32) アルジェリア戦争下で，政治制度は麻痺していたものの，行政上は，アルジェリアは，海外領土，海外県といった「植民地」を再編した制度的枠組みではなく，本国（Métropole）同様，フランスの「県」にあたり，1956年前半には４県設けられていた。56年６月28日のデクレにより，12県に拡大された。しかし，1830年のアルジェリア侵攻以降の植民を重要視する場合，平野の研究のように，アルジェリアを植民地として捉える見方が妥当である。平野千果子『フランス植民地主義の歴史――奴隷制廃止から植民地帝国の崩壊まで』（人文書院，2002年）を参照。

(33) 第四共和制期フランス政治の代表的通史としては，Georgette Elgey, *Histoire de la IVe République, tome 1: La République des illusions (1945-1951) et La République des Contradictions (1951-1954)*, (Paris: Fayard, 1993); Georgette Elgey, *Histoire de la IVe République, tome 2 : Malentendu et passion, la république des tourments (1954-1959)*, (Paris, Fayard, 1997); Jean-Pierre Rioux, *La France de la Quatrième République, vol. 2. L'expansion et l'impuissance (1952-1958)*, (Paris: Editions du Seuil, 1983); また内政に関しては，中山洋平『戦後フランス政治の実験』（東京大学出版会，2002年）。

(34) Philip Gordon, *A Certain Idea of France: French Security Policy and the Gaullist Legacy*, (Princeton: Princeton University Press, 1993); Frédéric Bozo, *Deux stratégies pour l'Europe. De Gaulle, les Etats-Unis et l'Alliance Atlantique 1958-1969*, (Paris: Plon, 1996).

(35) Maurice Vaïsse, "Post-Suez France," in William Roger Louis & Roger Owen (eds), *Suez 1956: The Crisis and its Consequences.*

(36) Soutou, *L'Alliance incertaine.*

(37) Gérard Bossuat, *L'Europe des Français, 1943-1959: La IVe République aux sources de l'Europe communautaire* (Paris: Publications de la Sorbonne, 1996).

(38) Ibid., pp.435-438.

(39) 上原良子「フランス社会党の欧州統合構想と欧州審議会」『西洋史学』198号（2000年）23-43頁。上原良子「フランスのキリスト教民主主義勢力とヨーロッパ統合――MRP（人民共和運動），1947年から1950年」『現代史研究』44号（1998年）68-83頁。

(40) Jacques Marseille, *L'Empire colonial et capitalisme français: Histoire d'un divorce*, (Paris: Albin Michel, 1984); Jean-François Eck, *Histoire de l'économie française depuis 1945*, 7 éd., (Paris: Armand Colin, 2004), pp. 25-26. エックによる概説書では，1958年12月のリュエフ＝ピネー・プランによるヨーロッパ市場への経済開放を，それまでの閉鎖経済からの「断絶」とみなし，73年の第一次石油危機に至るまでのフランスにおける経済成長の主要因としている。これは，経済史アプロー

チから，フランス本国のパートナーが，1958年を境に，植民地からヨーロッパへとシフトしたという見方として解釈できる。

(41) 菊池孝美「フランスの近代化計画と植民地」廣田，森編『戦後再建期のヨーロッパ経済』237-278頁，藤田憲「ヨーロッパ経済共同体設立交渉とピエール・ユーリ――海外領土包摂問題をめぐる仲介」木畑洋一編『ヨーロッパ統合と国際関係』（日本経済評論社，2005年）。

(42) ドゴール外交の包括的な研究としては，ヴァイスの研究が挙げられる。Maurice Vaïsse, *La Grandeur, Politique étrangère du général de Gaulle (1958-1969)*, (Paris: Fayard, 1998). また独仏関係をヨーロッパ，大西洋関係という国際環境の中で分析した邦語研究としては，川嶋周一『独仏関係と戦後ヨーロッパ国際秩序――ドゴール外交とヨーロッパの構築　1958－1969』（創文社，2007年）。

(43) 例えば，モロッコのタンジェにおけるサルコジ大統領の演説がその一つである。Discours de M. Nicolas Sarkozy, président de la République, Tanger, le 23 octobre 2007.

(44) ユーラフリック構想の起源については，Avit, "La question de l'Eurafrique", p.17; Migani, *La France et l'Afrique sub-saharienne*, p. 46; Moser, *Europäische Integration, Dekolonisation, Eurafrika*. また本書第一章を参照。

(45) Bitsch et Bossuat, *L'Europe unie et l'Afrique*; Gérard Bossuat (dir.), « Europe et Afrique au tournant des indépendances: un nouvel avenir », *Matériaux pour l'histoire de notre temps*, janvier-mars 2005, no. 77. 前者は，両大戦間期から第一次ロメ協定の調印に至るまでの各国，ヨーロッパ統合運動団体の立場を一次史料に基づいて跡付けた論文集である。一方，後者は，フランスの立場だけでなく，アフリカ側の反応，役割に言及し，ヨーロッパとアフリカの相互作用も分析対象としている論文集である。

(46) René Girault, « La France entre l'Europe et l'Afrique », in Enrico Serra (ed.), *Il Relantio Dell'Europa e i Trattati di Roma*, (Bruxelles: Bruylant, 1989), p. 376; Bossuat, *L'Europe des Français, 1943-1959*.

(47) Pierre Guillen, « L'avenir de l'Union française dans la négociation des traités de Rome », *Relations Internationales*, no. 57, (printemps 1989), p. 104; John Kent, *The Internationalisation of Colonialism: France, Britain, and Black Africa, 1939-1956*, (Oxford : Clarendon Press, 1992), pp. 306-307.

(48) Yves Montarsolo, *L'Eurafrique, contrepoint de l'idée d'Europe*, (Aix-en-Provence, Publication université Provence, 2010).

(49) Moser, *Europäische Integration, Dekolonisation, Eurafrika*, S. 89.

(50) Migani, *La France et l'Afrique sub-saharienne*.

(51) この原型となる論文は，Guia Migani, « L'association des TOM au Marché commun: histoire d'un accord européen entre cultures économiques différentes et idéaux politiques communs, 1955-1957 », in Bitsch et Bossuat, *op.cit.*, pp. 233-252.

(52) Migani, *La France et l'Afrique sub-saharienne, 1957-1963*, p. 249. また，植民

地かヨーロッパかという問題に対して，明確に答えを出していないものの，主にフランスの一次史料に基づいた，PTOM 市場の共同市場への連合に関する研究としてSchreursの文献が挙げられる。この経済的，制度的側面に焦点を当てた研究では，「ユーラフリック」に見られる，フランスのアフリカにおける既得権益の保護が，その後，第五共和制下のドゴールによって継続して追求されていくことになるとしている。Rik Schreurs, « L'Eurafrique dans les négotiations du Traité de Rome, 1956-1957 », *Politique Africaine*, vol. 49, (mars 1993), pp. 82-92.

(53) 藤田「ヨーロッパ経済共同体設立交渉とピエール・ユーリ」，藤田憲「戦後期フランス海外領土政策と欧州経済共同体設立交渉――ユーラフリカ秩序の構築をめぐって」名古屋大学大学院経済学研究科提出博士論文（2005年）。

(54) 平野千果子『フランス植民地主義と歴史認識』（岩波書店，2014年）第五章および第六章を参照。

(55) Véronique Dimier, « Construire l'association entre l'Europe communautaire et l'Afrique indépendante », Bossuat, Europe et Afrique au tournant des indépendances, un nouvel avenir, *Matériaux pour l'histoire de notre temps*, janvier-mars 2005, no. 77.

(56) Avit, "La question de l'Eurafrique."

(57) また，ベルリン会議からサルコジのダカール演説，トリポリでのEUアフリカ首脳会議までをコンパクトにまとめた著作としては，次の論文を参照。Kaye Whiteman, "The Rise and Fall of Eurafrique: From the Berlin Conference of 1884-1885 to the Tripoli EU-Africa Summit of 2010," in Adekeye Adebajo and Kaye Whiteman (eds.), *The EU and Africa: from Eurafrique to Afro-Europa*, London: Hurst & Company, 2012.

(58) Peo Hansen and Stefan Jonsson, *Eurafrica: The Untold History of European Integration and Colonialism*, London: Bloomsbury, 2014.

(59) この点の例外的研究は，Moser, *Europäische Integration, Dekolonisation, Eurafrika.*

第一章　第二次世界大戦後ヨーロッパ統合におけるフランス

(1) ロートによれば，ローマ二条約の成立で，ヨーロッパは組織的な核（einen organisatorischen Kern）を得ることに成功したという。Loth, *Europas Einigung*, S. 74.

(2) 田中俊郎「シューマン・プランをめぐる英国の政治過程――英仏交渉を中心にして（一）」『法学研究』第48巻第7号（1975年）32-33頁。Bossuat, *L'Europe des Français*, p. 165 ; John Gillingham, *Coal, Steel, and the rebirth of Europe, 1945-1955: The Germans and French from Ruhr conflict to economic community*, (Cambridge: Cambridge University Press, 1991), p. 364. Ulrich Lappenküper, "Der Schuman-Plan," *Vierteljahrshefte für Zeitgeschichte*, 42. 3, (1994), p. 403. フランス等を中心に戦後ヨーロッパ国際関係の基本的構図を設定する転換点としてシューマ

ン・プランを解釈する見方については，細谷『戦後国際秩序とイギリス外交』156頁。また，経済，軍事，規範の面にわたる幅広い文脈から考慮した論考では，シューマン・プランに始まる1950年代を成立期としている。細谷雄一「シューマン・プランからローマ条約へ，1950－58年――EC－NATO－CE 体制の成立」遠藤編『ヨーロッパ統合史』132頁，遠藤乾「ヨーロッパ統合とは何だったのか」遠藤編『ヨーロッパ統合史』312頁。

（3） 「ユーラフリック」を長期的に検討し，全体像を描き出している研究としては，Bitsch et Bossuat（dir.）, *L'Europe unie et l'Afrique*; Karis Muller, « Reconfigurer l'Eurafrique », *Matériaux pour l'histoire de notre temps*, no. 77,（2005）, pp. 52-60; Moser, *Europäische Integration, Dekolonisation, Eurafrika.*

（4） 廣田功『現代フランスの史的形成――両大戦間期の経済と社会』（東京大学出版会，1994年）400頁。ルシュールの国際カルテル論については，その他に，Jean-Luc Chabot, *Aux origines intellectuelles de l'Union européenne: l'idée d'Europe unie de 1919 à 1939,*（Grenoble: Presses Universitaires de Grenoble, 2005）；戸澤英典，上原良子「ヨーロッパ統合の胎動――戦間期広域秩序論から戦後構想へ」遠藤編『ヨーロッパ統合史』65-66頁。

（5） Chantal Metzger, « L'Allemagne et l'Eurafrique », in Bitsch et Bossuat（dir.）, *L'Europe unie et l'Afrique*, p. 59.

（6） Charles-Robert Ageron, « L'idée d'Eurafrique et le débat colonial franco-allemand de l'entre-deux-guerres », *Revue d'histoire moderne et contemporaine*,（1975）, pp. 496; John Chipman, *French Power in Africa*,（Oxford: Basil Blackwell, 1989）, p. 64.

（7） 平野千果子『フランス植民地主義の歴史――奴隷制廃止から植民地帝国の崩壊まで』（人文書院，2002年）。両大戦間期のフランスの植民地観に関しては，以下のリンクを参照。平野千果子「戦間期フランスと植民地――帝国を移動する人びと」『帝国における植民地と本国――境界における統治テクノロジーの形成をめぐる歴史人類学的研究』「平成14－16年度科学研究費補助金基盤研究（C）（1）研究成果報告書」http://www.fwu.ac.jp/la/documents/paper.pdf（2018年9月7日アクセス）

（8） Chipman, *French Power in Africa*, pp.62-63.

（9） 参加国は，イギリス，オーストリア＝ハンガリー，フランス，ドイツ，ロシア，アメリカ，ポルトガル，デンマーク，スペイン，イタリア，オランダ，スウェーデン，ベルギー，トルコであった。

（10） Chipman, *French Power in Africa*, p. 64.

（11） ドュ・レオによれば，中世史家ブルクハルトや哲学者ニーチェにより，ヨーロッパの衰退は，すでに提起されていた。Du Réau, *L'Idée d'Europe au XXe siècle*, pp. 72-76. またドイツ国際政治思想上にシュペングラーを位置付けた研究として，葛谷彩『20世紀ドイツの国際政治思想――文明論，リアリズム，グローバリゼーション』（南窓社，2005年）。この研究においては，シュペングラーの文明論を，従来から論じられてきた「ドイツと西欧」の相克のみならず，「グローバリゼーションとアイデンティティー」の相克というもうひとつの表象から位置付けている。特に

34頁を参照。

(12) Stirk, *A History of European Integration since 1914*, p. 26.

(13) 戸澤，上原「ヨーロッパ統合の胎動」66-67頁。

(14) ただし，英連邦帝国とパン・ヨーロッパの将来の統合は，クーデンホーフ＝カレルギー伯爵の念頭にあった。1929年に発表された『パン・ヨーロッパ』の中では，「イギリスの諸島が，パン・ヨーロッパに合併されることによって，全アフリカが統一される日が来るかもしれません」と述べている。Paneurope, 5, 1929, No 1-3, p.10, cité dans Antoine Fleury, « Paneurope et l'Afrique », in Bitsch et Bossuat, (dir.), *L'Europe unie et l'Afrique*, pp. 39-40.

(15) Ibid., p. 36.

(16) Cité in Ibid., p. 37.

(17) Ageron, « L'idée d'Eurafrique et le débat colonial franco-allemand de l'entre-deux-guerres », p. 451; Fleury, « Paneurope et l'Afrique », pp. 43-44.

(18) Fleury, « Paneurope et l'Afrique », p. 46.

(19) ヴェルサイユ条約の懲罰的性格については，Carole Fink, "The Great Powers and the New International System, 1919-1923," in Paul Kennedy and William I. Hitchcock (eds.), *From War to Peace: Altered Strategic Landscapes in the Twentieth Century*, (New Haven: Yale University Press, 2000), p.18.

(20) Yves Montarsolo, « Albert Sarraut et l'idée d'Eurafrique », in Bitsch et Bossuat, *L'Europe unie et l'Afrique*, pp. 80-81.

(21) Metzger, "L'Allemagne et l'Eurafrique," p. 63.

(22) Ageron, « L'idée d'Eurafrique et le débat colonial franco-allemand de l'entre-deux-guerres », p. 467.

(23) Ibid., p. 469; Montarsolo, « Albert Sarraut et l'idée d'Eurafrique », p. 89.

(24) Ageron, « L'idée d'Eurafrique et le débat colonial franco-allemand de l'entre-deux-guerres », pp. 469-470.

(25) Jean-Baptise Duroselle, *La décadence 1932-1939*, (Paris: Seuil, 1979), p. 300, cité in Metzger, "L'Allemagne et l'Eurafrique," p. 64.

(26) Ageron, « L'idée d'Eurafrique et le débat colonial franco-allemand de l'entre-deux-guerres », p. 474.

(27) Metzger, "L'Allemagne et l'Eurafrique," pp. 73-75.

(28) John Kent, *The Internationalization of Colonialism: Britain, France, and Black Africa, 1939-1956*, (Oxford: Clarendon Press, 1992), pp. 8-9.

(29) マーシャル・プランについてはBossuat, *L'Europe des Français*；上原良子「ヨーロッパ統合の生成　1947－1950年」遠藤編『ヨーロッパ統合史』97-100頁。Michael J. Hogan, *The Marshall Plan: America, Britain, and the reconstruction of Western Europe, 1947-1952*, (Cambridge: Cambridge University Press, 1987); Alan Milward, *The Reconstruction of Western Europe, 1945-1951*, (London: Methuen, 1984); Richard T. Griffiths, *Explorations in OEEC History*, (Paris: Organisation for

Economic Co-operation and Development, c1997).

(30) Hogan, *The Marshall Plan*, p. 45.

(31) ヨーロッパ経済協力のための協定（Convention for European Economic Co-operation）の2条に規定されている。Cited in Rik Schreurs, "A Marshall Plan for Africa? The Overseas Territories Committee and the Origins of European co-operation in Africa," in Griffiths, *Explorations in OEEC History*, p. 87.

(32) Ibid., p. 88; p. 94.

(33) Marc Michel, « La coopération intercoloniale en Afrique noire, 1942-1950: un néo-colonialisme éclairé », *Relations internationales*, no. 34, (été 1983), p. 167.

(34) Kent, *The Internationaliztion of Colonialism*, p. 266.

(35) Andreas Wilkens, « L'Allemagne et l'Afrique, 1949-1963 », in Bitsch et Bossuat, *op.cit.*, p. 289.

(36) Michel, « La coopération intercoloniale en Afrique noire », p. 158.

(37) Philip Bell, "Entente broken and renewed: Britain and France, 1940-1945," in Alan Sharp and Glyn Stone (eds.), *Anglo-French Relations in the Twentieth Century: Rivalry and cooperation*, (London: Routledge, 2000), p. 237.

(38) Kent, *The Internationalization of Colonialism*, Chapter 6.

(39) Geoffrey Warner, "Labour Government and the Unity of Western Europe," in Michael Dockrill and John W. Young (eds.), *British foreign policy, 1945-56*, (Basingstoke: Macmillan, 1989), pp. 65-66. またベヴィンは，第二次世界大戦以前から，植民地の国際協力構想を提案していた。ただし，それは米国の参加も呼びかけており，その点では，明らかに第三勢力構想ではなかった。戦前のベヴィンのユーラフリック構想については，Anne Deighton, « Ernest Bevin and the idea of Euro-Africa », in Bitsch et Bossuat (dir.), *L'Europe unie et l'Afrique*.

(40) John W. Young, *Britain, France and the unity of Europe, 1945-1951*, (Leicester: Leicester University Press, 1984), p. 71.

(41) Bossuat, *L'Europe des Français*, pp. 64-66.

(42) John Kent, "Bevin's Imperialism and the idea of Euro-Africa, 1945-1949," in Dockrill and Young, *British Foreign Policy*, p. 57.

(43) Kent, *The Internationalization of Colonialism*, pp. 176-178.

(44) Walter Lipgens, *A history of European integration*, vol. 1, translated from the German by P.S. Falla and A.J. Ryder, (Oxford: Clarendon Press, 1982) Original. *Die Änfange der europäischen Einigungspolitik 1945-1950*, (Stuttgart: Klett, 1977-), pp. 558-559. Cited in Ibid., pp. 178-179. ブリュッセル条約の抜粋については，*Le Monde*, le 19 mars 1948; Claire Sanderson, *L'Impossible alliance? France, Grande-Bretagne, et défense de l'Europe (1945-1958)*, (Paris: Publications de la Sorbonne, 2003) pp. 427-429.

(45) Kent, *The Internationalization of Colonialism*, p. 179.

(46) Michel, « La coopération intercoloniale en Afrique noire », p. 166.

(47) Kent, *The Internationalization of Colonialism*, p. 179.

(48) イギリスにおける第三勢力構想は,「エビで鯛をつるようなもの (sprat to catch the mackerel)」(直訳すれば, スプラットでさばを釣る) というベヴィン自身が述べたとされる発言に基づいて, アメリカをヨーロッパの安全保障に巻き込もうとするエサと考えるジェフリー・ウォーナーのような否定派も存在するが, 管見の限り, 第三勢力構想の存在を支持する研究者は多い。その放棄の時期についても議論があるが, 細谷雄一のように1949年3月には放棄されたと位置付ける研究や, ショーン・グリーンウッドのように北大西洋条約調印の際には放棄されていたとする見方など, 1949年には放棄されていたとする見方が多い。Sean Greenwood, "The most important of the Western Nation's: France's Place in Britain's post-war foreign policy," in Sharp and Stone (eds.), *Anglo-French Relations*, p. 260; Warner, "Labour Government and the Unity of Western Europe," pp. 61-82 ; 細谷『戦後国際秩序とイギリス外交』。Kent, "Bevin's Imperialism," p. 70.

(49) Deighton, "Ernest Bevin and the idea of Euro-Africa," p.117; Anthony Adamthwaite, "Britain, France and the United States and Euro-Africa, 1945-1949," in Bitsch et Bossuat (dir.), *L'Europe unie et l'Afrique*, pp. 119-132.

(50) Bossuat, *L'Europe des Français*, p. 64; pp. 67-68.

(51) Michel, « La coopération intercoloniale en Afrique noire », p. 107.

(52) Ibid., pp. 168-169 ; CCTA 成立と交渉過程については, Kent, *The Internationalization of Colonialism*, Chapter 11. なお, 加盟国は, ベルギー, フランス, ポルトガル, 南アフリカ, 南ローデシアの5カ国であった。

(53) Pierre Melandri, *Les États-Unis face à l'unification de l'Europe, 1945-1954*, (Paris: Editions A. PEDONE, 1980), p. 263.

(54) シューマン・プラン立案から欧州石炭鉄鋼共同体条約成立までの過程に関しては, 数多くの研究の蓄積があるが, 代表的文献として以下の文献を参照。欧州石炭鉄鋼共同体のオフィシャルヒストリーとして, 石炭鉄鋼共同体に実際に従事したオランダ人の実務家スピーレンブルクと歴史家ポワドゥヴァンの著作がある。Dirk Spierenburg et Raymond Poidevin, *Histoire de la Haute Autorité de la Communauté européenne du charbon et de l'acier*, (Bruxelles: Bruylant, 1993); Klaus Schwabe (Hrsg), *Die Anfänge des Schuman-Plans 1950/51*, (Baden-Baden, Nomos Verlag, 1988); Raymond Poidevin, *Robert Schuman: Homme d'État*, (Paris: Impremerie nationale, 1986), Chapitre XIII, XIV ; 石山幸彦「シューマン・プランとフランス鉄鋼業 (1950－1952年) ――ヨーロッパ石炭鉄鋼共同体の創設」『土地制度史学』第140号 (1993年7月)。戦後国際秩序の形成を英米仏を中心に論じたものについては, 細谷『戦後国際秩序とイギリス外交』。ヨーロッパ統合を冷戦の中に位置付けた古典的研究としては, ロートの著作が挙げられる。Wilfried Loth, *Der Weg nach Europa: Geschichte der europäischen Integration 1939-1957*, 3., durchgesehene Auflage, (Göttingen: Vandenhoeck und Ruprecht, 1996). ドイツ外交を軸に論じたものとして, 金子新「戦後ドイツ外交の形成――アデナウアーと「欧

州＝大西洋共同体」，1949年～1955年」慶應義塾大学法学研究科提出博士論文（2007年）および Clemens Wurm（ed.），*Western Europe and Germany: The Beginnings of European Integration 1945-1960*，（Oxford: Berg Publishers, 1995）。ドイツの労働組合が果たした役割に焦点を当て，この形成プロセスに新たな光を当てた研究として，鈴木均の博士論文がある。Hitoshi Suzuki, "*Digging for European Unity: the Role Played by the Trade Unions in the Schuman Plan and the European Coal and Steel Community from a German Perspective 1950-1955*," Ph.D.（History and Civilization），European University Institute, Florence, December 2007. また，イギリスとヨーロッパ統合の関係を論じた歴史家ヤングの研究は，それまでの英仏協調を軸とした欧州協力よりも限定されてはいるが，「現実的なスキーム」としてシューマン・プランを評価している。Young, *Britain, France and the unity of Europe, 1945-1951*, p. 148.

(55) シューマン宣言の全文は，以下のリンクを参照。http://europa.eu/abc/symbols/9-may/decl_fr.html（2017年11月17日アクセス）。なお，翻訳を含めて，EU の公用語全24カ国語で宣言文が閲覧可能である。全文の邦訳は，田中「シューマン・プランをめぐる英国の政治過程（二・完）」の文末付録を参照。筆者の訳文は，田中の訳文を土台にしている。

(56) Poidevin, *Robert Schuman: Homme d'Etat*, p. 259; Moser, *Europäische Integration, Dekolonisation, Eufafrika*, S. 170; Pierre Uri, *Penser pour l'Action: un fondateur de l'Europe*,（Paris: Odile Jacob, 1990），p. 80. 特に，シューマン・プラン提案前後における統合運動諸団体の「ユーラフリック」に対する態度については，Moser, *Europäische Integration, Dekolonisation, Eurafrika*, S. 161-169.

(57) Raymond Poidevin, « René Mayer et la politique extérieure de la France, 1943-1953 », *Revue d'Histoire de la deuxième guerre mondiale et conflits contemporains*, no. 134.（1984），p. 73.

(58) 宮下雄一郎「自由フランスと戦後秩序をめぐる外交　1940－1944年」『国際安全保障』第33巻第２号（2005年）54-55頁。

(59) Uri, *Penser pour l'Action*, p. 80.

(60) Moser, *Europäische Integration, Dekolonisation, Eurafrika*, S. 175.

(61) Chantal Metzger, «Les deux Allemagnes : témoins ou acteurs de l'évolution du continent africain depuis 1949 », *Relations Internationales*, no. 77（1994），p. 66.

(62) Avit, "La question de l'Eurafrique", p.18; Karis Muller, "The Birth and Death of Eurafrica," *International Journal of Francophone Studies*, Vol. 3, No. 1,（2000）. なお，条約全文は，EU 公式 HP 上には存在しないが，そのページから無料で注文することが可能である。

(63) Moser, *Europäische Integration, Dekolonisation, Eurafrika*, S.181-182.

(64) ５年間にわたっての契約で，最高で83万トンに上るという合意内容であった。

(65) Spierenburg et Poidevin, *Histoire de la Haute Autorité*, pp. 28-29; Pierre Guillen, « Les vicissitudes des rapports franco-italiens: de la rencontre de Cannes

(décembre 1948) à celle de Santa Margherita (février 1951)»; Jean-Baptiste Duroselle ed Enrico Serra (a cura di), *Italia e Francia (1946-1954)*, (Milano: F. Angeli, c1988). もっともラニエッリによれば，イタリアの鉄鋼業界の代表で，鉄鋼自足プログラムの推進者であったシニガーリャ（Oscar Sinigaglia）は，この妥協を不十分と捉えていた。Ruggero Ranieri, "The Italian Iron and Steel Industry and European Integration," EUI Working Paper No. 84/109, p. 207.

(66) Moser, *Europäische Integration, Dekolonisation, Eurafrika*, S. 187.

(67) 最初の憲法とされることもあるEPCについては，6カ国の史料を用いたグリフィスの研究や高津の研究がある。Richard Griffiths, *Europe's First Constitution: the European Political Community, 1952-1954*, London: I.B. Tauris, 2001；高津智子「欧州政治共同体条約をめぐるトランスアトランティック・ネットワーク――統一ヨーロッパ・アメリカ委員会とヨーロッパ運動」『史林』第98巻第5号。

(68) Muller, "The Birth and Death of Eurafrica."

(69) 条約草案の全文は，ルクセンブルクの公的機関・ヨーロッパの知識に関するヴァーチャルセンター（Centre Virtuel de la connaissance sur l'Europe）のウェブサイトで参照可能である。https://www.cvce.eu/en/recherche/unit-content/-/unit/02bb76df-d066-4c08-a58a-d4686a3e68ff/6550430e-98c0-4441-8a60-ec7c001c357b/Resources#807979a3-4147-427e-86b9-565a0b917d4f_en&overlay（2017年11月17日アクセス）。

(70) EPCをめぐる交渉過程については，Hanns Jürgen Küsters, "Zwischen Vormarsch und Schlagenfall. Das Projekt der Europäischen Politischen Gemeinschaft und die Haltung der Bundesrepublik Deutschland (1951-1954)," in Gilbert Trausch (Hrsg.), *Die Europäische Integration vom Schuman-Plan bis zu den Verträgen von Rom*, (Baden-Baden: Nomos, 1993); Bossuat, *L'Europe des Français*；細谷雄一『外交による平和』（有斐閣，2005年）。

(71) Moser, *Europäische Integration, Dekololnisation, Eurafrika*, S. 204.

(72) Avit, "La question de l'Eurafrique," pp. 18-21.

(73) この資格は，リセ（高校に相当）と大学での教授資格である。

(74) Groupe des Indépendants d'Outre-Mer, Motion publiée à l'issue de la Conférence de Londres, Eurafrique, 15 mai 1950.

(75) 当時の加盟国は，アイルランド，イタリア，英国，オランダ，スウェーデン，デンマーク，ノルウェー，フランス，ベルギー，ルクセンブルクの原加盟国とギリシャ，トルコ，アイスランド，西独を合わせた14カ国であった。

(76) Jean-Marie Palayret, « Les mouvements proeuropéens et la question de l'Eurafrique du Congrès de la Haye à la Convention de Yaoundé (1948-1963) », in Bitsch et Bossuat, *L'Europe unie et l'Afrique*, p. 202.

(77) Centre des Archives d'Outre Mer, Aix en Provence（以下，CAOM), FM 21/1affpol/2314, Plan de Strasbourg, adopté par l'Assemblée du Conseil de l'Europe.

(78) CAOM, FM 21/1affpol/2317/1, Document sans titre et date.

(79) Gérard Bossuat, « La vraie nature de la politique européenne de la France (1950-1957)», in Gilbert Trausch (Hg.), *Die Europäische Integration vom Schuman-Plan bis zu den Verträgen von Rom*, Baden-Baden: Nomos, 1993, 213.
(80) Moser, *Europäische Integration, Dekolonisation, Eurafrika*, S. 205.
(81) Ibid., S. 200.
(82) CAOM, FM 21/1affpol/3255, Intervention de Senghor, Député du Sénégal à l'Assemblée ad hoc, chargée d'élaborer un projet de traité instituant une communauté politique européenne, 8 et 9 janvier 1953 à Strasbourg.
(83) Küsters "Zwischen Vormarsch und Schlagenfall," S. 289.
(84) 否決は，EDC と深く関係するドイツ再軍備への反対派（anti-cédistes）が国民議会で多数派になったことが大きい。Raymond Aron et Daniel Lerner (dir.), *La Querelle de la C.E.D.*, (Armand Colin, 1956), p. 18. その他，この変化の要因に関しては，Marie-Thérèse Bitsch, *Histoire de la construction européenne*, nouvelle édition mise à jour, Éditions Complexe, 2008, p. 93.
(85) 20世紀初頭から1930年代には「グレーターフランス（La plus grande France)」という標語もちいられた。
(86) Chipman, *French Power in Africa*, p. 62.
(87) Janet G. Vaillant, *Vie de Léopold Sédar Senghor: Noir, Français et Africain*, (Paris: Editions Karthala, 2006), p. 317.
(88) サンゴールがアグレガシオンに合格したのも３度目の挑戦の末であった。また試験準備期間に，奨学金授与機関の間違いが原因で彼は家賃を滞納していたこともあった。Ibid., p. 136.
(89) Christian Roche, *L'Europe de Léopold Sédar Senghor*, Toulouse: Editions Privat, 2001, p. 89.
(90) 1930年代後半から彼は民俗学に傾倒し，黒人女性の美を謳う「黒い女（Femme Noir)」という詩も46年には発表している。
(91) 1955年にフォール内閣に入閣した際，チュニジアの独立をサンゴールが認めていたことは興味深い。一方，スーダン・ガーナなどブラックアフリカの独立が始まる57年から58年にかけても，サンゴールは独立という言葉を口にしなかった。この最後の点に関しては以下。Vaillant, *op.cit.*, p. 346.
(92) 臨時委員会での票決の結果は，50票の賛成，５票の棄権であった。Bossuat, *L'Europe des Français*, p. 211; Moser, *Europäische Integration, Dekolonisation, Eurafrika*, S. 199.
(93) Bossuat, *L'Europe des Français*, p. 200.
(94) アフリカをエルドラドとする見方は，1954年から1957年頃に見られた。Muller, « Reconfigurer l'Eurafrique », p. 53.
(95) 確かに，サルコジ大統領の提唱する地中海連合（L'Union de la méditerranée から2008年３月の欧州理事会において L'Union pour la méditerranée と改称）が，いくつかの演説で「ユーラフリック」という名前で呼ばれたことはあっても，今日，

EU が「ユーラフリック」と呼ばれることはない。本章も「ユーラフリック」がEUの別称であるとはみなしていない。ただし，共同市場への海外領土国市場の連合として，「ユーラフリック」は大幅にそのプロジェクトを縮小させたものの，開発基金の創設などにより，「フランサフリック」ではない，ヨーロッパとアフリカ関係の土台が築かれたことも確かである。その点で，次章から見るローマ条約において，ユーラフリック構想の一部は実現したと見るのが妥当であるとの見解をとっている。

第二章　欧州経済共同体設立交渉とフランス

(1)　John Talbott, *The War without a Name: France in Algeria, 1954-1962*, (New York: Knopf, 1980), p. 48; Wall, *France, the United States, and the Algerian War*, p. 23.

(2)　Wall, *France, the United States, and the Algerian War*, pp. 13-14.

(3)　Connelly, *A Diplomatic Revolution*, p. 69.

(4)　Wall, *France, the United States, and the Algerian War*, pp. 20-21.

(5)　Martin Thomas, *The French North African Crisis: Colonial Breakdown and Anglo-French Relations, 1945-1962*, (London: MacMillan, 2000), pp. 136-137.

(6)　ただし，共和派戦線内閣は左派中心といっても，共産党所属の政治家は入閣せず，シャバン＝デルマス（Jacques Chaban-Delmas）のような社会共和派（Républicains sociaux）を率いるゴーリストも閣僚となった。

(7)　Christian Pineau et Christiane Rimbaud, *Le Grand Pari: L'Aventure du traité de Rome*, (Paris: Fayard, 1991), p. 185.

(8)　黒田友哉「モレ政権と欧州経済共同体の成立」『法学政治学論究』第68号（2006年春季号）。モレのヨーロッパ統合思想については，以下。Bossuat, *L'Europe des Français*; Wilfried Loth, *Sozialismus und Internationalismus: die französischen Sozialisten uud die Nachkriegsordnung Europas 1940-1950*, (Stuttgart: Deutsche Verlags-Anstalt, 1977)

(9)　Denis Lefebvre, *Guy Mollet, Texte Choisis. Le socialiste et le républicain 1945-1975*, (Bruno Leprince Editeur, 1995), pp. 96-116に，ギ・モレの首相就任演説全文が記載されている。

(10)　フランス連合の参加地域は，第四共和制憲法によれば，海外領土（仏領西アフリカ：セネガル，スーダン，コートディヴォワール，ダオメ，オート＝ヴォルタ，ニジェール，モーリタニア，ギニア，仏領赤道アフリカ：コンゴ，ガボン，ウバンギ＝シャリ，チャド，マダガスカル，仏領ソマリア，コモロ諸島，ニューカレドニア，仏領ポリネシア，サン＝ピエール・エ・ミクロン島，インド五都市），海外県（マルティニーク，グアダループ，ギアナ，レユニオン），連合国家（Etats associés）（トーゴ，カメルーン），連合領土（Territoires associés）（モロッコ，チュニジア，インドシナ：ヴェトナム，カンボジア，ラオス）である。平野千果子『フランス植民地主義の歴史――奴隷制廃止から植民地帝国の崩壊まで』（人文書院，2002年）288頁，293頁。平野はアルジェリアをそこから除外されたとしている。こ

れは，アルジェリアが憲法に明示的に触れられていないためと思われる。しかし，アルジェリアの位置付けはより曖昧であると思われる。56年6月28日のデクレにより，アルジェリアにはそれまでの4県から12県へと改革されていたものの，依然として「県」が設けられていたし，アルジェリア議員は，フランス連合議会へのチャンネルを確保していた。藤井篤「第四共和制下のアルジェリア政策（二）――レジームの崩壊との関連で」『法学雑誌』第36巻第1号（1989年）53-62頁。また，チュニジア，モロッコは，参加を拒否していたが，フランスの視点から考えれば，フランス連合の参加地域に一応含まれると考えられる。本書では，フランス本国の観点から，フランス連合政策を議論しているため，やや偏りがあるが，後者の立場をとっている。

(11) L'intervention de Guy Mollet, « l'Espoir » du Pas-de-Calais du 20 décembre 1955. Cité in Fondation Guy Mollet, *Témoignages: Guy Mollet 1905-1975*, (Arras: Editions du Pas-de-Calais, 1977), p. 104. ここでは，「フランス共同体（Communauté française）」という言葉をモレは用いているが，文脈から第四共和制憲法で規定されている「フランス連合」と解釈して訳出した。ただし，あえてモレが「フランス共同体」という言葉を選んだ理由としては，フランス中心の秩序を漠然とさす意味合いがあったと見られる。

(12) Archives Nationales（以下，AN），AP580, Papiers Christian Pineau, Afrique du Nord 15, note sur des considérations générales sur les problèmes d'Afrique du Nord, le 28 janvier 1956.

(13) フランスの脱植民地政策が全体としてリベラルな性質へと変化していく契機としては，インドシナ戦争が挙げられる。Jacques Thobie, Gilbert Meynier, Catherine Coquery-Vidrovitch et Charles-Robert Ageron, *Histoire de la France Coloniale, tome III, déclin*, (Paris: Armand Colin, 1991), p. 244. なお，チュニジアへの自治権付与を植民地政策がリベラルなものへと変化していく転換点としているものには，池田の研究がある。池田亮「フランスの対チュニジア脱植民地化政策とフランス連合」山内進編『フロンティアのヨーロッパ』（国際書院，2008年）。

(14) 現在においても，カトルーのアルジェリア総督への任命の詳細な決定過程についての史料は参照できない状態にある。なお，カトルーの詳細な前歴については，Lefebvre, *Guy Mollet*, p. 182を参照。

(15) 当時のフラン圏とは，植民地とチュニジア・モロッコ（両フランともに1958年まで）である。

(16) Archives du Ministère des Affaires Etrangères（以下，MAE），DE-CE, 397, note de DE-CE, le 14 février 1956.

(17) *Documents Diplomatiques Français*（以下，*DDF*），*1956 tome 1*, comptes rendus des négociations franco-tunisiennes, Paris, le 29 février-le 12 mars 1956.

(18) *DDF, 1956, tome I*, no. 188, lettre de M. Roger Seydoux; Haut-Commissaire de la République française en Tunisie à M. Massigli, Secrétaire général du Ministère des Affaires étrangères, Tunis, le 19 mars 1956；3月20日のフランス・

チュニジア議定書の最終文書については，*L'Année Politique, 1956*, pp. 509-510を参照。

(19) L'Office Universitaire de Recherche Socialiste（以下，OURS), AGM 81, Mise au point du Président Guy Mollet sur le compte-rendu donné par les « dernières nouvelles » de l'entretien avec le comité d'entente des Anciens Combattants, le 7 février 1956.

(20) AN, AP 580, Papiers Christian Pineau, Afrique du Nord 15, télégramme de Mollet aux Président de la République et Ministres, le 9 février 1956.

(21) OURS, AGM 81, lettre de Catroux à Mollet, le 6 février 1956.

(22) フランスが当時大国であったという見方は今日において主流ではない。第二次世界大戦後のフランスは，中級国家であったとするのが，外交史の大家ボゾをはじめとして，オーソドックスな見解であろう。

(23) AOF とはフランス語圏 8 地域（モーリタニア，セネガル，ギニア，コートディヴォワール，ベナン，マリ，オートボルタ，ニジェール)，AEF とは，ウバンギ＝シャリ（今日の中央アフリカ)，ガボン，チャド，中部コンゴ（今日のコンゴ共和国）である。

(24) Cité in Ageron, « L'Algérie, dernière chance de la puissance française, étude d'un mythe politique（1954-1962)», p. 120.

(25) Centres d'Archives d'Outre-Mer（以下，CAOM), FM 60, 1AFFPOL, 482, note sur l'historique sans date; Thobie, Meynier, Coquery-Vidrovitch, et Ageron, *Histoire de la France coloniale 1914-1990*,（Armand Colin, 1991), p. 488.

(26) Pierre Moussa, *La roue de la fortune*,（Fayard, 1989), p. 64. 同基本法は，通称ドゥフェール基本法と呼ばれる。この点に関して，アジュロンは，ドゥフェール以前から構想が進められていたことを強調し，ドゥフェールの功績の過大評価を指摘している。Thobie, Meynier, Coquery-Vidrovitch, Ageron, *Histoire de la France coloniale 1914-1990*, pp. 487-491.

(27) Cité in Thobie, Meynier, Coquery-Vidrovitch, Ageron, *Histoire de la France coloniale 1914-1990*, p. 491.

(28) ストラスブール・プランについては，Jean-Marie Palayret, « Les mouvements proeuropéens et la question de l'Eurafrique du Congrès de la Haye à la convention de Yaoundé（1948-1963)», Bitsch et Bossuat,（dir.), *L'Europe unie et l'Afrique*. を参照。

(29) CAOM, FM 60, 1AFFPOL, 2317/1, note au Ministre de Moussa sur les Territoires d'Outre-mer et le projet de Marché Commun Européen, le 3 mai 1956. なお，ムサとは，アラビア語でモーゼのことであり，父親がエジプト人であったピエール・ムサの名前はユダヤ出自のものとなっている。高等師範学校卒のエリートで，海外フランス省の官僚を務めた後は，国有化される前のパリバ銀行の総裁を務めた。

(30) CAOM, FM 60, 1AFFPOL, 2317/1, note de Pignon pour le Ministre de la France

d'Outre-Mer sur le Marché Commun Européen, le 15 mai 1956.

(31) MAE, DE-CE, 719 Marché Commun, PTOM, dossier général, dépêche du Ministre de la France d'Outre-Mer à Monsieur le Président du Conseil des Ministres, Paris, le 17 mai 1956. なお，モレによるドゥフェール宛書簡は，遠藤乾編『原典　ヨーロッパ統合史』（名古屋大学出版会，2018年）に所収。

(32) Archives départementales de l'Aveyron（以下，ADA）, Papiers Paul Ramadier, 52J114, Note de DEAE（Direction du Secrétariat d'Etat aux Affaires économiques）, résumé des premières observations de quelques chefs de service du Secrétariat d'Etat aux affaires Economiques, en ce qui concerne le Rapport de M. Spaak sur le marché commun, le 3 mai 1956.

(33) ADA, Papiers Paul Ramadier, 52J114, Lettre du Secrétaire d'Etat aux affaires étrangères（Jean Masson）à Guy Mollet, le 18 mai 1956.

(34) Lettre d'Émile Noël à Gérard Bossuat, le 8 septembre 1985, cité dans Bossuat, *L'Europe des Français*, p. 322.

(35) ただし，ユーラフリック共同市場の成立がモレ，ドゥフェールらによって目指された理由は，脱植民地化の統制に限定されず，米ソから自立した第三勢力の形成，労働者の富の再分配という社会主義的イデオロギーも含められる。黒田友哉「モレ政権と欧州経済共同体の成立」を参照。

(36) ADA, Papiers Paul Ramadier, 52 J 114, MAEF, le Ministre, le 24 mai 1956, note sur le Marché Commun, cited in Gérard Bossuat, "The French Administrative Elite and the Unification of Western Europe, 1947-1958," in Anne Deighton（ed.）, *Building Postwar Europe: National Decision-Makers and European Institutions 1948-1963*,（London: MacMillan; 1995）.

(37) MAE, DE-CE, 719, note de DE-CE sur la Participation de la France au Marché Commun compte tenu de ses responsabilités d'Outre-Mer, le 24 mai 1956.

(38) MAE, DE-CE, 613, note de DE-CE sur le Comité Verret et l'aide à l'exportation et taxe compensatoire, le 11 septembre 1956.

(39) *DDF, 1956, tome I*, no. 377, Projet de procès-verval de la Conférence des états members de la CECA tenue à Venise les 29 et 30 mai 1956, Luxembourg, le 8 juin 1956, pp. 917-931.

(40) Archives de Marseilles, 100 II, Papiers Gaston Defferre, lettre de Defferre à Pineau, Paris, le 26 mai 1956.

(41) MAE, DE-CE, Papiers Brunet, note de service de coopération économique sur les Conversations franco-belges sur l'extension du Marché Commun aux TOM le 19 juillet 56.

(42) *Guy Mollet, Textes choisis*, pp. 95-116.

(43) イーデンの推進した東西ドイツ間の非武装地帯創設構想については，細谷『外交による平和』237-246頁を参照。

(44) イギリスの対応およびイーデン・プランについては，同書を参照。

(45) Georges-Henri Soutou, *La guerre de Cinquante ans*, (Paris: Fayard, 2001), p. 329. また，当時，脱スターリン化と平和共存路線を謳った「秘密レポート」は1956年6月に至るまで公表されていなかったが，駐ソ大使モーリス・デゥジャン（Maurice Dejean）からピノーに対し，ソ連でのスターリンとの断絶，デタント政策の継続の兆しが見られるとの情報が送られていた。*DDF, 1956, tome 1*, no. 106, télégramme Nos 427 à 452 de M. Dejean à M. Pineau, Moscou, le 17 février 1956.

(46) *DDF, 1956, tome I*, no. 232, Télégramme No. 1245 à 1249 de Christian de Margerie, chargé d'affaires de France à Bonn, à Christian Pineau, Bonn, 11 avril 1956. なお，アデナウアーがデタントとドイツ再統一に抱いていた考えと，アデナウアーの最終的な西側統合への選択については，Wilfried Loth, "Adenauer's Final Western Choice, 1955-58," in Wilfried Loth (ed.) *Europe, Cold War and Coexistence 1953-1965*, (London: Frank Cass & Co, 2004)

(47) *DDF, 1956, tome I*, no. 281, Télégramme no. 2056 à 2063 de Chauvel à Pineau, Londres, 24 avril 1956.

(48) *DDF, 1956, tome I*, no. 244, Note de l'Ambassade de France à Londres, le 14 avril 1956. アメリカ外交を中心に，同時期の軍縮問題を検討した論考として，倉科一希『アイゼンハワー政権と西ドイツ――同盟政策としての東西軍備管理交渉』（ミネルヴァ書房，2008年）が挙げられる。

(49) 当時，西ドイツがNATOに加盟し，東ドイツ（ドイツ民主共和国）は，東側のワルシャワ条約機構に加盟したために，東西ドイツの分断は顕著となっていた。

(50) ソ連がヨーロッパ統合とデタントの間に調和が見られないと考えていたことは，ピノーに認知されていたと思われる。AN, AP580, Fonds Christian Pineau, carton 13, Note de Direction de l'Europe orientale, 4 mai 1956.

(51) Jeffrey Glen Giauque, *Grand Designs and Visions of Unity: The Atlantic Powers and the Reorganization of Western Europe, 1955-1963*. The New Cold War History Series. (Chapel Hill and London: University of North Carolina Press, 2002), p. 27; Lefebvre, *Guy Mollet*, p. 213; Elgey, *Histoire de la IVe République, La République des tourmentes 1954-1959, tome 1*, p. 597.

(52) 交渉過程については，*DDF, 1956, tome I*. no. 377, Projet de Procès-verbal de la Conférence des états membres de la CECA tenue à Venise les 29 et 30 mai 1956, Luxembourg, 8 juin 1956, pp. 917-931; Bossuat, *L'Europe des Français*, pp. 324-327を参照 .

(53) ディリジスムとは，国家主導経済のことで，資本主義経済のもとで国営企業や計画を通じて，経済の方向性に影響力を与える経済システムのことである。

(54) *DDF, 1956, tome I*, no. 377, pp. 922-923.

(55) *DDF, 1956, tome I*, no. 377, p. 923.

(56) *DDF, 1956, tome I*, no. 377, p. 929.

(57) 委員長としてアレクサンドル・ヴェレ（Alexandre Verret）が選ばれたことにその名は由来している。

(58) *DDF, 1957, tome II*, no. 249, M.Bousquet, ambassade de France à Bruxelles, à Pineau.

(59) Bossuat, *L'Europe des Français*, p. 328.

(60) Marie-Thérèse Bitsch, *Histoire de la construction européenne*, nouvelle édition mise à jour, (Bruxelles: Editions Complexe, 2004), p. 114.

(61) Bossuat, *L'Europe des Français*, p. 336.

(62) Ronald Irving, *Adenauer: Profiles in Power*, (London: Pearson Education, 2002), p.116.

(63) Hanns Jürgen Küsters, "Die Verhandlungen über das instituionelle System zur Gründung der Europäischen Gemeinschaft für Kohle und Stahl," in Schwabe, *Die Anfänge des Schuman-Plans, 1950/51, Beiträge des Kolloquiums in Aachen, 28-30 Mai 1986*, S. 73-102.

(64) 1955年夏に行われた世論調査によれば，ザールの欧州化案への賛成が多数派であり，アデナウアーの予想をも覆したとする解釈もある。Ibid., p. 119.

(65) OURS, Archives de Guy MOLLET, le 25 octobre 1955.

(66) 1948－50年にもモレが同様にドイツへのザール復帰に対して好意的な立場をとっていることが歴史家ギヨームによって指摘されている。Sylvie Guillaume, « Guy Mollet et l'Allemagne », dans Bernard Ménager (dir.), *Guy Mollet: Un camarade en république*, (Lille: Presses Universitaires de Lille, 1987), p. 484.

(67) Bossuat, *L'Europe des Français*, p. 337.

(68) *DDF, 1956, tome I*, no. 366, Conférence franco-allemande de Luxembourg, Directive des ministres, pp. 892-893; Bossuat, *L'Europe des Français*, pp. 336-337; Guillaume, *op.cit.*, p. 495.

(69) *DDF, 1956, tome II*, no. 235, M. Pineau aux Représentants diplomatiques de France à l'étranger, p. 494.

(70) Bossuat, *L'Europe des Français*.

(71) OURS, Counceil National, les 15-16 décembre 1956, p. 532.

(72) Ibid., p. 507.

(73) Hans-Peter Schwarz, *Konrad Adenauer: German Politician and Statesman in a Period of War, Revolution and Reconstruction, Vol .2, The Statesmanm 1952-1957*, Oxford: Berghahn, 1997, p. 129.

(74) フランスのスエズ作戦における政治外交的側面，軍事的側面双方を検討し，共同侵攻作戦参加の当事国フランス，イギリス，イスラエルだけでなく，ドイツ，イタリア等との関係を考察した体系的な論文集としては，Maurice Vaïsse, (dir.), *La France et l'opération de Suez de 1956*, (ADDIM, 1997)。英仏を中心として研究者および当時の政策決定者によりその起源と影響が包括的に論じられた論文集としては，William Roger Louis and Roger Owen, (eds.), *Suez 1956: The Crisis and its consequences*, (Oxford: Oxford University Press, 1989).

(75) Marc Michel, "The Decolonization of French Africa and the United States

and Great Britain, 1945-58," in Roy Bridges, (ed.), *Imperialism, Decolonization and Africa*, (London: MacMillan, 2000), p. 169.

(76) 佐々木雄太『イギリス帝国とスエズ戦争』(名古屋大学出版会，1997年) 119頁。

(77) このような見解を支持する立場は，スエズ危機・戦争の体系的な研究として注74に挙げた先の二文献にも共通する。

(78) ヴァイスが指摘するように，1956年夏以降，駐米大使クーヴ・ドゥ・ミュルヴィルが駐西独大使に転属，マシグリは，事務総長のポストを更迭されていた。Maurice Vaïsse, "France and the Suez Crisis," in Louis and Owen, (eds.), *Suez 1956*, p. 142.

(79) Gamal Abdel Nasser, *Philosophie de la Révolution*, non daté.

(80) Christian Pineau, *1956 Suez*, (Paris : Editions Robert Laffont, 1976), p. 38, p. 52. また，ナセルを帝国主義的指導者とモレがみなしていたことは，1956年3月11日のイーデン首相との会談での「ナセルは，彼の著作の中で自身の目的を明らかにしている。彼の目標とは，エジプトを中心にイスラム帝国を再建することである」という発言に見てとれる。*DDF, 1956, tome I*, no. 161, compte rendu des conversations franco-britanniques aux Chequers, le 11 mars 1956.

(81) MAE, Memoranda of tripartite meeting in London, 30 July 1956, cited in Vaïsse, "France and the Suez Crisis," in Louis and Owen (eds.), *Sues 1956*, p. 137.

(82) ナセルの掲げるアラブ中立主義の拡大に関しては，対スエズ危機政策決定過程において直接影響力をもてなかった他閣僚においても，危惧が示されていた。例えば，チュニジア，モロッコ担当国務大臣のサヴァリは，アラブ，特にエジプトの勢力浸透を防ぐためにも，チュニジア・モロッコに対して共同市場を拡大することは望ましい，と9月29日に専門家委員会の委員長であったスパークを含めてフランス，ベルギーの植民地担当相間で行われた会合で述べている。MAE DE-CE, 719, lettre de M. Raymond Bousquet, Ambassadeur de France en Belgique à son excellence M. Chiristian Pineau, Ministre des Affaires étrangères sur le Marché Commun et les territoires d'Outre-Mer, Bruxelles, le 30 septembre 1956.

(83) Vaïsse, "France and the Suez Crisis," p. 138.

(84) エルジェイによるペレスへのインタビュー (1995年9月) による。Cité in Georgette Elgey, « Le gouvernement Guy Mollet et l'intervention de Suez », Vaïsse, (ed.), *La France et l'opération de Suez de 1956*, p. 32.

(85) ワースが「国家モレ主義」の名付け親であることについては，スミス論文参照。Tony Smith, "The French Colonial Consensus and People's War, 1946-58," *Journal of Contemporary History*, Vol. 9, No. 4 (Oct., 1974), pp. 217-247. なお，ワースの著作には邦訳があり，日本でも比較的知られている。アレクサンダー・ワース〔野口名隆，高坂正堯訳〕『フランス現代史 (一)，(二)』(みすず書房，1958年，1959年)

(86) Archives de Marseille, Papiers Gaston Defferre, 100 II, lettre de Defferre à Georges Bernier, Paris, le 14 novembre 1956.

(87) Pineau, *1956 Suez*, pp. 178-180.

(88) なお，FLNの指導者の一人ベンベラ（Ahmed Ben Bella）の乗る飛行機を墜落させた（といわれている）後，パリに拘留したベンベラ事件へのモレ政権の関与については本章で取り上げることができなかったが，「フランスのアルジェリア」路線の維持のための措置であった。

(89) MAE, DE-CE, 719, note sur les Conversations franco-belges sur l'extension du Marché Commun aux T.O.M., Paris, le 19 juillet 1956.

(90) MAE, DE-CE, 719, dépêche de Defferre à Mollet, le 25 août 1956.

(91) MAE, DE-CE, 719, note sur l'inclusion des territoires d'outre-mer dans le Marché Commun, le 27 septembre 1956. 外務省内で同様の懐疑的な見解が見られた。MAE, DE-CE, 719, note sur l'Association des Territoires d'Outre-Mer au Marché Commun, le 8 octobre 1956.

(92) MAE, DE-CE, 719, Commission Interministérielle du Marché Commun, Groupe de travail des pays d'outre-mer, note au sujet du tarif extérieur des pays d'outre-mer, sans date. 関税体制だけで，以下の４グループに分けられる。①特例を除き，本国と同等の関税を採用している地域（アルジェリア，DOM，チュニジア），②中央権力の監視のもとに選出された議会により独自の関税を採用している地域（AOF，ニューカレドニア，サンピエール・エ・ミクロン，オセアニア），③権利上は②と同様であるが，関税を適用していない地域（マダガスカル），④国際協定のため関税を設置できない地域（AEF，国連信託統治領であるトーゴ，カメルーン，モロッコ）であった。

(93) AN, F60, SGCICEE, note sur les observations et conditions principales à prendre en considération pour l'entrée de l'Algérie dans la Communauté du marché européen, le 21 août 1956.

(94) MAE, DE-CE, 719, lettre de M. Raymond Bousquet, Ambassadeur de France en Belgique à son excellence M. Christian Pineau, Ministre des Affaires étrangères sur le Marché Commun et les territoires d'Outre-Mer, Bruxelles, le 30 septembre 1956.

(95) AN, F60, 3113, SGCICEE, compte rendu du Comité Interministériel, le 9 octobre 1956 sous la présidence de Mollet.

(96) MAE, DE-CE, 719, note sur l'inclusion des territoires d'outre-mer dans le Marché Commun, le 27 septembre 1956.

(97) Bossuat, *L'Europe des Français 1943-59*, p. 331; MAE, DE-CE, 867, Papiers Jacques Bruneau, exposé de Pierre Moussa, Inspecteur des Finances, Directeur des Affaires Economiques et du Plan au Ministère de la France d'Outre-Mer à la Réunion du Comité Monétaire, le 7 novembre 1956.

(98) MAE, DE-CE, 719, rapport franco-belge sur la participation des pays et territoires d'outre-mer au Marché Commun européen établi, le 11 octobre 1956.

(99) 欧州決済同盟計算単位の価値は米ドルと等価であった。

(100) MAE, DE-CE, 613, note pour Monsieur Bernard Clappier sur l'intégration européenne de la zone franc, Vanves, le 19 octobre 1956.

(101)　MAE, DE-CE, 867, Papiers Jacques Bruneau, exposé de Pierre Moussa, Inspecteur des Finances, Directeur des Affaires Economiques et du Plan au Ministère de la France d'Outre-Mer à la Réunion du Comité Monétaire, le 7 novembre 1956.

(102)　MAE, DE-CE, 618, Conférence de Bruxelles: Réunion des chefs de délégations, résumé des délibérations, le 16 novembre 1956.

(103)　11月7日の国連総会決議1001は，国連緊急軍の派遣を決定したが，64の賛成，反対0票により可決された。http://www.un.org/en/ga/search/view_doc.asp?symbol=A/RES/1001（ES-I）（2018年9月8日アクセス）

(104)　*DDF, 1956, tome III*, no. 138, Procès-verbal de l'entretien du 6 novembre 1956 entre le président Guy Mollet et le chancelier Adenauer, le 6 novembre 1956, pp. 231-238.

(105)　非公式会合については，Pineau et Rimbaud, *Le Grand Pari*, pp. 221-227.

(106)　*Ibid*., p. 221.

(107)　フォン・ブレンターノについては，以下の文献を参照。板橋拓己『黒いヨーロッパ』（吉田書店，2016年）。

(108)　ハンガリー動乱については，以下の文献が代表的である。ヴィクター・セベスチェン〔吉村弘訳〕『ハンガリー革命』（白水社，2008年），リトヴァーン・ジェルジュ〔田代文雄訳〕『1956年のハンガリー革命――改革・蜂起・自由闘争・報復』（現代思想新社，2006年），ビル・ローマックス〔南塚信吾訳〕『終わりなき革命――ハンガリー1956』（彩流社，2006年）。

(109)　Hans-Peter Schrarz, *Konrad Adenauer*, translated to English, Oxford: Berghahn, 1997.

(110)　Ronald J. Granieri, *The Ambivalent Alliance: Konrad Adenauer, the CDU/CSU, and the West, 1949-1966*,（New York: Berghahn, 2003）, pp. 91-92. ただし，ハンス＝ペーター・シュヴァルツによれば，滞在期間は3日から1日に減らされた。Schwarz, *Konrad Adenauer*, p. 243.　それには，米ソの「パックス・アトミカ（原子力による平和）」が存在し，それに対抗し，5年でヨーロッパ防衛を実現しようとシュトラウスは提案した。そのため，パリでの仏独首脳会談が必要とシュトラウスは発言し，それを支持するアデナウアーの立場があった。Mathieu Segers, *Deutschlands Ringen mit der Relance: Die Europapolitik der BRD während der Beratungen und Verhandlungen über dir Römishcen Verträge*,（Frankfurt am Mein: Peter Lang, 2008）, S. 277.

(111)　Schwarz, *Konrad Adenauer*, p. 242.

(112)　Vladislav Zubok, *A Failed Empire: The Soviet Union in the Cold War from Stalin to Gorbachev*, Chapel Hill: The University of North Carolina Press, 2009, p. 130.

(113)　*DDF, 1956, tome III*, no. 146, télégramme circulaire no. 91. M. Pineau aux Représentants diplomatiques de France à Bonn, Rome, Bruxelles, La Haye, Luxembourg, Londres, Washington, Paris, le 8 novembre 1958. ドイツ側から見た

立場は，セーハースの研究を参照。Segers, *Deutschlands Ringen mit der Relance,* S. 282-283.

(114) MAE, Europe, Généralité, 185, lettre de Bousquet à Pineau sur la position de nos partenaires sur les principaux problèmes posés au cours des débats du Comité des chefs de délégation, Bruxelles, le 28 décembre 1956.

(115) *L'Express*, le 28 décembre 1956.

(116) OURS, Archives de Guy Mollet 131, Correspondance entre Mollet et Defferre, Paris, le 18 janvier 1957.

(117) MAE, DE-CE, 397, note de Comité interministériel pour les Questions de Coopération Economique Européenne, le 2 janvier 1957.

(118) 決議は，賛成107票，反対39票で可決された。MAE, DE-CE, 627, Assemblée d'Union Française, la 36-38 séance（les 24, 25 et 29 respectivement）jusqu'à la vote: compte rendu et note de DE-CE.

(119) サンゴールよりもウフエト＝ボワニを選んだ理由は，脱植民地化に対するモレの推進の意思と，汎アフリカ主義政党，アフリカ民主連合（RDA）の圧力に対応しようとしたことによる。黒田「ヨーロッパ統合の裏側で」135-137頁。

(120) MAE, Europe, Généralité, 185, lettre de Bousquet à Pineau, Bruxelles, le 7 février 1957.

(121) MAE, Europe, Généralité, 185, télégramme de Couve de Murville au Ministère des Affaires étrangères, Bonn, le 28 janvier 1957. また，新植民地主義に加担することへの嫌悪をドイツ代表が繰り返したことも本省に知らされている。MAE, Europe, Généralité, 185, télégramme de Couve de Murville au Ministère des Affaires étrangères, Bonn, le 29 janvier 1957.

(122) AN, F60, SGCICEE, 3113, note manuscrit sans date et anonyme.

(123) Loth, *Europas Einigung*, S.72. またセーハースによれば，パリの首相府でモレとアデナウアーが散歩しながら，開発援助基金について議論していたという。Segers, *Deutschlands Ringen mit der Relance*, S.307.

(124) Guido Thiemeyer, "West German Perceptions of Africa and the Association of the Overseas territories with the Common Market, 1956-1957," in Bitsch et Bossuat（dir.）, *L'Europe unie et l'Afrique*, pp.282-283.

(125) フランス代表団議長モーリス・フォールは，条約で決定された開発基金の金額の少なさを悔しく思っていたという。Bossuat, *L'Europe des Français 1943-59*, p. 349.

(126) Anjo G. Harryvan and Jan van der Harst, "A Bumpy Road to Lomé," in Bitsch et Bossuat（dir.）*Europe Unie et l'Afrique*, pp. 320-324.

(127) AN, F60, SGCICEE, 3113, note manuscrit sans date et anonyme.

(128) AN, F60, SGCICEE, 3091, projet de Procès verbal, le 26 février 1957. なお，2月16，17日の段階で，イタリアは，ソマリアを海外領土同様に，51年以来独立国であったリビアをチュニジア，モロッコ同様の扱いとする要求を出した。一方，オラ

ンダは，ニューギニア，オランダ領アンティル，スリナムといった非アフリカ植民地の連合を要求した。Moser, *Europäische Integration, Dekolonisation, Eurafrika*, S. 369. 最終的に連合されたのは，フランスの海外領土，トーゴ・カメルーン，ベルギー領コンゴ，ルワンダ・ブルンジ，イタリア領ソマリランド，オランダ領ニューギニアであった。国（Pays）にあたるのは，最終的に，唯一トーゴのみとなった。

(129) Segers, *Deutschlands Ringen mit der Relance*, S. 304. なお，開発援助の用途として社会インフラと経済インフラの区別がなされていたが，その区別をフランス政府はなくそうとしており，それは西独政府にも受け入れられた。Segers, *Deutschlands Ringen mit der Relance*, S. 305.

(130) MAE, Direction économique et financière, Papiers Olivier Wormser, dossier 31, note pour l'Ambassadeur, Secrétaire général sur l'Eurafrique, le 15 février1957.

(131) MAE, DE-CE, 614, lettre du Président de Conseil des Ministres à M. Maurice Faure. le 3 avril 1957.

(132) 隠された連関への注目は，アナール学派の方法論の一つである。

(133) Bossuat, *L'Europe des Français 1943-59*, p. 323. 非同盟グループ（Groupe de Bandoeng）あるいは，共産圏の浸透を防ぐための第三勢力としてのユーラフリック共同市場案については，MAE, DE-CE, 619, dépêche de Bouquet à Pineau, sur les T.O.M., le 26 février 1957. を参照。

(134) ボスアによれば，ユーラフリック共同市場の一目的は，「緩やかな脱植民地化（la décolonisation douce）」であった。Bossuat, *L'Europe des Français*. ここで含意されているのは，脱植民地化の速度を抑制することであると考えられるが，本章では，この概念を発展させ，「脱植民地化の統制」としている。というのは，速度の抑制に加えて，独立前に，独立後も新しい連携のもとにフランスが各々のPTOMに影響力を残す帝国主義的戦略がモレ政権の行動と意図に看取されるからである。

第三章　欧州原子力共同体（ユーラトム）設立交渉とフランス

(1)「新しい産業革命」とは，メッシーナ決議の第3条に現れる標語である。AN, F60, SGCICEE, 3082, Résolution adoptée par les Ministres des Affaires Etrangères des États membres de la C.E.C.A., réunis à Messine les 1er et 2 juin 1955. また「第三次産業革命」とも呼ばれる。工業化に舵を切った第一次産業革命，石油や電力など新たなエネルギー源の活用が一般化し，化学，電機，自動車，航空機製造などの新しい製造が次々に誕生した第二次産業革命につぐエネルギー革命を指すのである。Peter Weilemann, *Die Anfänge der Europäischen Atomgemeinschaft : Zur Gründungsgeschichte von EURATOM 1955-1957*, (Baden-Baden: Nomos, 1983), S. 189.

(2) なお，フランスのみならず，当該時期における欧州での原子力協力の網羅的なビブリオグラフィーとしては，以下の文献を参照。Maurice Vaïsse, « La Coopération Nucléaire en Europe, (1955-1958)», in Pierre Guillen, Maurice Vaïsse, et Michel Dumoulin (dir.), *L'Energie Nucléaire en Europe: des Origines à Euratom, actes des*

journées d'études de Louvain-la-Neuve des 18 et 19 nov. 1991, (Berne: Peter Lang, 1994), pp. 99-110.

（3） Pierre Gerbet, *La Construction de l'Europe*, (Paris: Imprimerie nationale, 1983), pp. 216-218; Pierre Guillen, « La France et la Négociation du Traité d'Euratom (hereafter France et Euratom) », *Relations internationales*, no. 44, (hiver 1985), pp. 402-403; William I. Hitchcock, "Reversal of Fortune: Britain, France, and the Making of Europe, 1945-1956," Kennedy and Hitchcock (eds.), *From War to Peace*, p. 98; Weilemann, *Die Anfänge der Europäischen Atomgemeinschaft*, S. 189-193. またユーラトムが共同市場成立促進に貢献したとする立場も，広い意味でこの種の研究に属する。例えば，以下の研究を参照。Duchêne, *Jean Monnet*, p. 305. また，オランダの視点から同様の立場をとる研究としては，以下を参照。Wendy Asbeek Brusse, "Euratom," in Richard Griffiths, (ed.), *The Netherlands and the Integration of Europe 1945-1957*, (Amsterdam: NEHA, 1990), p. 222.

（4） Antonio Varsori, « Euratom: une Organisation qui échappe à Jean Monnet », in Gérard Bossuat et Andréas Wilkens (dir.), *Jean Monnet, l'Europe et les Chemins de la Paix*, (Paris: Publications de la Sorbonne, 1999), p. 343.

（5） Guillen, « France et Euratom », pp. 411-412.

（6） Winand, *Eisenhower, Kennedy, and the United States of Europe*, p. 93. もっともウィナンの最近の研究は，米欧関係にとどまらない。2015年にはEC/EU・インド関係の研究を刊行した。Pascaline Winand, Marika Vicziany and Poonam Datar, *The European Union and India: Rhetoric or Meaningful Partnership?*, (Cheltenham: Edward Elgar, 2015).

（7） Trachtenberg, *A Constructed Peace*, p. 151. フランスにおける核開発の中にユーラトムを位置付け，ユーラトムがスエズ危機とともに，フランスの核開発を公然なものにする役割を果たしたという解釈については，Ginevra Andreani, "EURATOM: An Instrument to Achieve a Nuclear Deterrent? French Nuclear Independence and European Integration during the Mollet Governement (1956)," *Journal of European Integration History*, Vol. 6, No. 1, (2000), pp. 109-128. 米独関係を中心に，ドイツの核保有の意図とアメリカの不拡散政策の関連を一次史料により跡付けた研究としては，セーハースの研究がある。Mathieu L. L. Segers, "Zwischen Pax Americana und Pakt Atomika: Das deutsch-amerikanische Verhältnis während der EURATOM-Verhandlungen 1955-1957," *Vierteljahrshefte für Zeitgeschichte*, 54. 3 (2006), S. 433-458. 核秩序の観点からの最近の研究としては，以下がある。Grégoire Mallard, *Fallout: Nuclear Diplomacy in an Age of Global Fracture*, (Chicago: The University of Chicago Press, 2014).

（8） 黒田友哉「モレ政権の対フランス連合政策――ユーラフリック共同体構想を中心に」『法学政治学論究』第72号（2007年春季号）277-310頁。

（9） なお，50年代後半から60年代前半にかけてのイギリスを主体として，グローバルな視野から対欧州政策と対コモンウェルス政策との連関を包括的に分析した貴重

な研究としては，小川浩之「戦後イギリス対外政策の再編と第一回 EEC 加盟申請への道　1955～61年」京都大学提出博士論文（2006年）を土台とした，小川浩之『イギリス帝国からヨーロッパ統合へ』（名古屋大学出版会，2008年）を参照。

(10)　なお本章では扱えなかったが，2008年11月に神戸大学で行われた日本 EU 学会の研究大会で防衛研究所・吉崎知典会員の指摘された通り，アルジェリア，ムルロア環礁が核実験場としてフランスの核保有に持った意味は重要である。

(11)　この点に関しては，Maurice Vaïsse, "Le Choix Atomique de la France," in Maurice Vaïsse, (ed.), *La France et l'Atome*, (Bruxelles: Bruylant, 1994) が代表的である。

(12)　Gunnar Skogmar, *The United States and the Nuclear Dimension of European Integration*, (Houndmills: Palgrave MacMillan, 2004), p. 256. スウェーデン人の核政策の専門家スコグマルの研究は，確かにユーラトムを IAEA より先に成立した燃料等の国際管理の起源として肯定的に評価しているが，アメリカの核不拡散戦略の視点からユーラトムの意義を評価し，フランスにとってのユーラトムの意義を評価したものではない。

(13)　本書，第一章を参照。邦語研究としては，木畑洋一「国際関係史のなかのヨーロッパ統合――非ヨーロッパ世界との関わりから」木畑洋一編『ヨーロッパ統合と国際関係』（日本経済評論社，2005年）を参照。

(14)　Dominique Mongin, *La Bombe Atomique Française 1945-1958*, (Bruxelles: Bruylant, 1997), p. 455. なお，モンジャンによれば，小グループにより秘密裡に行われてきた核開発の公然化が完成するのは1958年 6 月の首相就任によるド・ゴールの権力復帰とされている。

(15)　Mongin, *La Bombe Atomique Française 1945-1958*, pp. 362-363; Weilemann, *Die Anfänge der Europäischen Atomgemeinschaft*, p. 39. パルースキの役割については，Amélie Peron, "Gaston Palewski et l'arme nucléaire française (1955-1965)," Mémoire de Master de Recherche, sous la dir. de Maurice Vaïsse, (2005).

(16)　モネとヨーロッパ統合との関係を扱った文献としては，以下を参照。Bossuat et Wilkens, *Jean Monnet, l'Europe et les chemins de la paix;* Duchêne, *Jean Monnet;* 宮下雄一郎「ジャン・モネと欧州統合」田中俊郎，小久保康之，鶴岡路人編『EU の国際政治』（慶應義塾大学出版会，2007年）。また1950年代のヨーロッパ統合に関しては，細谷「シューマン・プランからローマ条約へ」。

(17)　Duchêne, *Jean Monnet*, p. 264.

(18)　モネのアメリカのエリートとの関係については，Yoo Joung Kim, « Identité et conscience europénne à travers les relations de Jean Monnet et l'élite américaine 1938-1963 », Thèse de doctorat (Université de Cergy-Pontoise) sous la direction de Prof. Gérard Bossuat.

(19)　Ibid., pp. 264-265.

(20)　Ibid., pp. 269-270.

(21)　Monnet, *Mémoires*, pp. 472-473.

(22)　Michel Dumoulin, *Spaak*, (Bruxelles: Editions Racine, 1999), p. 500.

(23) Ibid., pp. 504-505.

(24) Winand, *Eisenhower, Kennedy and the United States of Europe*, p. 73.

(25) AN, F60, SGCICEE, 3082, Réunion des Ministres des Affaires étrangères des Etats membres de la C.E.C.A., Secrétariat, Mémorandum des pays Benelux aux six pays de la C.E.C.A. モネのエネルギー・運輸分野での部門統合案がベネルクス案として提案される経緯については，以下を参照。Eric Roussel, *Jean Monnet*, (Paris: Fayard, 1996), p. 686.

(26) 当時のフランス経済が，保護主義的措置としての規制措置を放棄できない状況にあったことについては，以下の文献を参照。Wendy Asbeek Brusse, *Tariffs, Trade and European Integration, 1947-1957: From Study Group to Common Market*, (New York: St. Martin's Press, 1997), p. 163.

(27) AN, F60, SGCICEE, 3082, Mémorandum des pays Benelux aux six pays de la C.E.C.A.

(28) Bossuat, *L'Europe des Français*, p. 301.

(29) Segers, "Zwischen Pax Americana und Pakt Atomica," S. 435.

(30) 外相ピネーの立場は，オランダ外相ベイエンによれば，「フランス議会の状況が許す限りで好意的」であったという。*DDF, 1955, tome I*, no. 317, Télégramme nos 290 à 294. Confidentiel. M. Garnier, Ambassadeur de France à La Haye, à M. Pinay, Ministre des Affaires étrangères, La Haye, le 4 juin 1955.

(31) *DDF, 1955, tome I*, no. 288, Note de la Direction des Affaires économiques et financières, Extension de la politique européenne, Paris, le 19 mai 1955.

(32) Pierre Guillen, « La France et la Négociation du Traité d'Euratom »; Guillen, Vaïsse, et Dumoulin (dir.), *L'énergie nucléaire en Europe*, p. 119.

(33) MAE, DE-CE, 810, Note sur l'Agence atomique européenne, Réunion chez M. Sauvagnarques, le 27 mai, Paris, le 27 mai 1955.

(34) AN, F60, SGCICEE, 3110, Mémorandum du Gouvernement italien sur la poursuite de l'intégration, Messine, le 1er juin 1955.

(35) AN, F60, SGCICEE, 3110, Mémorandum du Gouvernement fédéral sur la poursuite de l'intégration, Messine, le 1er juin 1955. メモランダム作成の経緯については，以下を参照。Fußnote 1, *Die Bundesrepublik Deutschland und Frankreich*（以下，*BDF*）, Band II. 3, Nr. 215, Regierung der Bundesrepublik Deutschland, Memorandum, 1.6.1955, Memorandum über die Fortführung der Integration.

(36) Duchêne, *op.cit.*, p. 279.

(37) AN, F60, SGCICEE, 3110, Projet de procès-verbal de la réunion des Ministres des Affaires étrangères des Etats membres de la C.E.C.A., Messine, 1er et 2 juin 1955, Luxembourg, le 13 juin 1955.

(38) Weilemann, *Die Anfänge der Europäischen Atomgemeinschaft*, p. 38.

(39) 原子力庁国際関係局長のベルトラン・ゴールドシュミットによれば，フランスの原子力財政は，1955年3月現在で，西側陣営に属する大陸ヨーロッパ諸国の

総額の5倍以上であった。MAE, DE-CE, 810, Note de Bertrand Goldschmidt, « La France et la collaboration européenne dans le domaine atomique », Paris, le 24 mars 1955.

(40) Dumoulin, *Spaak*, p. 509; Duchêne, *Jean Monnet*, pp. 281-282.

(41) *DDF, 1955, tome I*, no. 317, télégramme Nos. 290 à 294. de M. Garnier à M. Pinay, La Haye, 4 juin 1955.

(42) Jean Monnet, *Mémoires*, p. 473.

(43) *DDF, 1955, tome I*, no. 332, télégramme circulaire No 49 de M. Pinay aux représentants diplomatiques de France à l'étranger, Paris, 10 juin 1955.

(44) Duchêne, *Jean Monnet*, p. 283.

(45) Richard T. Griffiths, "The Beyen Plan," in Griffiths (eds.), *The Netherlands and the integration of Europe 1945-1957*, p. 178.

(46) Témoinage de Christian Pineau à Eric Roussel. Cité dans Roussel, *Jean Monnet*, p. 688.

(47) AN, F60, SGCICEE, 3111, Compte rendu du Comité interministériel du 29 juillet 1955, Paris, le 30 juillet 1955.

(48) MAE, DE-CE, 811, Note verbale pour le Chef de la Délégation française au Comité Intergouvernemental créé par la Conférence de Messine, Paris, le 27 juillet 1955.

(49) MAE, DE-CE, Compte rendu du Comité interministériel du 29 juillet 1955, Paris, le 30 juillet 1955.

(50) Weilemann, *Die Anfänge der Europäischen Atomgemeinschaft*, pp. 22-23.

(51) Ibid., p. 43. 原子力問題のグループで議長を務めたルイ・アルマンの打ち出したプランにおいても，ウラン濃縮施設は提案の中心であった。

(52) 11月6日に行われたイギリスのスパーク委員会からの離脱は，スパーク委員会の試みは失敗する可能性が高いという計算がその一因であった。小川『イギリス帝国からヨーロッパ統合へ』42頁。

(53) Weilemann, *Die Anfänge der Europäischen Atomgemeinschaft*, pp. 33-34.

(54) Ibid., p. 33.

(55) Ibid., p. 34.

(56) Archives centrales du Conseil du Ministre de l'Union Européenne（以下，ACMUE）, CM 3 NEGO 177, Extrait du Procès-verbal de la réunion des experts en matière nucléaire tenue à Bruxelles, le 12 décembre 1955.

(57) ACMUE, CM 3 NEGO 177, Rapport du Groupe de travail chargé de l'étude des problèmes à la construction d'une usine de séparation isotopique de l'uranium, Bruxelles, le 14 janvier 1956.

(58) イギリスのメッシーナイニシアティヴへの態度については，以下の文献を参照。小川「戦後イギリス対外政策の再編と第一回EEC加盟申請への道　1955～61年」，第一部第一章；益田実「自由貿易地帯構想とイギリス――ヨーロッパ共同市場構想

への「対抗提案」決定過程，1956年（一）」『法経論叢』第21巻（2004年）131-139頁。

(59) MAE, DE-CE, 810, Note de DE-CE, Paris, le 23 juillet 1955, a.s. Coopération en matière nucléaire à l'O.E.C.E. 外務省では，OEEC 参加国との連合関係や，OEEC 全体との協定もこの時期から模索されていた。

(60) なお，OEEC の枠内での原子力統合案は，ドイツ政府内のエアハルトなどによって支持されており，ヴェネツィア会議などでも検討されている。詳細については，Weilemann, *Die Anfänge der Europäischen Atomgemeinschaft.*

(61) モネの ECSC 高等機関委員長辞任の経緯については，Duchêne, *Jean Monnet*; Monnet, *Mémoires*, pp. 471-472; Roussel, *Jean Monnet.* 11月 7 日にはモネは辞任の意思を示していたが，エッツェル，ゴーデ（Michel Gaudet）らが，新委員長の発足まで留任するようモネに請うたという。

(62) モネは，共同市場案に対し，不快感を示していた。Duchêne, *Jean Monnet.*

(63) Ibid., p. 292.

(64) Ibid., p. 287.

(65) Denis Lefebvre (ed.), *Guy Mollet: Textes choisis*, (Paris: Editions Bruno Leprince, 1995), p. 108. モネ率いる行動委員会に参加していたために，モレがモネの排他的平和利用案を採用するに至ったという説は，ボスアの研究に示唆されている。Bossuat, *L'Europe des Français*, p. 301. モネの排他的平和利用案がフランス国内の反対を招いた点については，以下を参照。Weilemann, *Die Anfänge der Europäischen Atomgemeinschaft*, S. 103.

(66) フランツ・ヨーゼフ・シュトラウスは，当初，超国家的介入主義（dirigisme supranational）に嫌悪感を示していた。MAE, DE-CE, 810, Lettre de Christian de MARGERITE à Antoine PINAY, Bonn, le 5 décembre 1955.

(67) Skogmar, *The United States and the Nuclear Dimension of European Integration*, p. 165.

(68) MAE, DE-CE, 610, Conseil des Ministres des Affaires étrangères, Projet de procès-verbal de la Conférence des Ministres des Affaires Etrangères des Etats membres de la C.E.C.A. tenue à Bruxelles, les 11 et 12 février 1956, Bruxelles, le 28 février 1956.

(69) Skogmar, *The United States and the Nuclear Dimension of European Integration*, p. 169.

(70) Fondation Jean Monnet pour l'Europe（以下，FJM），AMK 5/4/2, "Eisenhower makes more uranium 235 available to world."

(71) Skogmar, *The United States and the Nuclear Dimension of European Integration*, pp. 170-173.

(72) 1956年 3 月 1 日，モレが米国務長官ダレスに対して行った 5 － 8 年の核兵器開発のモラトリアム提案に関しては，ボスアの著作を参照。Bossuat, *L'Europe des Français*, p. 305. 一方，フランスの排他的平和利用への動機としては，パリ条約の際に行ったアデナウアーの核廃棄宣言が，核燃料を含まない不完全な放棄でしかな

いことを原子力庁が把握しており，ドイツへの核不拡散をより徹底して行おうという意図もあった。MAE, DE-CE, 810, Note du CEA, le 24 janvier 1956.

(73) 原子力庁の機構について，特にその双頭的性格については，Laurence Scheinman, *Atomic Energy Policy in France under the Fourth Republic*, (Princeton: Princeton University Press, 1965), pp. 14-19を参照。一般に，理事長は行政，財政面での最高責任者であり，高等弁務官（Haut Commissaire）は，科学，技術面での最高責任者であった。

(74) ユーラフリック共同市場構想が提案された経緯，推進者ドゥフェールの役割については，黒田「モレ政権の対フランス連合政策」を参照。

(75) CAOM, FM/1affpol/2316/5, Note au sujet de projet "Euratom," le 2 février 1956.

(76) *DDF, 1956 tome I*, no. 318, Lettre de Gaston Defferre à Pineau, Paris, le 15 mai 1956.

(77) モレが海外領土の脱植民地化を不可避であると認識しており，その事態に未然に対処するべく，海外領土のみならず，フランスの勢力圏から離脱し始める北アフリカまで包含したユーラフリック秩序を構想したこと，また，開発援助により海外領土，北アフリカを包含した具体的なユーラフリックの枠組み構築を目指したことについては，黒田「モレ政権の対フランス連合政策」および本書第二章を参照。

(78) OURS, AGM 114, Discours prononcé par M. Guy Mollet, Président du Conseil, à l'Assemblée Nationale, au cours du débat sur EURATOM (11 juillet 1956).

(79) Scheinman, *Atomic Energy Policy in France under the Fourth Republic*,, pp. 157-165.

(80) *Journal Officiel* 1956, 3313-3317.

(81) Guillen, « France et Euratom », p. 395.

(82) *BDF*, Band II, Nr 186, Auswärtiges Amt, Aufzeichnung zu 20-221-00/20n/56g, 19.10.1956. 平和利用だけでなく，軍事利用も同様の管理に置くべきだとドイツ外務省は考えていた。

(83) 政治外交，軍事両面にわたり，フランスとスエズ戦争を論じた代表的な研究としては，Vaïsse, (ed.), *La France et l'opération de Suez de 1956*. 首相イーデンにとってのスエズ危機を論じた研究としては，細谷『外交による平和』。また，国連を舞台としたスエズ危機に対するイギリスの立場を詳細に論じた研究としては，ウィリアム・ロジャー・ルイス「スエズ危機」緒方貞子，半澤朝彦編『グローバル・ガヴァナンスの歴史的変容――国連と国際政治史』（ミネルヴァ書房，2007年）を参照。

(84) *BDF*, Band II,3, PA, MB, Bd. 155, Unterredung zwischen Bundeskanzler Adenauer und Präsident des Ministerrates Mollet vom 29.9. 1956, Protokoll; *DDF, 1956, tome II*, no. 235, télégramme circulaire no. 73, de M. Pineau aux Représentants diplomatiques de France à l'étranger, Paris, 2 octobre 1956.

(85) *BDF*, Band II, Nr. 182, Staatssekretär des Auswärtigen Hallstein an

Auswärtiges Amt, Telegramm, Nr. 7, 30.5. 1956, Verschlüsselt, Citissime. *BDF*, Band II, Nr. 187, Ministerialdirigent im Auswärtigen Amt Carstens an Staatssekretär Hallstein, Telegramm, Nr. 42, 22.10. 1956, Verschlüsselt, Citissime. ただし，コミュニケでは，「いくつかの合意はあったものの，加盟国の諮問を必要とするかなり多くの差異が持続した」ともう少し穏やかな表現となっている。MAE, DE-CE, 610, Conférence des Ministres des Affaires étrangères, Secrétariat, Communiqué à la Presse, Paris, le 21 octobre 1956.

(86) ACMUE, CM 3 NEGO 164, Mémento interne, les 2 et 3 octobre 1956, Bruxelles, le 5 octobre 1956.

(87) スエズ危機とヨーロッパ統合との関係を論じた研究は膨大にある。特に，英仏協調から独仏枢軸への変化をスエズ戦争に求める研究としては，細谷雄一「イギリスとEU——独仏枢軸との関係を軸に」田中俊郎，庄司克宏編『EU統合の軌跡とベクトル』（慶應義塾大学出版会，2006年）。

(88) 細谷『外交による平和』281-287頁。同書は，イギリスを中心としてスエズ危機・戦争について包括的に説明しており，大変有用である。

(89) Guillen, « France et Euratom » , pp. 392-393.

(90) *DDF, 1956, tome III*, no. 138, Procès-verbal de l'entretien du 6 novembre 1956 entre le président Guy Mollet et le chancelier Adenauer.

(91) Loth, *Der Weg nach Europa*, S. 125.

(92) FJM, AMK C 3/4/64, Lettre de Jean Monnet à M. R. BOTHEREAU, le 8 novembre 1956.

(93) モネの三賢人委員会に対する監視は，行動委員会副委員長のコンスタムらを三賢人委員会に同行させたことから看取できる。Duchêne, *Jean Monnet*, p. 300. モネはダレスに西独とドイツの原子力協力に関する二国間協定を結ばせないよう働きかけており，モネはアメリカとの協調を重視していた。一方で，管理については，ユーラトムによる管理を主張しており，その点でアメリカからの自立を図っていた。Roussel, *Jean Monnet*, p. 713; Pascaline Winand, « De l'usage de l'Amérique par Jean Monnet pour la construction européenne », in Bossuat et Wilkens (dir.), *Jean Monnet, l'Europe et les chemins de la Paix*, p. 268.

(94) *FRUS*, 1955-1957, Vol. IV, No. 202., Telegram From Dillon to the Department of State, 19 November 1956, pp. 487-489.

(95) Colette Barbier, « Les Négociations franco-germano-italiennes en vue de l'Etablissement d'une Coopération militaire nucléaire au cours des années 1956-1958 » , *Revue d'histoire diplomatique*, no. 104, (1990), p. 97.

(96) Pineau et Rimbaud, *Le Grand Pari*, p. 237.

(97) ACMUE, CM 3 NEGO 178, Extrait du projet de procès-verbal de la Conférence des Ministres des Affaires Etrangères des Etats membres de la C.E.C.A., Bruxelles, le 7 mai 1957.

(98) *FRUS*, 1955-1957, Vol. IV, Meeting Dulles/Armand/Etzel/Giordani et al., 4

February 1957.

(99) Winand, *Eisenhower, Kennedy and the United Sates of Europe*, p. 101.

(100) ACMUE, CM 3 NEGO 168, Groupe de l'Euratom, Projet de Procès-verbal des réunions du Groupe tenus à Bruxelles, les 27 et 28 novembre 1956, Bruxelles, le 1er décembre 1956.

(101) ACMUE, CM 3 NEGO 174, Groupe de l'Euratom, Projet de procès-verbal des réunions tenues à Bruxelles, les 26, 27, et 28 janvier 1957, Bruxelles, le 29 janvier 1957.

(102) 条約198条によれば，例外が規定された場合を除いて，加盟国の管轄下にある海外領土にも，この条約が適用されるとある。この例外措置の一つとして，原子力共同市場に関しては93条において，ある特定の加盟国と他加盟国との間に差別を生まない形で，非欧州海外領土における純粋に財政的措置（exclusively fiscal nature）としての輸出入課税が可能と定められている。

(103) Lefebvre, *Guy Mollet*, p. 275.

第四章　欧州自由貿易圏構想とフランスの対応

（1） 加盟国は，オーストリア，ベルギー，デンマーク，フランス，ギリシャ，アイスランド，アイルランド，イタリア，ルクセンブルク，オランダ，ノルウェー，ポルトガル，スウェーデン，スイス，トルコ，英国，西ドイツであった。

（2） ただし，自由貿易圏創設交渉の継続が完全に放棄されたわけではない。エアハルトは自由貿易圏創設交渉継続を模索し続けたし，バート・クロイツナッハ独仏首脳会談での独仏間の合意を土台に，EEC 委員長のハルシュタインは，1958年末から，交渉打開策を模索している。しかし，58年11月における交渉中断は，全会一致が原則の OEEC 理事会でのフランスによる拒否権の発動と捉えられることが一般的である。そのため，このフランス政府の交渉中断の意志の表明をもって，自由貿易圏創設交渉の挫折と捉える見方が通説的である。Gérard Bossuat, « La France et la zone de libre-échange, le jeu du pouvoir politique et des intérêts économiques (1956-1959) », in Andrea Ciampi (a cura), *L'altra via per l'Europa. Forze sociali e organizzazione degli interessi nell' integrazione europea (1947-1957)*, (Milan: Franco Angeli, 1995), p. 368; Idem, « Le choix de la petite Europe par la France (1957-1963), Une ambition pour la France et pour l'Europe », *Relations internationales*, No. 82, (1995), p. 223; Alan S. Milward, *The United Kingdom and the European Community, Volume 1: The Rise and Fall of a National Strategy, 1945-1963*, (Oxon: Frank Cass, 2002) p. 265；小川『イギリス帝国からヨーロッパ統合へ』；廣田愛理「EEC 成立期における自由貿易圏構想へのフランスの対応」『社会経済史学』第70巻1号（2004年）88頁；藤作健一「ドゴールによるローマ条約の受容」『日仏政治研究』第1号（2005年）40頁；工藤芽衣「1950年代における英仏対立と欧州統合の進展――自由貿易地域（FTA）交渉から欧州主要通貨交換性回復を中心に」『国際関係学研究』第30号（2004年）78頁；能勢和宏「FTA 構想

と欧州統合（1956－59）——フランスの対応を手がかりにして」『史林』第95巻第３号（2012年）。

（３） このような研究史の理解については，Wolfram Kaiser, "Culturally Embedded and Path-Dependent: Peripheral Alternatives to ECSC/EEC 'Core Europe' since 1945," *Journal of European Integration History*, Vol. 7, No. 2.（2001）, p. 12；廣田（愛理）「EEC 成立期における自由貿易圏構想へのフランスの対応」，71頁。実際に，そのような立場をとる研究の例としては，例えば，以下の文献が挙げられる。第二次世界大戦後に焦点を当てたヨーロッパ統合史の概説的通史であるビッチの著作は，OEEC にほとんど紙幅を割いていない。Marie-Thérèse Bitsch, *La Construction Européenne: Enjeux politiques et choix institutionnels*,（Bruxelles: Peter Lang, 2007）；石山幸彦「戦後西ヨーロッパの再建と経済統合の進展（1945－1958）——連邦主義の理想と現実」『土地制度史学』第159号（1998年），43頁。なお，「コア・ヨーロッパ（Core Europe）」のもととなった Kerneuropa は，1994年に時の CDU 外交政策担当報道官のラマーズ（Karl Lamers）によってなされた造語であり，EU の経済・政治統合のモーターという意味合いがある。Daniel Levy, Max Pensky and John Torpey,"Editors's introduction," pp. xx-xxi. in Daniel Levy, Max Pensky, John Torpey（eds.）, *Old Europe, New Europe, Core Europe: Transatlantic Relations after the Iraq War*,（New York: Verso, 2005）.

（４） Miriam Camps, *Britain and the European Community*,（London: Oxford University Press, 1964）; James Ellison, *Threatening Europe: Britain and the Creation of the European Community, 1955-1958*（Basingstoke: Palgrave Macmillan, 2000）; Liz Kane, "European or Atlantic Community? The Foreign Office and 'Europe' 1955-1957," *Journal of European Integration History*, Vol.3, No.2,（1997）, pp. 83-98.；小川「戦後イギリス対外政策の再編と第一回 EEC 加盟申請への道　1955～61年」；益田実「自由貿易地帯構想とイギリス——ヨーロッパ共同市場構想への「対抗提案」決定過程，1956年（一）～（五・完）」『法経論叢』第21巻２号～第24巻２号（2004年～2007年）。特に，益田「自由貿易地帯構想とイギリス——ヨーロッパ共同市場構想への「対抗提案」決定過程，1956年（五・完）」140頁。

（５） ギリンガムの著作においては，EFTA は「その上にヨーロッパ統合が建設されえたオルタナティブの制度」とされている。Gillingham, *European Integration, 1950-2003*, p. 5. また，ボスアが指摘するように，フランス語でヨーロッパ統合を指す「欧州建設（La Construction européenne）」は，OEEC を含む概念である。Gérard Bossuat, « La vraie nature de la politique européenne de la France（1950-1957）», p. 191.

（６） Bossuat, « Le choix de la petite Europe par la France（1957-1963）», pp. 197-211.

（７） Giauque, *Grand Designs and Visions of Unity*, pp. 47-68; Alan S. Milward, *The European Rescue of the Nation-State*, pp. 428-433; Frances M. B. Lynch, "De Gaulle's First Veto: France, the Rueff Plan and the Free Trade Area," in

Contemporary European History, vol. 9, no. 1 (2000), pp. 111-135.

(8) Bossuat, « La France et la zone de libre-échange », pp. 350-381.; Milward, *The United Kingdom and the European Community*, pp. 282-283；廣田（愛理）「EEC成立期における自由貿易圏構想へのフランスの対応」。廣田は特に大蔵省，外務省の自由貿易圏をめぐる立場の相違という側面から，フランスの自由貿易圏に対する態度の形成と変遷を描いている。また一次史料はイギリス側に限定されるものの，脱植民地化とヨーロッパ統合について自由貿易圏交渉を中心に扱った貴重な研究としては，シェンクの以下の研究が挙げられる。Catherine R. Schenk, "Decolonization and European Economic Integration: The Free Trade Area Negotiations, 1956-58," *Journal of Imperial and Commonwealth History*, vol. 24, No.3, (September 1996), pp. 444-463.

(9) 小川『イギリス帝国からヨーロッパ統合へ』105頁。

(10) Wolfram Kaiser, *Using Europe, Abusing the Europeans*, Reprint, (Houndmlls: MacMillan, 1999) p. 64；小川『イギリス帝国からヨーロッパ統合へ』102頁。

(11) 小川『イギリス帝国からヨーロッパ統合へ』104頁。

(12) 小川『イギリス帝国からヨーロッパ統合へ』第2章。なお，マクミランのコモンウェルス諸国歴訪については，小川浩之「コモンウェルスの絆」細谷雄一編『戦後アジア・ヨーロッパ関係史』（慶應義塾大学出版会，2015年）。

(13) *DDF, 1956, tome II*, no. 92., Télégramme circulaire No. 57, M. Pineau aux Représentants diplomatiques de France à l'étranger.

(14) MAE, DE-CE, 740, Note de DE-CE, le 24 juillet 1956, a.s. Association des Etats membres de l'OECE et des Six pays de Bruxelles.

(15) François Lafon, *Guy Mollet*, (Paris: Fayard, 2006), p. 572.

(16) 英語，フランス語において，英仏連合案を扱った研究は，少なからず存在するが，その中で，フランス側の史料に依拠した研究は，管見の限り存在しない。ミルワードの2002年の研究によれば，フランス側の文書は未だ非公開のままである。Milward, *The United Kingdom and the European Community, Vol. 1*, p. 251. それらはすべて，二次史料に依拠するか，英国国立公文書館に所蔵の一次史料に依拠している。ただし，外相ピノーの回顧録では，この点について触れられている。Christian Pineau, *1956 Suez*, p. 86. 英仏連合を扱い，イギリス側の文書に依拠した研究としては，以下の研究が挙げられる。Lafon, *Guy Mollet*; Phlip. M.H. Bell, *France and Britain 1940-1994: The Long Separation* (New York Longman, 1997), pp. 155-158; Giauque, *Grand Designs and Visions of Unity*, p. 29; Milward, *The United Kingdom and the European Community*, p. 257; Kane, "European or Atlantic Community?," pp. 90-92; Anthony Adamthwaite, « Marianne et John Bull: la mésentente cordiale 1945-1957 », *Matériaux pour l'histoire de notre temps*, Vol. 18, No. 1 (1990), pp. 41-42; Ellison, *Threatening Europe*, p. 77；益田「自由貿易地帯構想とイギリス（四），（五・完）」。

(17) Milward, *The United Kingdom and the European Community*, p. 251.；益田

「自由貿易地帯構想とイギリス（四）」96頁。

(18) Pineau, *1956 Suez*, pp. 86-87.

(19) Bell, *France and Britain*, p. 155.

(20) Guy Mollet, *Du français à l'anglais*, (Paris : Hachette, 1949)

(21) Pineau, *1956 Suez*, pp. 86-87.

(22) Bossuat, *L'Europe des Français*, p. 328.

(23) AN, F60, SGCICEE, 3112, Compte-rendu du comité interministériel tenu à l'Hôtel Matignon, le 4 septembre 1956.

(24) 益田「自由貿易地帯構想とイギリス（四）」96頁。

(25) 同論文，97頁。

(26) Kane, "European or Atlantic Community?" p. 91.

(27) Bell, *France and Britain*, p. 157.

(28) Kane, "European or Atlantic Community?" p. 91.

(29) Bell, *France and Britain*, p. 158.

(30) Kane, "European or Atlantic Community?" p. 91；益田「自由貿易地帯構想とイギリス（五・完）」96-98頁。

(31) Milward, *The United Kingdom and the European Community*, Vol. 1, p. 257.

(32) *DDF, 1956 tome III*, no. 121. Télégramme no 3125 à 3127. M. Pineau à Couve de Murville, Paris, le 31 octobre.; Lafon, *Guy Mollet*, p. 496. 両条約の交渉の打開の時期については，議論が必ずしも収束を見せていない。ドイツ，フランスの立場の変化についての研究史と一次史料の状況としては，以下の文献が詳しい。Segers, *Deutschlands Ringen mit der Relance*, pp. 14-24.

(33) もっともボスアによれば，このモレのヨーロッパ統合推進への政治的意志は，すでに9月4日の閣議にさかのぼるという。Gérard Bossuat, *L'Europe des Français*, p. 332.

(34) 細谷雄一「イギリスとEU」281頁。Adamthwaite, "Marianne et John Bull", p. 41.

(35) Milward, *The United Kingdom and the European Community, Vol. I*, p. 265.

(36) ADA, Papiers Paul Ramadier, 52J115, Message from Macmillan to Ramadier.

(37) ADA, Papers Paul Ramadier, 52J115, Lettre de Ramadier à Macmillan, le 16 décembre 1956.

(38) ADA, Papiers Paul Ramadier, 52J115, Note pour Monsieur le Ministre, Paris, le 8 décembre 1956, signé B. Villiers.

(39) ADA, Papiers Paul Ramadier, 52J115, Lettre de Ramadier à Macmillan, le 16 décembre 1956.

(40) MAE, DE-CE, 740, Note de DE-CE, le 8 décembre 1956, a.s. Perspectives sur Bruxelles et l'OECE.

(41) 細谷『外交による平和』288-290頁。

(42) 小川「戦後イギリス対外政策の再編と第一回EEC加盟申請への道　1995〜61年」，80頁。なお，エリソンが主張するように，ロイド外相に1月5日に発表され

た「グランド・デザイン（Grand Design: Cooperation with Western Europe）」を含めれば，ヨーロッパ政策は，チャーチル，イーデン政権に比べ，より大きな位置を占めたと言えるかもしれない。Ellison, *Threatening Europe*, p. 96. このグランド・デザインは，第一に WEU のもとで軍事協力を行い，第二に OEEC を主流の機構とし，第三に既存の欧州地域機構を一つの総会のもとに一元化するという構想であった。

(43) *DDF, 1957, tome I*, no. 30, Télégramme nos 195 à 198, M. Chauvel à M. Pineau, Londres, le 10 janvier 1957.

(44) MAE, DE-CE, 706, Alphand à Ministère des Affaires étrangères, le 12 janvier 1957. cité dans Giauque, *Grand Designs and Vision of Unity*, p. 30.

(45) マンデス＝フランスは，すでに 1 月18日，ピノー外相の演説を受けイギリスの立場について演説し，自由貿易圏の支持を表明していた。その他，共同市場条約締結に対するマンデス＝フランス派の反対については，Bossuat, « La France et la zone de libre-échange », p. 353. ボリスによる「ユーラフリック」批判については本書第二章を参照。

(46) マクミランの回顧録によれば，遅延戦略とする記述が見られる。

(47) MAE, DE-CE, 740, Note de DE-CE, Paris, le 25 janvier 1957, a.s. Les "garanties" dans la zone européenne de Libre-échange.

(48) *DDF, 1957, tome I*, no. 155, Télégramme circulaire, no 16. M. Pineau aux Représentants diplomatiques de France à l'étranger, Paris, le 20 février 1957.

(49) MAE, DE-CE, 740, Comité des chefs de délégation, projet de déclaration commune à l'O.E.C.E., Bruxelles, le 6 février 1957.

(50) *DDF, 1957, tome I*, no. 155, Télégramme circulaire, no 16. M. Pineau aux Représentants diplomatiques de France à l'étranger, Paris, 20 février 1957.

(51) MAE, DE-CE, 740, Note de DE-CE, le 8 mars 1957, a.s. Zone de libre échange.

(52) Camps, *Britain and the European Community*, 122.

(53) この 9 日の会談でも，在欧英軍を 5 万人規模にしたいというマクミラン首相の要望が伝えられていた。Claire Sanderson, *L'Impossible alliance? France, Grande-Bretagne et défense de l'Europe 1945-1958*, (Paris: Publications de la Sorbonne, 2003), pp. 369-370.

(54) *DDF, 1957, tome I*, no. 228, Compte rendu des entretiens franco-anglais, le 9 mars 1957. イギリスにとって，海外領土市場の連合は，自由貿易圏創設の原則を侵害するものであった。というのは，農産品が主な輸出品のイギリスの植民地を含めば，工業製品に限定した自由貿易圏は維持できなくなるからであった。また，イギリスの脱植民地化政策の点でも問題があった。というのは，「ユーラフリック」の創設が，植民地システムの拡大として，新しく独立した植民地から批判を受けていたからである。また，経済的な面でもイギリスはジレンマを抱えていた。海外領土への経済的恩恵は，ひいては，すでに独立した植民地，コモンウェルス諸国との連合を引き起こすことになるが，これは，帝国特恵制度の概念を脅かすものであっ

た。Ellison, *Threatening Europe*, pp. 110-113.

(55) MAE, DE-CE, 740, Note pour le Secrétaire d'Etat aux affaires étrangères, Paris, le 11 avril 1957.

(56) *DDF, 1957, tome I*, no. 311, Télégramme nos 3751 à 3785, de M. Pineau à M. Chauvel, Paris, le 13 avril 1957.

(57) この点に関しては，本書第二章を参照。

(58) Centre des Archives Economiques et Financières（以下，CAEF），B64423/1, Note de direction des Finances extérieures pour le président, Paris, le 10 avril 1957.

(59) Ellison, *Threatening Europe*, pp. 114-115.

(60) CAOM, FM 21/1affpol/2316/2, Commission interministérielle pour la zone de libre échange, Groupe de travail des Territoires d'outre-mer, Rapport sur la participation des territoires relevant du Ministre de la Zone de Libre échange entre les pays de l'O.E.C.E., Paris, le 26 avril 1957.

(61) Centre des Archives Contemporaines（以下，CAC），19771471/60, Groupe de travail Algérie, Participation éventuelle de l'Algérie à une zone de libre échange, Paris, le 17 avril 1957. なお，行政的には，アルジェリアは，フランスの「本国（Métropole）」と同じ扱いとなる。

(62) 閣議に出席するのは，外交問題のみであり，政府内部では最も下位に位置する。

(63) ADA, Papiers Paul Ramadier, 52J115, Lettre de l'attaché financier à Londres à Ramadier, Londres, le 7 mai 1957.

(64) CAC, 19771471/60, Note sur le Memorandum à déposer à l'OECE au sujet de l'association des territoires d'outre-mer à la zone de libre échange, Bruxelles, le 15 mai 1957.

(65) 暫定委員会とは，ローマ条約発効までの期間，EEC委員会，ユーラトム委員会に代わって，閣僚あるいは代表が不定期に集まり，6カ国間で，新たに生まれる欧州共同体あるいは自由貿易圏についての立場を議論する場であった。

(66) AN, F60, SGCICEE, 3119, Aide-mémoire sur les échanges de vues intervenu au sein du Comité intérimaire au sujet de certains problèmes que pose aux Six, Bruxelles, le 18 mai 1957.

(67) 投票の結果は，250票の反対，213票の賛成，70の棄権であった。ただし，これは憲法上，信任投票ではなく，モレに辞任が強制されたわけではなかった。Denis Lefebvre, *Guy Mollet, Textes choisis: le socialiste et le républicain 1945-1975*,（Bruno Leprince, 1995），p. 117.

(68) *DDF, 1957, tome I*, no. 468, Télégramme nos 2563 à 2569 de M. Maurice Faure aux Représentants diplomatiques de France à Bruxelles, Bonn, La Haye, Luxembourg, Rome, Paris le 17 juin 1957.

(69) Connelly, *A Diplomatic Revolution*, p. 140.

(70) Bossuat, « La France et la zone de libre-échange », p. 356.

(71) AN, F60, SGCICEE, 3120, Rapport intérimaire du Groupe du Marché Commun

concernant la définition d'une conception de la zone de libre échange, Bruxelles, le 18 juillet 1957.

(72) ドイツの立場については，CAC, 19771471/60, Groupe du marché commun, Observations de la délégation allemande sur le rapport intérimaire du Groupe du Marché Commun concernant la conception d'une zone de libre échange, Bruxelles le 9 septembre 1957. フランス，オランダの立場の相違については，MAE, DE-CE, 1945-1960, 741, Dépêche de Bousquet à Pineau, Bruxelles, le 13 septembre 1957, a.s. Comité intérimaire des 11 et 12 septembre 1957. Communauté Economique Européenne , Conception d'une zone de libre-échange.

(73) MAE, DE-CE, 1945-1960, 741, Note de DE-CE, Paris le 1er août 1957, a.s. Conversations franco-britanniques sur la zone de libre-échange.

(74) Bossuat, « La France et la Zone de libre-échange » p. 356. ただし，モードリングの積極的，消極的評価の両面については，小川『イギリス帝国からヨーロッパ統合へ』117頁を参照。

(75) *DDF, 1957, tome II*, no. 96, Télégramme Nos 4692 à 4694 de M. Chauvel à M. Pineau, Londres, 8 août 1957.

(76) *DDF, 1957, tome II*, no. 110, Télégramme Nos 4855 à 4857 de M. Chauvel à M. Pineau.

(77) CAC, 19771471/60, Note sur la zone de libre échange, présentée par M. Uri, Luxembourg, le 20 septembre 1957.

(78) CAC, 19771471/60, Projet de note commune des Six pays aux autres gouvernements membres de l'OECE, Luxembourg, le 7 octobre 1957.

(79) MAE, DE-CE, 1945-1960, 721, Note de DE-CE, a.s. Note du Gouvernement britannique sur l'association des T.O.M. au Marché commun, Paris, le 2 octobre 1957.

(80) CAC, 19771471/60, Groupe du Marché Commun, Memorandum pour le groupe du marché commun (presenté par la délégation néerlandais), Bruxelles, le 10 septembre 1957.

(81) CAC 19111471/60, Note, a.s. Entretiens entre M. Maurice Faure et M. Maudling, le 16 octobre 1957.

(82) Camps, *Britain and the European Community*, p. 135.

(83) MAE, DE-CE, 742, Procès-verbal de la 381ème séance, tenue au Château de la Muette, Paris, le 17 octobre 1957.

(84) François Le Douarec, *Félix Gaillard 1919-1970: un destin inachevé*, (Paris: Economica, 1991), pp. 108-110.

(85) Bossuat, *L'Europe des Français*, p. 371.

(86) CAEF, B65774, Note daté du 16 décembre 1957.

(87) Bossuat, « La France et la Zone de libre-échange », p. 359.

(88) MAE, DE-CE, 1945-1960, 753, Note a.s. Zone de Libre échange, Paris, le 9 janvier

1958.

(89) MAE, DE-CE, 1945-1960, 742, Considérations générales, le 17 janvier 1958; MAE DE-CE, 1945-1960, 742, Considérations générales, le 31 janvier 1958.

(90) Lynch, "De Gaulle's First Veto," p. 117.

(91) MAE, DE-CE, 1945-1960, 753, Projet français associant à la Communauté Economique Européenne, les autres pays européens au sein d'une Union Européenne de Coopération Economique, le 24 février 1958.

(92) ボスアによれば，1948年以降よく知られたフランスのOEECに対する態度が，同様にこの文書に見られた。Bossuat, *L'Europe des Français*, p. 374.

(93) Erik Bloemen, "A Problem to every solution. The Six and the Free Trade Area," in Thorsten Olesen, (ed.), *Interdependence versus Integration, Denmark, Scandinavia and Western Europe 1945-1960*, (Odense: Odense University Press, 1996), p. 191.

(94) Camps. *Britain and the European Community*, p. 145.

(95) Richard Lamb, *The Macmillan Years*, (London: John Murray, 1995), p. 118.

(96) CAC, 19771471/61, Plan Carli déposé, le 11 mars, discussion des propositions par le Comité intergouvernemental.

(97) 小川『イギリス帝国からヨーロッパ統合へ』126頁。

(98) イギリス，カナダ，6カ国の反応については，CAC, 19771471/61, Compte-rendu de la 6ème session du comité intergouvernemental, le 3 avril 1958；マクミラン首相の反応については，小川「戦後イギリス対外政策の再編と第一回EEC加盟申請への道　1955～61年」89頁。

(99) CAC, 19771471/62, Groupe spécial de travail des six concernant la zone de libre-échange, Rapport aux Ministres au sujet de propositions en vue d'une attitude commune dans les négociations relatives à la zone de libre-échange, Bruxelles, le 21 avril 1958.

(100) MAE, DE-CE, 753, Premier Memorandum de la Commission de la Communauté Economique Européenne au sujet des négociations relatives à la création d'une zone de libre échange, le 19 mars 1958.

(101) MAE, DE-CE, 615, Télégramme No. 1125 de Paris à Bonn, Vienne etc, Paris, le 20 mars 1958, signé Wormser.

(102) CAC, 19771471/61, OECE, Comité Intergouvernemental, 5ème session, compte rendu sommaire de la 5ème session tenue au Château de la Muette, les 11, 12, 13 mars 1958.

(103) 技術的側面では，帝国特恵システム全体のOEEC加盟国への拡大は不可能とし，関税に絞った検討が必要とされた。CAC, 19771471/62, Rapport du Groupe spécial de travail concernant l'Association Economique Européenne sur les problèmes posés en matière de préférence impériale, 16 mai 1958.

(104) サキエト村の事件をきっかけに英米の介入を招き，フランスのアルジェリ

ア政策の転換が促されたとする見方は，例えば，以下の文献に見られる。Wall, *France, the United States, and the Algerian War*, p. 99. またサキエト事件から起因する連鎖的な影響により，第四共和制崩壊が導かれたとする見方は，次を参照。Connelly, *A Diplomatic Revolution*, p. 169. またガイヤールの地中海連合構想については，以下の文献を参照。Elena Calandri, "Unsuccessful Attempts to Stabilize the Mediterranean: the Western powers and the Mediterranean Pact (1948-1958)," in Antonio Varsori, (ed.), *Europe, 1945-1990s: the end of an era?* (New York: St. Martin's Press, 1995); Elly Hermon, « A propos du plan Félix Gaillard de Pacte Méditerranéen », *Revue d'histoire diplomatique* (1995).

(105) MAE, Cabinet du Ministre, 282, compte-rendu de reunion chez le general sur les questions internatioanles, 16 juin 1958. Cité dans Bossuat, « Le choix de la petite Europe par la France », p. 221. また，ヨーロッパ諸機構の本部をパリとするための原則合意を得るべきという提案もなされた。*DDF, 1958, tome I*, no. 408, Note de la Direction d'Europe, Paris, 11 juin 1958.

(106) Maurice Vaïsse, *La Grandeur: Politique étrangère du général de Gaulle 1958-1969*, (Paris: Fayard, 1998), p. 167. 権上康男「戦後フランスにおける新自由主義の実験（1958－1972年）――三つのリュエフ・プラン」権上康男編『新自由主義と戦後資本主義』（日本経済評論社，2006年）302頁。

(107) *DDF, 1958, tome I*, no. 412, Note de la Direction des Affaires étrangères Economiques et Financières, Zone de libre échange et opération 10 pourcent, Paris, le 12 juin 1958. なお，この文書に付された注によれば，この文書は，ヴォルムセルにより書かれたものであるという。

(108) MAE, DE-CE, Papiers Wormser, 40, Note de DE-CE, le 17 juin 1958.

(109) MAE, DE-CE, Papiers Wormser, 40, Lettre pour Chauvel, le 19 juin 1958, signé OW.

(110) MAE, DE-CE, Papiers Wormser, 40, Note de DE-CE, le 21 juillet 1958, Visite de Tuthill à M. Wormser.

(111) 欧州経済連合（Association économique européenne）というのは，ガイヤールによる1958年２月末の欧州経済協力連合構想提案から始まった自由貿易圏の通称である。

(112) *DDF, 1958, tome I*, no. 459, Comptes rendus des entretiens franco-britanniques des 29 et 30 juin 1958.

(113) MAE, DE-CE, 753, Relevé des délibérations du Conseil restreint du 17 juillet 1958 sur les problèmes posés par une zone de libre échange, le 18 juillet 1958.

(114) MAE, DE-CE, Papiers Wormser, 40, Télégramme circulaire No. 69, Paris le 23 juillet 1958; CAC, 19771471/63, Projet de procès-verbale de la neuvième session du Conseil de la Communauté Economique Européenne tenue à Paris, les 23 et 24 juillet 1958, Bruxelles, le 9 août 1958.

(115) Lynch, "De Gaulle's First Veto," p. 122.

(116) Soutou, *L'Alliance incertaine*, p. 127. また独仏関係におけるこの会談の意義については，川嶋『独仏関係と戦後ヨーロッパ国際秩序』39頁を参照。この会談は，アデナウアーとドゴールが，友情に近いともいわれる緊密な個人的関係を築く転換点となった。

(117) MAE, Secrétariat Général, Messages et entretiens, 5, Entretien du Général de Gaulle et du chancelier Adenauer, le 14 septembre 1958 à Colombey-les-deux-églises de 16 heures à 18h30; MAE, Secrétariat Général, Messages et entretiens, 5, Compte rendu analytique de l'entretien du Général de Gaulle et du chancelier Adenauer, le 14 septembre 1958 à Colombey de 16 heures à 18 h 30. なお，両国外相クーヴ・ドゥ・ミュルヴィル，フォン・ブレンターノの参加もあった。

(118) ただし，川嶋の主張するように，会談全般においては，ドゴール，アデナウアー間で多くの一致が見られた。川嶋『独仏関係と戦後ヨーロッパ国際秩序』39頁。

(119) Lynch, "De Gaulle's First Veto," p. 123.

(120) MAE, DE-CE, 615, Conférence de Venise sur la zone de libre échange, 21 septembre 1958.

(121) Lynch, "De Gaulle's First Veto," p. 123.

(122) MAE, DE-CE, Papiers Olivier Wormser, 40, Note, le 6 octobre 1958.

(123) MAE, DE-CE, 754, Note de DE-CE, Paris, le 14 octobre 1958, a.s. Zone de libre échange. Conférence de Bruxelles.

(124) CAC, 19771471/63, un rapport Ockrent.

(125) MAE, DE-CE, Papiers Olivier Wormser, 40, Kojève à Wormser, le 13 octobre 1958. Cité dans Lynch, *op.cit.*, p. 125.

(126) Dominique Auffret, *Alexandre Kojève: la philosophie, l'État, la fin de l'Histoire*, (Grasset, 1991) p. 495. ドミニック・オフレ〔今野雅方訳〕『評伝　アレクサンドル・コジェーヴ――哲学，国家，歴史の終焉』（パピルス出版，2001年)。コジェーヴはフランシス・フクヤマが『歴史の終わり』論文において引用しているように，ヘーゲル研究者としても知られている。Francis Fukuyama, "The End of History?" *The National Interest*, (Summer 1989)

(127) Bossuat, « La France et la zone de libre échange », p. 367.

(128) Ellison, *Threatening Europe*, pp. 210-211.

(129) *DDF, 1958, tome II*, no. 318, Comptes rendus des entretiens entre M. Selwyn Lloyd et M. Couve de Murville à Londres, le 6 novembre 1958.

(130) MAE, DE-CE, 754, Note pour le Ministre des Affaires étrangères, Paris, le 6 novembre 1958.

(131) Ellison, *Threatening Europe*, p. 212. ドゴールがスーステル情報相に，交渉中断の意志を伝えていたかは，管見の限り不明である。モードリング委員会の前日の記録によれば，ドゴールの意見として，イギリスに対して何らかの措置を行うべきであると書かれているのみである。MAE, DE-CE, 754, Réunion du 12 novembre 1958 à la présidence du Conseil. 交渉を中断するということが，政府内で，特に

財務省内でひとつのオプションとして考えられていたことは指摘される。CAC, 19771471/ 63, Note de DAEF, le 6 novembre 1958.

(132) MAE, DE-CE, 754, Note de la part de J.P. Brunet à Monsieur WORMSER, le 12 novembre 1958.

(133) コンスタンティーヌ・プランの詳細については，以下を参照。*DDF, 1958, tome II*, no. 404, Dépêche circulaire, no. 749/MLA, M. Couve de Murville aux Représentants diplomatiques de France à l'étranger, Paris, le 10 décembre 1958.

(134) Guy Duvernois, "The Evolution of the Franco-African Community," *Civilisations*, vol. 10, no.1, (1960), p. 95, 今林直樹「ドゴールのアルジェリア政策の理念――コンスタンティーヌ・プランを中心に」『六甲台論集』第42巻第1号（1995年）50頁。

(135) この点に関しては，Vaïsse, *La Grandeur*, p. 122；川嶋『独仏関係と戦後ヨーロッパ国際秩序』32-33頁。英米の消極的反応に関しては，小川『イギリス帝国からヨーロッパ統合へ』138頁。

(136) *DDF, 1958, tome II*, no. 343, Annexe, Compte rendu du Comité interministériel restreint tenu à l'hôtel Matignon, le 18 novembre à 10 h sous la présidence du général de Gaulle, Paris, le 18 novembre 1958.

(137) それまでは，フランの外貨（特にドル）の交換をフランス政府が制限していた。

(138) ドゴールの通貨政策におけるイギリスへの妥協については，リンチの文献に詳しい。Lynch, "De Gaulles's First Veto."

(139) 小川『イギリス帝国からヨーロッパ統合へ』150頁。

第五章　ローマ条約の始動

(1) Duchêne, *Jean Monnet*, p. 307.

(2) Hanns Jürgen Küsters, *Fondements de la Communauté économique européenne*, (Bruxelles: Labor, 1990), mise à jour et corrigé, p. 337. du texte original de l'auteur, *Die Gründung der Europäischen Wirtschaftsgemeinschaft*, (Baden-Baden: Nomos Verlag, 1982).

(3) Gerbet, *La Construction de l'Europe*, p. 218.

(4) Walter Yondorf, "Monnet and the Action Committee: The Formative Period of the European Communities," *International Organization*, Vol. 19, No. 4 (Autumn, 1965), p. 897, p. 901.

(5) Küsters, *Fondements de la Communauté économique européenne*, p. 388.

(6) Gerbet, *La Construction de l'Europe*, p. 225.

(7) Ibid., p. 339. なお，投票の結果は，100票の賛成，43票の反対であった。

(8) その他，マンデス＝フランスは，共同市場案の超国家性にも恐れを示していた。Bossuat, *L'Europe des Français*, pp. 358-359.

(9) AN, F60, SGCICEE, 3115, *Journal Officiel*, 1957, Compte-rendu analytque officiel, 2e séance, le 6 juillet 1957.

(10) Küsters, *Fondements de la Communauté économique européenne*, p. 340.

(11)　AN, F60, SGCICEE, 3115, *Journal Officiel*, 1957, p. 3952.
(12)　これら諸国の批准プロセスについては，キュスタースの文献が詳しい。Küsters, *Fondements de la Communauté économique européenne,* pp. 342-345. その他，ジェルベの解説も簡潔で有用である。Gerbet, *La Construction de l'Europe*, p. 225.
(13)　Gerbet, *La Construction de l'Europe*, pp. 225-226.
(14)　Küsters, *Fondements de la Communauté économique européenne*, p. 344.
(15)　Robert Lemaignen, *L'Europe au berceau: souvenirs d'un technocrate*, (Paris: Plon, 1964), pp. 125-126. このフランス政府による一方的主張通り，アルジェリアに資金を用いる要求が1959年末までまったく行われなかったが，1960年には結局，フランス政府によりアルジェリアに資金を与えるプロジェクトを提出することになった。
(16)　Milward, *Politics and Economics in the History of European Union*, p. 86.
(17)　Schenk, "Decolonisation and The European Economic Integration," pp. 455-456.
(18)　*FRUS, 1955-1957*, Vol. IV. No. 234, Memorandum From the Deputy Under Secretary of State for Economic Affairs (Dillon) to the Chairman of the Council on Foreign Economic Policy (Randall), Washington, April 11, 1957. ウィナンは，ほとんど一字一句，国務省報告を対外経済政策会議が承認したと書いているが，どの部分を承認したのかが必ずしも明確ではない。Winand, *Eisenhower, Kennedy and the United States of Europe*, p. 113.
(19)　ダレスのこの発言に関しては，以下を参照。*FRUS, 1955-1957*, Vol. IV, No. 221, Memorandum of a Conversation Between the Secretary of State and the German Ambassador (Kerkeler), Department of State, Washington, February 11, 1957.
(20)　*DDF, 1957, tome II*, no. 57, Note de la direction des Affaires économiques et financières, Marché Commun et G.A.T.T., Paris, le 22 juillet 1957.
(21)　Winand, *Eisenhower, Kennedy and the United States of Europe*, p. 114.
(22)　*FRUS 1955-1957*, Vol. IV, No. 237, Memorandum of a Conversation, Department of State, Washington, 26 May 1957, p. 558.
(23)　Kaiser, *Using Europe, Abusing the Europeans*, Reprint, (Houndmlls: MacMillan, 1999), p. 66.
(24)　Ellison, *Threatening Europe*, p. 116.
(25)　Schenk, "Decolonisation and the European Economic Integration," pp. 456-457.
(26)　*DDF, 1957, tome II*, no. 57, Note de la direcion des Affaires économiques et financières, Marché Commun et G.A.T.T., Paris. le 22 juillet 1956.
(27)　MAE, DE-CE, 1945-1960, 721, Note de DE-CE, a.s. Note du Gouvernement britannique sur l'association des T.O.M. au Marché commun, le 2 octobre 1957.
(28)　CAC, 19771471/60, Note de DE-CE, Paris, le 25 octobre 1957.
(29)　AN, F60, SGCICEE, 3123, Dépêche de la président de la délégation française au GATT à M. le ministre des affaires étrangères, Genève, le 22 octobre 1957.
(30)　MAE, DE-CE, 1945-1960, 721, Note pour les secrétariat des conférences, Paris, le

14 octobre 1957, a.s. Conseil de Tutelle et Quatrième Comission de l'ONU, Associaiton des T.O.M. au marché commun.

(31) Ellison, *Threatening Europe*, p. 162.

(32) *DDF, 1957, tome II*, no. 321, Dépêche de M. André Philip, Président de la Délégation française au G.A.T.T., à M. Pineau, Ministre des Affaires étrangères, le 8 novembre 1957, pp. 647-651.

(33) MAE, DE-CE, 1945-1960, 721, Note de DE-CE, a.s. Examen par le GATT du Traité de Rome. Associaiton des territoires d'outre-mer, le 22 novembre 1957.

(34) オーラルヒストリープロジェクトとして開始された公式の記述として，欧州委員会の歴史的変遷を描いた論文集は，以下。Michel Dumoulin (ed.), *European Commission, 1958-72: History and Memories*, (Brussels: European Commission, 2007). ハルシュタインがEEC委員長を務めたハルシュタイン委員会については，競争担当委員を務めたフォン・デア・グレーベンによる以下の論文を参照。Hans von der Groeben, "Walter Hallstein as President of the Commission," in Wilfried Loth, William Wallace, and Wolfgang Wessels (eds.), *Walter Hallstein, the Forgotten European?* translated from the German by Bryan Ruppert, (Houndmills: MacMillan, 1998), pp. 95-130.

(35) 第八総局（後に開発総局と改名，現在は，国際協力・開発総局となる）とフランスの間の関係については，ミガーニとディミエの文献を参照。Migani, *La France et l'Afrique sub-saharienne, 1957-1963*, Chapitre IV; Véronique Dimier, « Construire l'association entre l'Europe communautaire et l'Afrique indépendante. Regards croisés franco-africains », in Bossuat (dir), Europe et Afrique au tournant des indépendances, pp. 37-38. また開発総局による，新植民地主義という批判を回避し，開発政策の正当化を目的としたプロパガンダに注目した論考としては，ディミエの研究が挙げられる。Véronique Dimier, « Du bon usage de la tournée: propagande et stratégies de légitimation au sein de la Direction Générale Développement, Commission Européenne (1958-1970)», *Pôle Sud*, vol. 15, no. 1, (2001), pp. 19-32. フランスの植民地行政制度が与えた第八（開発）総局の制度に関する影響については，以下。Véronique Dimier, « Négocier avec les rois nègres: l'influence des administrateurs coloniaux français sur la politique européenne de développement », dans Bitsch et Bossuat, op.cit., pp. 393-409.

(36) Lemaignen, *L'Europe au berceau*, pp. 24-25.

(37) Ibid., pp. 57-58 ; p. 65.

(38) Ibid., pp. 68-69. オランダのファン・デア・リー（Jacob Jan Van der Lee）は文化社会問題局長，イタリアのガンベッリ（Enrico Gambelli）は，通商問題局長に指名された。

(39) Hanns Jürgen Küsters, "Hallstein and Negotiations on the Rome Treaties," in Loth, Wallace and Wessels (eds.), *Walter Hallstein, the fotgotten European?*., p. 74.

(40) Von der Groeben, "Walter Hallstein as President of the Commission," p. 104.

(41) MAE, DE-CE, 721, Dépêche du représentant permanant de la France auprès

des communautés européennes à M. le Ministre des affaires étrangères, Bruxelles, le 25 octobre 1958, a.s. Attitude de la Commission du marché commun à l'égard des autorités locales des pays et territoires d'Outre-mer.

(42) MAE, DE-CE, 721, télégramme de Brunet au Ministre des Affaires étrangères, le 20 février 1959. cité dans Dimier, « Construire l'Association entre l'Europe communautaire et l'Afrique indépendante », p. 39.

(43) Dimier, « Construire l'Association entre l'Europe communautaire et l'Afrique indépendante », p. 39.

(44) Charles de Gaulle, *Discours et Messages (DM), 1958-1962*, (Paris: Plon, 1970), pp. 48-51.

(45) Robert F. Holland, *European Decolonization 1918-1981: An Introductory Survey*, (Houndmills: MacMillan, 1985), p. 172. 軍事面でのシャル・プランについては，ウォールの文献を参照。Wall, *France, the United States, and the Algerian War*, p. 200.

(46) コンスタンティーヌ・プラン実施前のプランの詳細については，以下を参照。*DDF, 1958, tome II*, no. 404, Circulaire no. 409, de M. Couve de Murville aux Représentants diplomatiques de France à l'étranger, Paris, le 10 décembre 1958, Annexe.

(47) *Année Politique*, 1958, pp. 561-562.

(48) 今林「ドゴールのアルジェリア政策の理念」38頁。

(49) *DDF, 1958, tome II*, no. 404, Circulaire no. 409, de M. Couve de Murville aux Représentants diplomatiques de France à l'étranger, Paris, le 10 décembre 1958.

(50) Roberto Cantoni, *Oil Exploration, Diplomacy, and Security in the early Cold War*, (New York: Routledge, 2017); なお，邦語研究では，勝俣誠「アルジェリアの石油政策」『アジア経済』20巻 9 号（1979年）。

(51) *DDF, 1958, tome II*, no. 404, Circulaire no. 409, de M. Couve de Murville aux Représentants diplomatiques de France à l'étranger, Paris, le 10 décembre 1958.

(52) Duvernois, "The Evolution of the Franco-African Community," p. 95.

(53) Vaïsse, *La Grandeur*, pp. 163-164.

(54) 藤作「ドゴールによるローマ条約の受容」。

(55) このような見方は通説的になっている。例えば，Bossuat, *L'Europe des Français*; Vaïsse, *La Grandeur*, p. 163; Lynch, "De Gaulle's First Veto."

(56) なお，自由貿易圏構想へのフランスの対応については，植民地問題の位置付けを含めて，本書第四章を参照されたい。

(57) 藤作「ドゴールによるローマ条約の受容」を参照。

(58) Lynch, "De Gaulle's First Veto," pp. 119-120.

(59) Vaïsse, *La Grandeur*, p. 169. なお，リュエフについては，権上の論文が有用である。権上康男「戦後フランスにおける新自由主義の実験」。

(60) Lynch, "De Gaulle's First Veto," pp. 133-134.

(61) Charles de Gaulle, *Mémoires d'éspoir, tome I, Le Renouveau,* (Paris: Plon, 1970), pp. 151-152.

(62) Vaïsse, *La Grandeur*, p. 169.

(63) Wall, *France, the United States, and the Algerian War*, p. 201. なお，ドゴールのユーラフリック構想は，多岐にわたっていたという見方もある。安全保障面での地中海，北アフリカを含め，フランスが中心となるユーラフリック圏が，その一つである。Irwin M. Wall, "France, NATO and the Algerian War," in Wilfried Loth (ed.), *Europe, Cold War and Coexistence, 1953-1965,* (London: Frank Cass, 2004), pp. 62-63. 川嶋『独仏関係と戦後ヨーロッパ国際秩序』第一章。

(64) 共同体に参加したのは，ギニア，モーリタニア，セネガル，スーダン，ニジェール，オート・ボルタ，コートディヴォワール，ダオメー，ガボン，中部コンゴ，ウバンギ・シャリ，チャド，マダガスカルである。ギニアは，国民投票においてノン（ノー）に投票し，主導者セク・トゥーレが，大統領として10月２日，独立宣言を行った。またソマリアは，国民投票において憲法を賛成多数で可決したが，フランス共和国における海外領土の地位にとどまることを選択した。フランス共同体の目的がアルジェリア問題の解決にあり，アルジェリア問題の進展が，フランス共同体の解体を促したという指摘は，植民地史の大家アジュロンによってなされている。Charles-Robert Ageron, « Les Etats africains de la Communauté et la guerre d'Algérie (1958-1960)», in Charles-Robert Ageron et Marc Michel (dir.), *L'Afrique noire francaise: l'heure des indépendances,* (Paris: CNRS Editions, 1992), p. 248.

(65) 川嶋『独仏関係と戦後ヨーロッパ国際秩序』第一章参照。

(66) Tomoya Kuroda, « Projets régionaux et position française en Afrique du Nord: Analyse croisée des projets euro-méditerranéens et euro-africains, 1955-1958 », in Houda Ben Hamouda et Mathieu Bouchard (dir.), *La construction d'un espace euro-méditerranéen: Genèse, mythes et perspectives,* (Bruxelles: Peter Lang, 2012) pp. 39-41.

(67) アフリカの年における独立国は，フランス，イギリス，ベルギーから独立した17カ国で，そのうち旧フランス領は以下の14ヵ国である。17の国名を挙げると，カメルーン（仏，英），トーゴ（仏），マリ（仏），セネガル（仏），マダガスカル（仏），コンゴ民主共和国（白），ソマリア（イタリア，英），ベナン（仏），ニジェール（仏），ブルキナファソ（仏），コートディヴォワール（仏），チャド（仏），中央アフリカ共和国（仏），コンゴ（仏），ガボン（仏），ナイジェリア（英），モーリタニア（仏）であった。

(68) 大隈宏「EEC VS ACP――第二次ロメ協定締結交渉過程の分析」『成城法学』第８号（1980年12月）。

(69) Martin Holland, "'Imagined' interregionalism: Europe's relations with the Africa, Caribbean and Pacific states (ACP)," in Heiner Hänggi, Ralf Roloff and Jürgen Rüland, *Interregionalism and Internatioanl Relations,* (London: Routledge, 2006), p. 255; p. 258. なお，大隈は，コトヌー協定を，超・政治化を志向する総合的アプローチとして，より肯定的に評価している。大隈宏「ローマ，そしてヤウン

デへの道——黎明期のEU開発協力政策」山内進編『フロンティアのヨーロッパ』（国際書院，2008年）289頁。

(70) ただし，砂糖・牛肉に関しては，この例外となっている。Martin Holland, "'Imagined' interregionalism," p. 262.

(71) Muller, "The Birth and Death of Eurafrica."

(72) Muller, « Reconfigurer l'Eurafrique », pp. 57-60.

(73) なお，フランス語圏すべての国が加盟しているわけではない。フランス語が公的機関，教育機関で広く用いられているアルジェリアはその代表である。

(74) Muller, « Reconfigurer l'Eurafrique », p. 58.

(75) 2007年には，欧州委員会と二国間援助の総計として，公的援助の約6割（460億ユーロ）を占めている。http://ec.europa.eu/europeaid/historical-overview-eu-cooperation-and-aid_en（2018年9月7日アクセス）

また，2003年には，欧州委員会（欧州委員会のみでは，全体の10%）と二国間援助の総計として，アフリカ援助の60%を支出している。http://europa.eu/rapid/pressReleasesAction.do?reference=MEMO/05/370&format=HTML&aged=0&language=EN&guiLanguage=en （2018年9月7日アクセス）

(76) 逆特恵とは，途上国側が特恵を得ている先進国諸国に対して認める特恵のことである。

(77) ロメ協定の経済的分析からの包括的な評価については，前田『EUの開発援助政策』第六章を参照。特に第四次ロメ協定に導入されたコンディショナリティーを，数次にわたるロメ協定の分水嶺とみなしている。前田は，第一次ロメ協定を対等性に基づいた「進歩的協定」とみなしているが，政治的コンディショナリティーの導入により，パートナーシップから，EUによる支配へとシフトさせることになったと捉えている。

(78) Milward, *Politics and Economics in the History of European Union*, Chapter 3, "Europe's Africa," pp. 79-80. また，ロメ協定の経済的側面を全般的に紹介した文献としては，前田『EUの開発援助政策』。

(79) Migani, *La France et l'Afrique sub-saharienne*, pp. 94-98; pp. 184-190.

(80) http://europa.eu/rapid/pressReleasesAction.do?reference=MEMO/05/370&format=HTML&aged=0&language=EN&guiLanguage=en（2018年9月7日アクセス）

(81) 前述のように，モレ首相はその代表である。またメディアにおいては，例えば，海外領土市場の欧州共同市場への連合を，海外領土の連合が合意されたパリ首脳会談の翌日，ルモンド紙が「ユーラフリックの第一段階」としている。*Le Monde*, le 21 février 1957.

終　章

(1) 1958年9月覚書に見られる英米との協調が，ドゴールのユーラフリック構想実現の一方策であることが示唆されている。Wall, *France, the United States, and the Algerian War*, pp.188-189; Wall, "France, NATO and the Algerian War," pp. 62-63.

川嶋の研究はウォール同様の立場をとっており，より明解にこの構想を描いている。川嶋『独仏関係と戦後ヨーロッパ国際秩序』第一章。

（2） Stanley Hoffman, « De Gaulle et le monde », Stanley Hoffmann, *Essais sur la France: Déclin ou renouveau?*（Paris: Seuil, 1974）, p. 315; Gordon, *A Certain Idea of France*

（3） EDC を国民議会で否決する時の現職首相マンデス＝フランスは，適用議定書（protocol d'application）により，核兵器の原料となり得るプルトニウム生産年間500グラムという制限がフランスにはかけられないよう，直前の8月19，22日に要求していた。しかし，この提案は，パートナー国に受理されることはなかった。Georges-Henri Soutou, « La politique nucléaire de Pierre Mendès France », in Vaïsse（dir.）, *La France et l'Atome*, p. 90.

（4） このビドーの発言を，フランスのヨーロッパ統合に対する態度を表す特徴として描いた第二次世界大戦以後フランスのヨーロッパ統合に対する関与に関する通史としては，ボスアの最近の著作が挙げられる。Gérard Bossuat, *Faire l'Europe sans défaire la France: 60 ans de politique d'unité européenne des gouvernements et des présidents de la République française (1943-2003)*,（Bruxelles: Peter Lang, 2005）.

（5） 高坂正堯『高坂正堯著作集　第六巻　古典外交の成熟と崩壊』（都市出版，2000年）369頁。なお，原著は1978年。

（6） 冷戦と脱植民化との関連を一次史料に基づきながら，分析的に扱った著作として，益田実，池田亮，青野利彦，齋藤嘉臣編『冷戦史を問いなおす』。

（7） 細谷雄一『国際秩序』（中央公論新社，2012年）；川嶋『独仏関係と戦後ヨーロッパ国際秩序』；宮下雄一郎『フランス再興と国際秩序の構想――第二次世界大戦期の政治と外交』（勁草書房，2015年）。そのほか，Sylvain Schirmann, *Quel ordre européen?: de Versailles à la chute de la troisième Reich*,（Paris: Armand Colin, c2006）.

（8） 帝国の残滓についての論考の例として以下。伊藤頌文「キプロス危機とイギリス外交――東地中海の「帝国の残滓」と同盟の狭間，1974年」『国際政治』184号（2016年）132-145頁。

（9） 参加者は，EU 加盟27カ国代表および，アルバニア，アルジェリア，ボスニア＝ヘルツェゴビナ，クロアチア，イスラエル，ヨルダン，エジプト，レバノン，モーリタニア，モンテネグロ，モロッコ，モナコ，パレスチナ自治政府，チュニジア，シリア，トルコの16カ国の首脳に加え，バローゾ欧州委員長，ハビエル・ソラナ共通安全保障政策上級代表，ハンス＝ゲアト・ペテリング欧州議長らであった。http://www.ue2008.fr/webdav/site/PFUE/shared/import/0713_declaration_de_paris/Joint_declaration_of_the_Paris_summit_for_the_Mediterranean-EN.pdf（2017年2月5日アクセス）